CORRESPONDANCE

DE

P.-J. PROUDHON

PRÉCÉDÉE D'UNE

NOTICE SUR P.-J. PROUDHON

Par J.-A. LANGLOIS

TOME PREMIER

PARIS

LIBRAIRIE INTERNATIONALE

A. LACROIX ET Cᵉ, ÉDITEURS

13, FAUBOURG MONTMARTRE, 13

—

1875

CORRESPONDANCE

DE

P.-J. PROUDHON

ŒUVRES COMPLÈTES DE P.-J. PROUDHON

32 VOLUMES
En format grand in-18 jésus.

CORRESPONDANCE

DE

P.-J. PROUDHON

PRÉCÉDÉE D'UNE

NOTICE SUR P.-J. PROUDHON

Par J.-A. LANGLOIS

TOME PREMIER

PARIS
LIBRAIRIE INTERNATIONALE
A. LACROIX ET Cᵉ, ÉDITEURS
13, RUE DU FAUBOURG-MONTMARTRE, 13

1875

P.-J. PROUDHON

SA VIE ET SON ŒUVRE

La correspondance de P.-J. Proudhon, dont nous publions aujourd'hui les premiers volumes, a été depuis sa mort recueillie par les soins pieux et intelligents de sa fille, aidée de quelques amis. Elle ne l'était qu'en partie lorsqu'elle fut communiquée à Sainte-Beuve. Mais ce qu'en a connu l'illustre académicien suffisait pour lui permettre de l'apprécier dans son ensemble, avec cette rectitude de jugement qui le caractérise comme critique littéraire.

Dans un travail considérable, que ses lecteurs habituels n'ont certes pas oublié, bien que la mort

ne lui ait pas permis de l'achever, Sainte-Beuve
juge ainsi la correspondance du grand publiciste :

« Les lettres de Proudhon, même en dehors du cercle
des amis particuliers, ont toujours leur valeur ; elles nous
apprennent toujours quelque chose, et c'est ici le lieu de
bien déterminer le caractère général de sa correspondance.

« Elle a été considérable de tout temps, surtout depuis
son entrée dans l'entière célébrité ; et, à dire le vrai, je
suis persuadé que, dans l'avenir, la correspondance de
Proudhon sera son œuvre capitale, vivante, et que la plupart de ses livres ne seront plus que l'accessoire et comme
des pièces à l'appui. Ses livres, dans tous les cas, ne s'entendent bien qu'à l'aide de ses lettres et des explications
continuelles qu'il y donna à ceux qui le consultaient dans
leurs doutes, et qui l'interrogeaient pour s'en éclaircir.

« Il y a, quand on est célèbre, bien des manières de correspondre. Il y a ceux qu'écrire des lettres ennuie, et
qui, assaillis de questions ou de compliments, répondent
en toute hâte uniquement pour avoir répondu, et qui
rendent politesse pour politesse, en y mêlant plus ou moins
d'esprit. Ces sortes de correspondance, fussent-elles de
gens célèbres, sont insignifiantes et ne sont pas dignes de
faire corps et d'être recueillies.

« Après ceux qui expédient leurs lettres comme une
corvée, et presque à côté par l'insignifiance, je mettrai
ceux qui les écrivent d'une manière tout extérieure, toute
superficielle, exclusivement flatteuse, en prodiguant la
louange comme l'or, sans compter ; et ceux pareillement
qui pèsent tout, qui répondent avec prétention, avec en-
flure, en vue de la phrase et de l'effet. Ce ne sont que des
mots qu'ils échangent, et ils ne les choisissent que pour
l'éclat et pour la montre. Vous croyez que c'est à vous,
individu, qu'ils parlent, et ils s'adressent en votre personne
aux quatre coins de l'Europe. Ces correspondances sont

vaines et n'apprennent rien que le jeu théâtral et la pose favorite de leurs auteurs.

« Je ne rangerai point parmi ceux-là les auteurs plus avisés et plus fins qui, tout en écrivant des lettres particulières, guignent du coin de l'œil la postérité. Nous en connaissons que cela a conduits à écrire des lettres longues, soignées, charmantes, caressées, suffisamment naturelles. Béranger nous offre le chef-d'œuvre du genre.

« Proudhon, lui, est d'une tout autre nature et habitude. Il ne pense, en écrivant, à rien autre chose qu'à la pensée même et à la personne à qui il s'adresse : *ad rem et ad hominem.* Homme de conviction et de doctrine, écrire ne l'ennuie pas; être questionné ne l'importune pas; quand on l'aborde, il lui suffit de reconnaître que le motif qui vous conduit n'est pas une curiosité futile, mais l'amour de la vérité; il vous prend au sérieux, il vous répond, il entre dans vos objections, tantôt de vive voix, tantôt par écrit; car « s'il est des explications, remarque-t-il, qui ne « finissent jamais par correspondance et auxquelles on « coupe court en deux minutes de conversation, d'autres « fois c'est le contraire qui arrive : une objection nette- « ment formulée par écrit, un doute bien exprimé, qui « amène une réponse directe et catégorique, avancent plus « les choses que ne feraient dix heures de dialogue. » Il ne craint donc pas, en vous écrivant, de traiter à nouveau le sujet, il vous développe le fond et la suite de ses pensées ; rarement il s'avoue battu, ce n'est pas sa manière ; il tient bon, mais il confesse les lacunes, les variations, l'*évolution* de son esprit en un mot. L'histoire de son esprit est dans ses lettres : c'est là qu'il faut la chercher.

Proudhon, quelle que soit la personne qui s'adresse à lui, est toujours prêt; il quitte la page du livre qu'il compose pour vous satisfaire par lettre avec la même plume, et cela sans s'impatienter, sans croire se distraire, sans ménager ni plaindre son encre ; il est homme public et voué à la propagation de son idée sous toutes les formes,

et la meilleure forme pour lui, c'est toujours l'actuelle, la
dernière. Son écriture même, pleine, égale, lisible, même
aux endroits fatigués, ne trahit aucune précipitation, aucune hâte d'en finir. Chaque ligne en est exacte; rien n'est
laissé au hasard; la ponctuation, très correcte, un peu
forte, un peu marquée, indique avec précision et distinction de nuance tous les chainons du raisonnement. Il est
tout à vous, à son affaire et à la vôtre, tandis qu'il vous
écrit, et jamais ailleurs. Toutes les lettres que j'ai vues de
lui sont sérieuses : aucune n'est banale.

« Mais en même temps il n'est pas artiste ni coquet le
moins du monde : il ne *fait* pas ses lettres, il ne les re-
touche pas, il ne se donne pas même le temps de les relire :
nous avons un premier jet excellent et net, le jet de la
source, mais pas autre chose. Les raisons nouvelles, qu'il
trouve chemin faisant à l'appui de ses idées, et que la contradiction lui suggère, surprennent agréablement et jettent
une lumière qu'on chercherait vainement dans les ouvrages mêmes : sa correspondance diffère notablement de ses
livres, en ce qu'elle ne vous met point martel en tête ;
elle vous place au cœur de l'homme, vous l'explique et
vous laisse sous une impression d'estime morale et presque de sécurité intellectuelle. On y sent de la bonne foi.
Je ne saurais mieux le comparer à cet égard, qu'à George
Sand, dont la correspondance est à la fois abondante et
pleine de sincérité. Il est dans son rôle et dans sa nature
tout ensemble. S'il a affaire à un jeune homme qui s'ou-
vre à lui dans ses anxiétés de scepticisme, à une jeune
femme qui lui pose des questions délicates de conduite, sa
lettre devient un petit essai de moraliste, une consultation
de directeur spirituel. A-t-il par aventure assisté (ce qui
est pour lui un événement) à une pièce de théâtre, à une
comédie de Ponsart, à un drame de Charles-Edmond, il
se croit tenu de rendre compte de ses impressions à l'ami
à qui il a dû ce plaisir, et sa lettre devient un feuilleton
littéraire, philosophique, plein de sens et qui ne ressem-

ble à nul autre. Sa familiarité est proportionnée ; il n'affecte pas la rudesse. Les termes de civilité ou d'affection qu'il emploie avec ses correspondants sont sobres, mesurés, appropriés à chacun, d'une simplicité et d'une cordialité franche. Quand il parle morale et famille, il a par moments de l'homme de la Bible et du patriarche. Il jouit de toute la liberté de la langue et ne se prive de rien. Quelques gros mots, des personnalités trop âpres et tout-à-fait injustes ou injurieuses, devront disparaître à l'impression ; le temps, au reste, en s'écoulant, permet bien des choses et les rend inoffensives. Ai-je raison de dire qu'un jour la correspondance de Proudhon , toujours substantielle, sera la partie la plus accessible et la plus attachante de son œuvre? »

La vraie biographie de Proudhon se trouve presque tout entière dans sa correspondance. Jusqu'en 1837, date de la première lettre que nous avons pu recueillir, sa vie, racontée par Sainte-Beuve à qui nous faisons de nombreux emprunts , peut être résumée en quelques pages.

Pierre-Joseph Proudhon est né le 15 janvier 1809 dans un faubourg de Besançon, à la Mouillère. Ses père et mère y étaient occupés à la grande brasserie de M. Renaud. Le père, bien que cousin du jurisconsulte Proudhon, le célèbre professeur de la faculté de Dijon , était garçon brasseur. La mère, une vraie paysanne, était servante pour les gros ouvrages. C'était une personne d'ordre, d'un grand bon sens, et, disent ceux qui l'ont connue, une femme supérieure, d'un caractère *héroïque*, selon l'expression du respectable M. Weiss, bibliothécaire à Besançon. C'est d'elle surtout que tenait Proudhon et de ce grand-père *Tournési,* le soldat paysan dont sa mère lui parlait et dont il a raconté les prouesses dans son livre de la *Justice.* Proudhon, qui a toujours eu une grande vénération pour sa mère Catherine, n'a pas manqué de donner le même nom à l'aînée de ses filles. En 1814, à l'époque du blocus de Besançon, le quartier de la Mouillère, bâti sous les murs de la ville, ayant été détruit pour la défense de la place, le père de Proudhon s'établit tonnelier dans le faubourg de Battant, quartier des Vignerons. Très-honnête, mais simple et sachant peu calculer, le tonnelier, père de cinq enfants dont Pierre-Joseph était l'aîné, resta toujours pauvre. A huit ans, Proudhon se rendait utile à la maison, ou gardait les vaches au dehors. Il faut lire dans le livre de la *Justice* la belle et riche page qu'il a écrite sur ses ébats en pleine nature alors qu'il était bouvier. A douze ans, il était garçon de cave au logis. Cela n'empêcha pas qu'on ne le fit étudier. Sa mère y fut puissamment aidée par M. Renaud, l'ancien maître de la brasserie, alors retiré et qui s'occupait lui-même de l'éducation de ses enfants.

Proudhon entra au collége, en sixième, comme externe. Il était forcément assez irrégulier ; les gênes domestiques et les assujettissements du dedans lui faisaient quelquefois manquer ses classes. Il réussit pourtant dans ses études ; il y mettait une grande opiniâtreté. Sa famille était si pauvre qu'on ne pouvait lui acheter des livres ; il était obligé de les emprunter à ses camarades et de copier le texte des leçons. Il nous a raconté lui-même qu'il était obligé de laisser à la porte ses sabots dont le bruit aurait pu troubler les classes, et que n'ayant pas de chapeau, il entrait tête nue au collége. Vers la fin de ses études, un jour, après la distribution des prix, d'où il revenait chargé de couronnes, il ne trouva pas en rentrant chez lui de quoi dîner.

« Dans son ardeur au travail et sa soif d'apprendre, Proudhon, raconte Sainte-Beuve, ne se contentait point de l'enseignement de ses maîtres. Dès l'âge de douze à quatorze ans, il fréquentait assidûment la bibliothèque de la ville. Une curiosité le menait à l'autre, et il demandait livre sur livre, quelquefois huit ou dix dans la même séance. Le savant bibliothécaire, l'ami et presque le frère de Charles Nodier, M. Weiss, s'approcha un jour de lui, et lui dit en souriant : « Mais, mon petit ami, qu'est-ce « que vous voulez faire de tous ces livres ? » L'enfant leva la tête, toisa l'interlocuteur et pour toute réponse : « Qu'est-ce que cela vous fait ? » Et le bon M. Weiss se le tint pour dit ce jour-là. »

Obligé de gagner sa vie, Proudhon ne put continuer ses études. Il entra comme correcteur dans une imprimerie de Besançon. Devenu ensuite ouvrier typographe, il fit en cette qualité son tour de France. A Toulon, où il se trouva sans argent et sans ouvrage, il eut avec le maire une scène qu'il a racontée dans son livre de la *Justice*.

Sainte-Beuve dit qu'après son tour de France, son livret d'ouvrier chargé de bonnes notes, Proudhon fut élevé à la dignité de *prote*. Mais ce qu'il ne dit pas, parce qu'il n'a eu aucune connaissance d'une lettre de Fallot dont nous ignorions encore l'existence il y a six mois, c'est que l'ouvrier typographe eut alors l'idée de quitter sa profession pour devenir précepteur.

Vers 1829, Fallot, un peu plus âgé que Proudhon, et qui, après avoir obtenu en 1832 la pension Suard, devait mourir, dans sa vingt-neuvième année, sous-bibliothécaire à l'Institut, s'était chargé, tout protestant qu'il était, de revoir une Vie des Saints qui se publiait à Besançon. Le livre était en latin, et Fallot y ajoutait des notes également en latin.

« Mais, raconte Sainte-Beuve, il lui arrivait quelquefois de laisser échapper des fautes que Proudhon, alors correcteur à l'imprimerie, ne manquait jamais de lui signaler. Surpris de trouver dans un atelier un aussi bon latiniste, il voulut faire sa connaissance ; de là bientôt la plus sérieuse et la plus étroite amitié, une amitié de l'entendement et du cœur. »

Adressée à un ouvrier typographe de vingt-deux à vingt-trois ans, et lui prédisant en termes formels sa célébrité future, la lettre de Fallot nous a paru tellement curieuse que nous n'hésitons pas à la reproduire en entier.

Paris, ce 5 décembre 1831.

MON CHER PROUDHON,

Vous avez droit d'être surpris, mécontent même du long retard que j'ai mis à répondre à votre·aimable lettre; je vais vous en expliquer la cause. Il a fallu transmettre vos idées à M. J. de Gray; entendre ses objections, y répliquer et attendre sa réponse définitive, qui ne m'est arrivée que depuis peu de temps; car M. J. est une espèce de grand seigneur financier, qui ne se pique d'exactitude dans ses relations avec de pauvres hères tels que nous. De mon côté, je suis négligent en affaires; j'y pousse l'incurie quelquefois jusqu'au désordre, et les rêveries métaphysiques qui m'absorbent toujours, jointes aux distractions de Paris, me rendent l'homme du monde le plus incapable de pousser une négociation avec célérité.

J'ai la détermination de M. Jobard; la voici : il vous trouve, d'après sa manière de voir, trop habile et trop fort pour ses bambins; il craint que vous ne puissiez plier assez votre esprit et votre caractère aux caprices enfantins de leur âge et de leur condition; enfin, il est ce qu'on appelle dans le monde un bon père, c'est-à-dire qu'il veut gâter ses enfants, et pour cela faire à son aise, il juge à propos de conserver encore leur précepteur actuel, qui n'est pas un grand grec, mais qui se

prête à leurs jeux et à leurs joyeuses badineries avec une
merveilleuse souplesse, qui montre les lettres de l'al-
phabet à la petite fille, qui conduit les petits garçons à
la messe, et qui, non moins complaisant que le digne
abbé P***, de notre connaissance, serait prêt à danser
la danse basque pour divertir madame. Un tel métier
ne saurait vous convenir, à vous, âme d'homme, libre
et fier : vous êtes éconduit; n'en parlons plus. Peut-
être ma sollicitude sera-t-elle moins malheureuse une
autre fois. Il ne me reste qu'à vous demander pardon
d'avoir ainsi songé à disposer de vous presqu'à votre
insu : j'ai mon excuse dans les motifs qui m'ont guidé;
j'avais en vue votre bien-être et votre avancement dans
les voies de ce monde.

Je vois dans votre lettre, mon camarade, à travers
les saillies qui y éclatent, et sous la franche et naïve
sève de gaieté franc-comtoise que vous y avez répandue,
une teinte de tristesse et de découragement qui m'afflige. Vous êtes malheureux, mon ami : l'état que vous
exercez ne vous convient pas; vous ne sauriez y vivre,
il n'est pas fait pour vous, il est au-dessous de vous;
vous devez le quitter, il le faut, avant que son influence
délétère ait pu s'exercer sur vos facultés, avant que
vous ayez pris, comme l'on dit, la manière de voir de
votre profession, si tant est que vous puissiez jamais la
prendre, ce que je nie formellement. Vous êtes malheureux; vous n'êtes pas encore dans les voies que votre
nature vous a assignées. Eh ! âme pusillanime, est-ce
une raison pour vous laisser abattre ! Devez-vous
tomber dans le découragement ? Luttez, morbleu, luttez

avec persévérance et vous triompherez. J.-J. Rousseau
a tâtonné jusqu'à quarante ans avant que son génie se
révélât à lui. Vous n'êtes pas J.-J. Rousseau; mais
écoutez : je ne sais si j'aurais deviné l'auteur d'*Émile*
à vingt ans, à supposer que j'eusse été son contemporain et que j'eusse eu l'honneur de le connaître. Mais
je vous ai connu, vous, je vous ai aimé, je vous ai
deviné, si j'ose le dire; pour la première fois de ma vie,
je vais me hasarder à prédire l'avenir. Conservez cette
lettre, relisez-la d'ici quinze ou vingt ans, vingt-cinq
peut-être, et si alors la prédiction que je vais vous
faire ne s'est pas accomplie, brûlez-la comme d'un fou,
par charité et par respect pour ma mémoire. Voici ma
prédiction : vous serez, Proudhon, malgré vous, inévi-
tablement, par le fait de votre destinée, un écrivain, un
auteur; vous serez un philosophe; vous serez une des
lumières du siècle, et votre nom tiendra sa place dans
les fastes du xixᵉ siècle, comme ceux de Gassendi, de
Descartes, de Malebranche, de Bacon, dans le xviiᵉ,
comme ceux de Diderot, de Montesquieu, d'Helvétius,
de Locke, d'Hume, de d'Holbach dans le xviiiᵉ. Tel
sera votre sort ! Maintenant agissez à votre guise, com-
posez des caractères d'imprimerie, élevez des bambins,
enfouissez-vous dans une retraite profonde, recherchez
des villages obscurs et écartés, tout cela m'est égal;
vous ne sauriez échapper à votre destinée; vous ne
sauriez vous dépouiller de la plus noble partie de vous-
même, de cette intelligence active, forte, chercheuse,
dont vous êtes doué; votre place est marquée sur la
terre et elle ne saurait rester vide. Prenez-vous y

comme il vous plaira ; je vous attends à Paris, philosophant, platonisant; vous y viendriez bon gré mal gré.
Moi qui vous le dis, il faut que ma conviction soit bien
forte, pour que je me hasarde à vous l'écrire, puisque
je cours la chance, sans aucun profit pour mon talent
divinatoire, auquel je ne tiens pas le moins du monde,
je vous assure, de passer pour un écervelé, si je me
trompe; c'est jouer bien gros jeu que de mettre son
bon sens sur les cartes, en retour du très-léger et très-
mince mérite d'avoir deviné un jeune homme.

Quand je dis que je vous attends à Paris, ce n'est
qu'une locution proverbiale qui ne doit rien vous faire
préjuger sur mes projets et sur mes plans; le séjour de
Paris me déplaît, au contraire, me déplaît beaucoup
même, et quand cette fièvre des beaux-arts qui me
possède aujourd'hui m'aura quitté, je l'abandonnerai
sans regret pour le séjour plus paisible d'une ville de
province, à condition, toutefois, que cette ville m'offrira
des moyens de subsistance, du pain, un lit, des livres,
du repos et de la solitude. Que je regrette, mon bon
Proudhon, cette chambre noire, obscure, enfumée, que
j'habitais à Besançon et dans laquelle nous avons employé de si douces heures à philosopher. Vous en sou-
vient-il? Que cela est loin de moi maintenant! Cet
heureux temps reviendra-t-il jamais? Nous retrou-
verons-nous un jour? Ici ma vie est agitée, incertaine,
précaire, et, qui pis est, paresseuse, illettrée, vaga-
bonde; je ne travaille pas, je fainéantise, je divague;
je ne lis rien, je n'étudie plus ; mes bibliographes lan-
guissent délaissés; je feuillette de loin en loin quelques

métaphysiciens, et après une journée de courses loin-
taines, dans des rues sales, immondes, obstruées de
mille embarras, je me couche la tête vide et le corps
fatigué, pour recommencer le jour d'après. Qu'est-ce
que ces courses ? me demanderez-vous ? — Ces courses,
mon ami, ce sont des visites, ce sont des sollicitations
auprès de sots personnages; puis c'est l'entraînement de
la curiosité qui m'a saisi, moi le moins curieux des êtres
animés : ce sont des musées, des bibliothèques, des as-
semblées, des églises, des palais, des jardins, des théâ-
tres à visiter. Je me suis épris de peinture, je me suis épris
de musique. je me suis épris de sculpture; tout cela est
bel et bon, mais tout cela ne peut assouvir la faim,
quand elle me presse, ni remplacer mes douces lectures
de Bailly, d'Hume, de Tennemann, que je faisais au
coin de mon feu quand je savais lire.

Voilà mes jérémiades terminées. Ne les prenez pas
trop à la lettre et ne croyez pas que je cède à l'abat-
tement ni au découragement; non, je suis fataliste et
j'ai foi dans mon étoile. Je ne sais encore quelle est ma
vocation, ni à quelle branche des lettres humaines je
suis plus particulièrement propre; je ne sais même si
je suis et si je serai jamais propre à aucune; mais
qu'importe : je souffre, je travaille, je rêve, je jouis, je
pense, et, tout résumé, quand sonnera ma dernière
heure, j'aurai vécu !

Proudhon, je vous aime, je vous estime; ce ne sont
pas des phrases que je vous fais là. Eh ! dis-moi,
pauvre ouvrier imprimeur, quel intérêt aurais-je à te
flatter, à te caresser ? Es-tu riche, pour payer des

courtisans? As-tu une table somptueuse, une femme fringante, de l'or à répandre pour les attirer à ta suite? As-tu de la gloire, des honneurs, du crédit, pour que ta connaissance puisse captiver leur vanité, leur orgueil? Non, tu es pauvre, obscur, délaissé; mais obscur, pauvre, délaissé, tu as un ami, et un ami qui sait toutes les obligations que ce mot impose aux gens d'honneur, quand ils osent le prendre. Cet ami, c'est moi; mets-le à l'épreuve.

GUSTAVE FALLOT.

Il nous paraît résulter de cette lettre que si, à cette époque, Proudhon avait déjà manifesté aux yeux d'un ami clairvoyant son génie chercheur et investigateur, c'était bien plus dans l'ordre des questions philosophiques que dans celui des questions économiques ou sociales.

Devenu prote dans la maison Gauthier et Cⁱᵉ, qui exploitait à Besançon une imprimerie considérable, il y corrigeait les épreuves d'auteurs ecclésiastiques, de pères de l'église. Comme on imprimait une bible, une *Vulgate*, il fut conduit à faire des comparaisons avec les traductions interlinéaires d'après l'hébreu.

« C'est ainsi, dit Sainte-Beuve, qu'il apprit l'hébreu seul, et, comme tout s'enchaînait dans son esprit, il fut amené de la sorte à des études de linguistique comparée. Comme la maison Gauthier publiait quantité d'ouvrages de patristique et de théologie, il en vint également par ce besoin de tout approfondir, à se former des connaissances théologiques fort étendues, ce qui a fait croire ensuite à des gens mal informés qu'il avait été au séminaire. »

Vers 1836, Proudhon quitte la maison Gauthier, et acquiert avec un associé une petite imprimerie à Besançon. Son apport dans l'association dut consister bien moins en capitaux que dans sa connaissance du métier. Son associé s'étant suicidé en 1838, Proudhon dut songer à liquider son imprimerie, mais il n'y parvint pas aussi vite et aussi facilement qu'il l'espérait. C'est alors qu'il fut poussé par ses amis à se mettre sur les rangs pour obtenir la pension *Suard*. Cette pension consiste en une rente de 1,500 francs léguée à l'Académie de Besançon par Mme Suard, veuve de l'académicien, pour être donnée tous les trois ans à celui des jeunes gens du Doubs, bachelier ès lettres ou ès sciences, et dépourvu de fortune, qui *aura été*, au jugement de l'Académie de Besançon, *reconnu pour montrer les plus heureuses dispositions, soit pour la carrière des lettres ou des sciences, soit pour l'étude du droit ou de la médecine.* Le premier qui avait joui de la pension Suard était Gustave Fallot. Mauvais, qui fut un astronome distingué de l'Académie des sciences, était le second. Proudhon allait être le troisième. Il lui fallut pour cela se faire recevoir bachelier ès lettres et écrire une lettre à l'Académie de Besançon. Dans une phrase de cette lettre dont il avait dû modifier les termes, mais dont il s'était obstinément refusé à changer l'esprit, Proudhon exprimait sa ferme volonté de travailler à l'amélioration du sort des ouvriers, ses frères.

Le seul écrit qu'il eut alors publié sans nom d'auteur, était un *Essai de grammaire générale.* En réimprimant, à Besançon, les *Éléments primitifs des langues, découverts par la comparaison des racines de l'hébreu avec celles du latin et du français,* par l'abbé Bergier, Proudhon avait augmenté l'édition de son *Essai de grammaire générale.*

La date de l'édition, 1837, prouve qu'il ne songeait pas alors à la pension Suard. Dans ce travail, qui continuait et complétait celui de l'abbé Bergier, Proudhon s'était placé au même point de vue, le point de vue de Moïse et de la tradition biblique. — Deux ans plus tard, en février 1839, étant déjà titulaire de la pension Suard, il adressa à l'Institut, pour le concours du prix Volney, un Mémoire intitulé : *Recherches sur les catégories grammaticales et quelques origines de la langue française.* C'était son premier travail remanié et présenté sous une autre forme. Quatre Mémoires seulement avaient été envoyés à l'Institut, qui ne donna pas de prix. Deux mentions honorables furent accordées, dont une au Mémoire n° 4, c'est-à-dire à P.-J. Proudhon, imprimeur à Besançon. Les juges étaient MM. Amédée Jaubert, Reinaud et Burnouf.

« La commission, disait le rapport dans la séance annuelle des cinq académies du jeudi 2 mai 1839, a particulièrement remarqué le manuscrit n° 1 et le manuscrit n° 4. Toutefois elle n'a pas cru pouvoir accorder le prix ni à l'un ni à l'autre de ces ouvrages, parce qu'ils ne lui ont pas paru suffisamment élaborés. La commission, qui a distingué dans le n° 4 des analyses fort ingénieuses, particulièrement en ce qui concerne le mécanisme de la langue hébraïque, a regretté que l'auteur se soit abandonné à des conjectures hasardées, et qu'il ait quelquefois oublié la méthode expérimentale et comparative que la commission avait spécialement recommandée. »

Proudhon se le tint pour dit. Il suivit les cours d'Eugène Burnouf, et, dès qu'il fut au courant des travaux et des découvertes de Bopp et de ses successeurs, il abandonna définitivement une hypothèse condamnée par l'Académie des Inscriptions et Belles-Lettres. Il vendit alors, au poids du papier, les exemplaires qui lui restaient de l'Essai publié par lui en 1837. — En 1850, il en restait encore dans une arrière-boutique d'épicier. Un libraire du lieu remit alors l'édition en vente avec l'affiche et l'attrait du nom de Proudhon. Il y eut procès, et un procès que l'auteur perdit. Ses ennemis, et il en avait beaucoup alors, auraient bien voulu le faire passer pour un renégat, pour quelqu'un qui a chanté la palinodie. Proudhon, dans son livre de *la Justice*, donne d'intéressants détails sur ce procès.

En possession de la pension Suard, Proudhon prit part au concours ouvert par l'Académie de Be-

sançon sur l'utilité de la célébration du dimanche.
Son Mémoire obtint une mention honorable avec
une médaille qui lui fut décernée dans la séance
publique du 24 août 1839. Le rapporteur du concours, M. l'abbé Doney, depuis évêque de Mon-
tauban, signalait la supériorité incontestable de
son talent.

« Mais, dit Sainte-Beuve, il lui reprochait de s'être jeté
dans les théories hasardées, d'avoir abordé des questions
de politique pratique et d'organisation sociale où la droiture des intentions et le zèle du bien public ne pouvaient
justifier la témérité des solutions.

Etait-ce par politique, nous voulons dire par
prudence, que Proudhon abritait ses idées de réforme égalitaire sous le couvert de Moïse ? Sainte-
Beuve semble le croire comme bien d'autres. Mais
nous nous souvenons parfaitement qu'ayant demandé à Proudhon, en août 1848, s'il ne se consi-
dérait pas par certains côtés comme procédant de
son compatriote Ch. Fourier, nous reçûmes de lui
la réponse suivante : « J'ai certainement lu Fourier,
et j'en ai parlé plus d'une fois dans mes ouvrages,
mais en somme. je ne crois rien lui devoir. Mes
vrais maîtres, je veux dire ceux qui ont fait naître
en moi des idées fécondes, sont au nombre de trois :
La Bible d'abord. Adam Smith ensuite, et enfin
Hégel. »

Hautement avouée dans la *Célébration du di-*

manche, l'influence de la Bible sur Proudhon n'est pas moins manifeste dans le premier Mémoire sur la propriété. Proudhon a sans doute ici beaucoup mis du sien. Mais le fond même des anciennes lois hébraïques ne se retrouve-t-il pas dans la condamnation de l'intérêt usuraire, et dans la négation du droit d'appropriation personnelle de la terre?

Le premier Mémoire sur la propriété parut en 1840, sous ce titre : *Qu'est-ce que la propriété?* ou *Recherches sur le principe du droit et du gouvernement*. Proudhon le dédiait par une lettre-préface à l'Académie de Besançon. Celle-ci, se voyant mise en cause par son pensionnaire, prit l'affaire à cœur et l'évoqua, dit Sainte-Beuve, avec toute la vivacité qu'on peut imaginer. Peu s'en fallut que la pension ne fût immédiatement retirée à l'audacieux défenseur du principe de l'égalité des conditions. M. Vivien, alors ministre de la justice, qui fut vivement sollicité de faire poursuivre l'auteur, voulut avoir tout d'abord l'opinion de l'économiste Blanqui, membre de l'Académie des Sciences morales et politiques. Proudhon ayant fait hommage de son livre à cette Académie, M. Blanqui se chargea d'en faire le rapport. Ce rapport, qui réfutait Proudhon, le couvrit. Traité en savant par M. Blanqui, l'auteur ne fut pas poursuivi. Il resta toujours reconnaissant envers MM. Blanqui et Vivien de ce bon procédé à son égard.

Le rapport de M. Blanqui, que le *Moniteur* du 7 septembre 1840 a reproduit en partie, amena naturellement Proudhon à lui adresser sous forme de lettre son second Mémoire sur la propriété, qui parut en avril 1841. Proudhon avait cherché dans son premier Mémoire à démontrer que la poursuite de l'égalité des conditions est le véritable principe du droit et du gouvernement. Dans la *Lettre à M. Blanqui*, il passe en revue les formes nombreuses et variées par lesquelles ce principe tend à se réaliser dans toutes les sociétés, particulièrement dans la société moderne.

En 1842, paraît un troisième Mémoire intitulé : *Avertissement aux propriétaires*, *ou Lettre à M. Victor Considerant, rédacteur de la* Phalange, *sur une défense de la propriété*. Ici l'influence d'Adam Smith est manifeste et hautement avouée. Adam Smith n'a-t-il pas trouvé dans le principe d'égalité la première de toutes les lois qui président à la détermination des salaires? Il y a d'autres lois sans doute, mais Proudhon les considère toutes comme dérivant du principe de propriété, tel qu'il l'avait défini dans son premier Mémoire. Ainsi, dans l'humanité, deux principes : l'un qui nous conduit à l'égalité, l'autre qui nous en éloigne ; le premier par lequel nous nous traitons en associés, le second par lequel nous nous traitons en étrangers, pour ne pas dire en ennemis. Cette distinction que

l'on retrouve partout dans les trois Mémoires contient déjà en germe l'idée-mère du *Système des
contradictions économiques* qui paraîtra en 1846,
l'idée de l'antinomie ou contre-loi.

L'*Avertissement aux propriétaires* fut saisi par
le parquet de Besançon, et Proudhon assigné à
comparaître dans la huitaine aux assises du Doubs.
Il lut lui-même sa défense écrite devant les jurés,
et fut acquitté. Le jury, comme M. Blanqui, ne
voulut voir en lui qu'un philosophe, un chercheur,
un savant.

En 1843, publication par Proudhon de la *Création de l'ordre dans l'humanité*, un gros volume
qui ne traite pas seulement d'économie sociale : la
religion, la philosophie, la méthode, la certitude,
la logique et la dialectique y tiennent une place
considérable.

Délivré de son imprimerie le 1er mars de la
même année, Proudhon dut chercher à subsister.
MM. Gauthier frères, entrepreneurs de transports
par eau entre Mulhouse et Lyon, dont l'aîné était
camarade d'enfance de Proudhon, eurent l'heureuse
idée de l'employer, d'utiliser sa capacité dans leur
entreprise, et de l'appliquer aux nombreuses affaires
contentieuses qu'elle amenait journellement. En
dehors des très-nombreux Mémoires d'affaires qu'il
eut à rédiger dans ses nouvelles fonctions, et qui
retardèrent jusqu'en octobre 1846 la publication du

Système des contradictions économiques, il faut
citer un travail qui, avant de paraître en brochure,
fut publié dans la *Revue des Économistes : De la
concurrence entre les chemins de fer et les voies
navigables*.

Le Miserere ou la Pénitence d'un roi qu'il publia
en mars 1845 dans la *Revue indépendante*, à l'occasion du Carême que Lacordaire était venu prêcher
à Lyon, prouve que, tout en se livrant avec ardeur
à l'étude des problèmes économiques, Proudhon
n'avait pas cessé de s'intéresser aux questions d'histoire religieuse. Parmi les écrits malheureusement
inachevés qu'il a laissés sur ces questions, nous
pouvons citer une histoire à peu près complète des
premières hérésies chrétiennes et de la lutte du
christianisme contre le césarisme.

Nous avons dit qu'en 1848, Proudhon se reconnaissait trois maîtres. N'ayant jamais su l'allemand, il ne pouvait avoir lu les ouvrages de Hégel,
non encore traduits en français. Ce fut Ch. Grün,
un Allemand venu en France pour étudier, avec
l'état des esprits, les divers systèmes philosophiques
et socialistes, qui lui donna la substance des idées
hégéliennes. Pendant l'hiver 1844-1845, Ch. Grün
eut avec Proudhon de longues conversations qui
déterminèrent très-certainement, non le fond qui
appartient tout entier au penseur bisontin, mais la
forme de l'important ouvrage auquel il travaillait

depuis 1843 et qui parut en 1846 chez l'éditeur Guillaumin.

La grande idée de Hegel que Proudhon s'est assimilée et qu'il démontre avec un merveilleux talent dans le *Système des contradictions économiques*, est la suivante : L'antinomie, c'est-à-dire l'existence de deux lois ou tendances opposées, n'est pas seulement possible dans deux choses différentes, elle l'est encore dans une seule et même chose. Envisagées dans leur thèse, c'est-à-dire dans la loi ou tendance qui les a créées, toutes les catégories économiques sont rationnelles : la concurrence, le monopole, la balance du commerce, la propriété, comme la division du travail, les machines, l'impôt, le crédit. Mais, de même que la communauté et la population, toutes ces catégories sont antinomiques ; toutes s'opposent, non-seulement entre elles, mais avec elles-mêmes. Tout s'oppose, et le désordre est né de ce système d'oppositions. D'où le sous-titre de l'ouvrage : *Philosophie de la misère*. Aucune catégorie ne peut être supprimée ; l'opposition, antinomie ou contre-tendance qui existe en chacune d'elles ne peut être supprimée.

En quoi donc peut consister la solution du problème social ? Sous l'empire des idées hégéliennes, Proudhon commencera par la chercher dans une synthèse supérieure qui concilierait la thèse et l'antithèse. Plus tard, en travaillant à son livre de la

Justice, il s'apercevra que les termes autinomiques
ne se résolvent pas plus que les pôles opposés d'une
pile électrique ne se détruisent; qu'ils sont la cause
génératrice du mouvement, de la vie, du progrès;
que le problème consiste à trouver, non leur fusion
qui serait la mort, mais leur équilibre, équilibre
sans cesse instable, variable selon le développement
même des sociétés.

En publiant le *Système des contradictions économiques,* Proudhon annonçait, sur la couverture
du livre, comme devant paraître prochainement :
Solution du problème social. Cet ouvrage, auquel il
travaillait encore lorsqu'éclata la Révolution de
1848, dut être découpé par lui en brochures et en
articles de journaux. Les deux brochures qu'il
publia en mars 1848, avant d'entrer comme rédacteur au *Représentant du Peuple,* portent toutes
deux le même titre : *Solution du problème social.*
La première, qui est surtout une critique des premiers actes du gouvernement provisoire, a ceci de
remarquable que Proudhon s'y prononce énergiquement, avant tous autres, contre la création des
ateliers nationaux. La seconde, *Organisation du
crédit et de la circulation,* résume en quelques
pages sa conception du progrès économique : réduc-
tion progressive des intérêts, des profits, des rentes,
des impôts et des salaires. C'est ainsi que se sont
accomplis jusqu'ici tous les progrès; c'est ainsi

qu'ils doivent continuer à s'accomplir. Les ouvriers qui poursuivent l'augmentation nominale des salaires sont, sans le savoir, dans une voie rétrograde, contraire à tous leurs intérêts.

Après avoir publié dans le *Représentant du Peuple*, les statuts de la Banque d'échange, banque qui ne devait pas faire de bénéfices puisqu'elle devait être sans actionnaires, et qui par conséquent devait escompter les effets de commerce sans intérêt, moyennant une simple commission représentative de ses frais de gestion, Proudhon s'efforça, dans de nombreux articles, d'en faire comprendre le mécanisme et la nécessité. Ces articles ont été réunis en volume sous ce double titre : *Résumé de la question sociale, Banque d'échange*. Ses autres articles, ceux qui jusqu'en décembre 1848 lui furent inspirés par la marche des événements, ont été réunis en un autre volume : *Idées révolutionnaires*.

A peu près inconnu en mars 1848, rayé en avril de la liste des candidats à l'Assemblée constituante par les délégués ouvriers qui siégeaient au Luxembourg, Proudhon n'eut qu'un très-petit nombre de voix aux élections générales d'avril. Aux élections complémentaires qui eurent lieu dans les premiers jours de juin, il fut élu à Paris par 77,000 voix.

Après les néfastes journées de juin, un article qu'il publia sur *le terme* fit suspendre une première fois le *Représentant du Peuple*. C'est alors qu'il fit

à l'Assemblée une proposition qui, renvoyée au
Comité des finances, donna lieu d'abord au rapport
de M. Thiers, ensuite au discours que Proudhon prononça le 31 juillet en réponse à ce rapport. Le *Représentant du Peuple* ayant pu reparaître quelques jours
après, il écrivit, à propos de la loi qui rétablissait le
cautionnement des journaux, son fameux article sur
les Malthusiens (10 août 1848). Dix jours plus tard,
le *Représentant du Peuple*, de nouveau suspendu,
cessait définitivement de paraître. Le *Peuple*, dont
il fut le rédacteur en chef et dont le numéro-pro-
gramme date des premiers jours de septembre, parut
d'abord hebdomadairement, faute d'un cautionnement suffisant; il parut ensuite quotidiennement,
avec un numéro double chaque semaine. Avant
que le *Peuple* eut trouvé son premier cautionnement, Proudhon publia une remarquable brochure
sur le *Droit au travail* qu'il refusait d'admettre
dans la forme où on l'affirmait alors. C'est à la
même époque qu'il prononça au banquet Poisson-
nière son *toast à la Révolution.*

Proudhon à qui on avait offert la présidence du
banquet, la refusa et proposa de la donner d'abord
à Ledru-Rollin, puis, vu les répugnances des organisateurs du banquet, à l'illustre président du groupe
de la Montagne, Lamennais. Son but évident était
d'entraîner le groupe des représentants de l'extrême
gauche à acclamer enfin avec lui la République

démocratique et sociale. La présidence de Lamennais acceptée par les organisateurs, la Montagne s'était engagée à assister au banquet. La veille tout semblait convenu, lorsque le général Cavaignac remplaça le ministère Sénart par le ministère Dufaure-Vivien. La Montagne, interpellant le Gouvernement, proposa un ordre du jour de confiance pour le ministère ancien, et implicitement de défiance pour le ministère nouveau. Proudhon s'était abstenu de voter sur l'ordre du jour. La Montagne déclara qu'elle n'irait pas au banquet si Proudhon y assistait. Cinq montagnards, Mathieu, de la Drôme, en tête, vinrent le signifier rue Montmartre aux bureaux provisoires du journal le *Peuple*. Le citoyen Proudhon, dirent-ils aux organisateurs en présence de celui-ci, a trahi la cause républicaine en s'abstenant de voter aujourd'hui sur l'ordre du jour de la Montagne. Proudhon, violemment interpellé, commença par se défendre en rappelant, d'une part, comment il avait été traité par le ministre tombé, d'autre part la conduite impartiale tenue envers lui en 1840 par M. Vivien, le nouveau ministre. Il attaqua ensuite la Montagne en disant à ses délégués qu'elle ne cherchait qu'un prétexte, et qu'au fond, malgré toutes ses protestations de socialisme dans des conversations particulières, soit avec lui, soit avec les organisateurs du banquet, elle n'avait pas le courage de se déclarer publiquement socialiste.

Proudhon commença dès le lendemain par son
toast à la Révolution, toast rempli d'allusions à la
violente scène de la veille, sa lutte contre la Montagne. Son duel avec Félix Pyat fut un des épisodes
de cette lutte qui devint moins vive de la part de
Proudhon, lorsque la Montagne se fut enfin décidée
à acclamer publiquement la République démocratique et sociale. La période électorale venait de
s'ouvrir pour la nomination du président de la
République. Proudhon attaqua très-vivement la
candidature de Louis-Bonaparte dans un pamphlet
que l'on s'accorde à regarder comme un de ses
chefs-d'œuvre littéraires : le *Pamphlet sur la Présidence*. Adversaire de cette institution contre
laquelle il avait voté à l'Assemblée constituante, il
avait conclu tout d'abord à l'abstention. Mais com-
prenant bientôt qu'il augmentait ainsi les chances
de Louis-Bonaparte, et que si, par impossible, celui-
ci n'obtenait pas la majorité absolue des suffrages,
l'Assemblée ne manquerait pas d'élire le général
Cavaignac, il adopta pour la forme la candidature
de Raspail patronée par ses amis du comité socialiste. Charles Delescluze, rédacteur en chef de la
Révolution démocratique et sociale, qui ne lui par-
donnait pas d'avoir préféré Raspail à Ledru-Rollin
candidat de la Montagne, l'attaqua dès le lendemain de l'élection avec une violence qui dépassait
toutes les bornes. Proudhon eut tout d'abord la

sagesse de ne pas répondre. Enfin, poussé à bout, il devint agressif à son tour, et Delescluze lui envoya ses témoins. Cette fois, Proudhon refusa catégoriquement de se battre; s'il s'était battu avec Félix Pyat, c'était uniquement parce qu'on paraissait douter de son courage.

Le 25 janvier 1849, Proudhon, relevant d'une maladie, voit l'Assemblée constituante menacée dans son existence par la coalition des partis monarchiques et de Louis-Bonaparte, qui déjà méditait son coup d'Etat. Il n'hésite pas à attaquer de front celui qui venait d'obtenir cinq millions de suffrages. Il voulait briser l'idole; il ne réussit qu'à se faire poursuivre et condamner. L'autorisation de poursuites demandée contre lui fut accordée par la majorité de l'Assemblée constituante, malgré le discours qu'il prononça à cette occasion. Déclaré coupable par le jury, il fut condamné, en mars 1849, à trois ans de prison et 10,000 francs d'amende.

Proudhon n'avait pas abandonné un seul instant son projet d'une Banque d'Échange, opérant sans capital avec l'adhésion d'un nombre suffisant de commerçants et d'industriels. Cette Banque, qu'il appelait alors *Banque du Peuple* et autour de laquelle il voulait grouper les nombreuses associations ouvrières qui s'étaient fondées depuis le 24 février 1848, avait déjà réuni un certain nombre de souscripteurs et d'adhérents, ceux-ci au nombre de 37,000. Elle allait commencer à fonctionner lorsque, par le fait de sa condamnation, Proudhon fut obligé de choisir entre la prison et l'exil. Il n'hésita pas à abandonner son projet et à rendre l'argent aux souscripteurs. Il a expliqué les motifs de cette décision dans un article du journal le *Peuple*.

Réfugié en Belgique, il n'y resta que peu de jours, et, sous un nom d'emprunt, vint se cacher à Paris dans une maison de la rue de Chabrol. De sa retraite, il envoyait presque chaque jour des articles signés ou non signés au *Peuple*. Le soir, vêtu d'une blouse, il allait respirer l'air dans des endroits écartés. Bientôt, enhardi par l'habitude, il se hasarda à se promener le soir sur la chaussée des boulevards; puis il poussa l'imprudence jusqu'à flaner le jour aux abords de la gare du Nord. Il ne tarda pas à y être reconnu par la police, qui l'arrêta, le 6 juin 1849, dans la rue du Faubourg-Poissonnière.

Conduit au dépôt de la préfecture, puis à Sainte-Pélagie, il était à la Conciergerie lorsqu'eut lieu la journée du 13 juin 1849, qui se termina par la suppression violente du journal *Le Peuple*. C'est alors qu'il commença à écrire les *Confessions d'un révolutionnaire*, publiées vers la fin de l'année. Il avait été transféré de nouveau à Sainte-Pélagie lorsqu'il épousa, en décembre 1849, Mlle Euphrasie Piégard, une jeune ouvrière qu'il avait demandée en mariage dès l'année 1847. Mme Proudhon lui a donné quatre filles, dont deux seulement, Catherine et Stéphanie, ont survécu à leur père. Stéphanie est morte en 1873.

En octobre 1849, le *Peuple* fut remplacé par un nouveau journal, *La voix du Peuple*, que Proudhon dirigeait du fond de sa prison. C'est là qu'on peut retrouver ses polémiques avec Pierre Leroux et avec Bastiat. Les articles politiques qu'il envoyait à la *Voix du Peuple* finirent par déplaire au gouvernement, qui le fit transférer à Doullens, où on le tint quelque temps au secret. Ramené ensuite à Paris pour comparaître devant les Assises de la Seine, à propos d'un article de la *Voix du Peuple*, il fut défendu par M. Crémieux et acquitté. De la Conciergerie, il passa de nouveau à Sainte-Pélagie où il termina ses trois années de prison, le 6 juin 1852.

La *Voix du Peuple*, supprimée avant la promulgation de la loi du 31 mai, avait été remplacée par une feuille hebdomadaire, le *Peuple* de 1850. Fondé avec le concours des principaux membres de la Montagne, ce journal eut bientôt le sort de ses aînés.

En 1851, plusieurs mois avant le coup d'État, Proudhon publia l'*Idée générale de la Révolution au XIXe siècle*, où, après avoir exposé la série logique des gouvernements unitaires, depuis la monarchie, qui en est le premier terme, jusqu'au gouvernement direct du peuple, qui en est le dernier, il oppose l'idéal de l'an-archie ou *self-government*, à l'idéal communiste ou gouvernementaliste.

A cette époque, le parti socialiste découragé par les élections de 1849 plus réactionnaires encore que celles de 1848, justement irrité contre la représentation nationale qui venait de voter la loi du 31 mai 1850, demandait la législation directe et le gouvernement direct. Proudhon, qui ne voulait à aucun prix du régime plébiscitaire où il voyait avec raison l'écrasement de la liberté, n'hésite pas à signaler, à ceux de ses amis qui attendaient tout de la législation directe, une des antinomies du suffrage universel. En tant qu'institution destinée à opérer au profit du plus grand nombre les réformes sociales que le suffrage censitaire ne veut pas accomplir, le suffrage universel est impuissant. Il l'est surtout s'il a la prétention de légiférer ou de gouverner directement. Car, jusqu'à l'accomplissement des réformes sociales, le plus grand nombre est nécessairement le moins éclairé, par conséquent le moins capable de concevoir et de réaliser ces réformes. Quant à l'antinomie, par lui signalée, de la liberté et du gouvernement, que celui-ci soit monarchique, aristocratique ou démocratique, Proudhon, qui voulait avant tout sauver la liberté, devait naturellement en chercher la solution dans le libre contrat. Mair si le libre contrat peut être une solution pratique des questions purement économiques, il ne saurait l'être des questions politiques. Proudhon le reconnaîtra dix ans plus tard, lorsque sa belle étude sur *la Guerre et la Paix* lui aura fait trouver dans le *principe fédératif* le juste équilibre de la liberté et du gouvernement.

La *Révolution sociale démontrée par le coup d'État* parut en 1852, quelque temps après sa sortie de prison. Il régnait alors une telle terreur que personne ne voulut éditer son livre sans une autorisation expresse du gouvernement. Il réussit à obtenir cette autorisation en écrivant à Louis Bonaparte une lettre qu'il publia en même temps que l'ouvrage. Celui-ci mis en vente, Proudhon fut averti qu'il ne pourrait en publier d'autres du même genre. Il eut alors l'idée d'écrire une histoire universelle, sous le titre de *Chronos*. Ce projet ne put être réalisé.

Déjà père de deux enfants, sur le point d'en avoir un troisième, Proudhon devait songer à se créer immédiatement des moyens d'existence; il se mit au travail et publia, d'abord sans nom d'auteur, le *Manuel du spéculateur à la Bourse*. Plus tard, en 1857, après l'avoir complété, il n'hésita pas à signer cet ouvrage, se plaisant, dans la préface, à reconnaître la part de son collaborateur G. Duchêne.

Entre temps, il sollicitait vainement l'autorisation de fonder un journal ou une revue. Cette autorisa-

tion lui fut constamment refusée. Le gouvernement impérial se défiait de lui depuis la publication de la *Révolution sociale démontrée par le coup
d'État*.

Vers la fin de 1853, Proudhon fait paraître en
Belgique une brochure ayant pour titre : *Philosophie
du progrès, Programme*. Toute inoffensive qu'elle
était, cette brochure qu'il essaya de faire entrer en
France fut arrêtée à la frontière. Les réclamations
de Proudhon n'y firent rien.

L'Empire accordait aux grandes compagnies concessions sur concessions. Une société financière
ayant sollicité la concession d'un chemin de fer
dans l'est de la France, Proudhon fut chargé par
elle de rédiger plusieurs mémoires à l'appui de
cette demande. La concession fut accordée à une
autre compagnie. On fit offrir à l'auteur des mémoires une indemnité comme compensation, qui
(cela se pratiquait alors en pareilles affaires) devait
être payée par la compagnie concessionnaire. Inutile de dire que Proudhon ne voulut rien accepter.
C'est alors que, voulant expliquer au public, en
même temps qu'au gouvernement, le but qu'il
s'était proposé d'atteindre, il publia l'ouvrage ayant
pour titre : *Des réformes à opérer dans l'exploitation des chemins de fer*.

Vers la fin de 1854, Proudhon travaillait déjà à
son livre de la *Justice*, lorsqu'il subit une violente

attaque de choléra; il eut bien de la peine à s'en relever. Depuis lors, sa santé fut toujours chancelante.

Le 22 avril 1858, il publia enfin, en trois gros volumes, l'important ouvrage auquel il travaillait depuis 1854. Cet ouvrage avait deux titres : le premier, *De la justice dans la Révolution et dans l'Église;* le second, *Nouveaux principes de philosophie pratique, adressés à Son Éminence Monseigneur Mathieu, cardinal-archevêque de Besançon.* Le 27 avril, à peine avait-on eu le temps de lire l'ouvrage, ordre était donné par le parquet de le saisir; le 28, la saisie fut exécutée. A ce premier acte du parquet, l'auteur du livre incriminé répondit le 11 mai par une pétition fortement motivée, et demandant la révision du concordat de 1802, en autres termes un règlement à nouveau des rapports entre l'Église et l'État. Au fond, cette pétition n'était que la conséquence de l'ouvrage même. Publiée le 17 mai à mille exemplaires, la *Pétition au Sénat* fut regardée par le ministère public comme une aggravation du délit ou des délits découverts dans le corps de l'ouvrage qui lui servait d'annexe, et saisie à son tour le 23. Le 1er juin, instance de l'auteur auprès du Sénat par une seconde *pétition* déposée, comme la première, au secrétariat de l'Assemblée gardienne et garante, d'après la Constitution de 1852, des principes de 89. Le 2 juin, les

deux procédures réunies, Proudhon comparaissant
à la barre avec le libraire, l'imprimeur du livre et
celui de la pétition, jugement du tribunal de police
correctionnelle qui le condamne à trois ans de
prison, 4,000 francs d'amende, la suppression de
son ouvrage. Inutile de dire que le libraire et les
imprimeurs avaient été aussi condamnés par la
sixième chambre.

Proudhon interjette appel; il rédige un mémoire,
qu'aux termes de la loi de 1819 il avait la faculté
de publier avant l'audience, sans qu'il put donner
lieu à une poursuite nouvelle. Décidé à user du
moyen que lui réservait la loi, c'est en vain qu'il
sollicite les imprimeurs poursuivis de lui prêter
leur ministère. Il demande alors au procureur général Chaix d'Est-Ange une déclaration cons-
tatant que l'article 23 de la loi du 17 mai 1819
protége la défense écrite, et que l'impression
est sans danger pour l'imprimeur. Refus net
du procureur-général. Proudhon part alors pour
la Belgique où il fait imprimer sa défense qui, bien
entendu, ne put entrer en France. Ce mémoire peut
marcher de pair avec les meilleurs de Beaumarchais;
il a pour titre : *La justice poursuivie par l'Eglise,
appel du jugement rendu par le tribunal de police
correctionnelle de la Seine, le 2 juin* 1858, *contre
P.-J. Proudhon.* C'est, en même temps qu'une
discussion très-serrée des considérants du jugement

de la sixième chambre, un excellent résumé de son grand ouvrage.

Une fois en Belgique, Proudhon ne manqua pas d'y rester. En 1859, après l'amnistie générale qui suivit la guerre d'Italie, il se considéra tout d'abord comme ayant le droit d'en profiter. Mais le gouvernement impérial, consulté par ses amis, lui fit savoir que dans son opinion, et malgré l'avis contraire de M. Faustin Hélie, sa condamnation n'était pas politique. Proudhon, ainsi assimilé par le gouvernement aux auteurs des livres immoraux, crut de sa dignité de ne pas réclamer, et il attendit patiemment 1863 pour rentrer en France.

En Belgique, où il ne tarda pas à conquérir de nouvelles amitiés, il publia de 1859 à 1860, par fascicules séparés, une nouvelle édition de son grand ouvrage sur la *Justice*. Chaque fascicule comprenait, avec le texte primitif soigneusement revu et corrigé, de nombreuses notes explicatives et des *nouvelles de la Révolution*. Dans ces nouvelles, qui forment une sorte de revue de la marche des idées en Europe, Proudhon constate avec douleur qu'après avoir longtemps marché à la tête des peuples qui progressent, la France est devenue, sans qu'elle paraisse s en douter, la plus rétrograde des nations; et il ia considère plus d'une fois comme sérieusement menacée de mort morale.

La guerre d'Italie fut pour lui l'occasion d'une

nouvelle étude qu'il publia en 1861, sous ce titre ;
La guerre et la paix. Cet ouvrage où, heurtant de
front une foule d'idées jusqu'alors acceptées sans
examen, il se prononçait pour la première fois
contre la restauration d'une Pologne aristocratique
et cléricale, et contre l'établissement d'un gouvernement unitaire en Italie, lui suscita une foule
d'ennemis. La plupart de ses amis, désorientés par
son affirmation catégorique d'un droit de la force,
lui firent savoir qu'ils désapprouvaient hautement
sa nouvelle publication. Vous le voyez, disaient
triomphalement ceux qu'il avait toujours combattus,
cet homme n'a jamais été qu'un sophiste.

Conduit par ses études antérieures à tout ramener à des questions de droit, Proudhon se demande,
dans *la Guerre et la Paix,* s'il y a un droit réel
dont la guerre est la revendication et la victoire la
démonstration. Ce droit, qu'il appelle brutalement
le droit du plus fort ou droit de la force, et qui
n'est en définitive que le droit du plus valant à la
préférence dans certains cas déterminés, existe,
dit Proudhon, indépendamment de la guerre. Il ne
peut être légitimement revendiqué que dans les cas
où la nécessité exige de toute évidence la subordi-
nation d'une volonté à une autre, et dans les limites
où il existe, c'est-à-dire sans jamais pouvoir entraîner l'asservissement de l'un par l'autre. De nation
à nation, le droit des majorités, qui n'est qu'un

corollaire du droit de la force, est aussi inaccep-
table que la monarchie universelle. D'où, jusqu'à
la constitution et à la reconnaissance de l'équilibre
entre les États ou les forces nationales, la guerre.
Celle-ci, dit Proudhon, n'est pas toujours nécessaire pour démontrer de quel côté existe le droit
de la force ; et il n'a pas de peine à le prouver par
des exemples tirés de la famille, de l'atelier et
d'ailleurs. Passant ensuite à l'étude de la guerre, il
constate qu'elle est loin de répondre dans la pratique à ce qu'elle devrait être, d'après sa théorie du
droit de la force. Les horreurs systématiques de la
guerre le conduisent naturellement à lui chercher
une autre cause que la revendication de ce droit ;
et c'est seulement alors que l'économiste se charge
de dénoncer cette cause à tous ceux qui veulent
comme lui la paix. La nécessité de trouver au
dehors une compensation à la misère résultant
dans chaque nation de l'absence de l'équilibre économique : telle est, d'après Proudhon, la cause
toujours réelle, bien que toujours dissimulée, de la
guerre. Les pages consacrées à cette démonstration
et à sa théorie de la pauvreté, qu'il distingue nettement de la misère et du paupérisme, éclairent d'un
jour tout à fait nouveau la philosophie de l'histoire.
Quant à la conclusion de l'auteur, elle est bien
simple. L'équilibre est, depuis le traité de West-
phalie et surtout depuis les traités de 1815, la loi

internationale de l'Europe. Il s'agit maintenant, non de le détruire, mais en le conservant de travailler pacifiquement, dans chaque nation protégée par lui, à l'équilibre des forces économiques. La dernière ligne du livre, évidemment écrit pour refréner les ambitions impériales, est : L'humanité ne veut plus la guerre.

En 1861, après l'expédition de Garibaldi et le combat de Castelfidardo, Proudhon comprit immédiatement que la constitution d'une Italie unitaire allait porter une grave atteinte à l'équilibre européen. Ce fut surtout afin de maintenir cet équilibre qu'il se prononça si énergiquement pour la fédération italienne, dût-elle n'être tout d'abord qu'une fédération de monarques. En vain lui objectait-on qu'en étant constituée par la France, l'unité italienne allait rompre en notre faveur l'équilibre européen. Proudhon, faisant appel à l'histoire, constatait que tout État, qui rompt l'équilibre en sa faveur, ne fait que préparer contre lui une coalition, et par celle-ci, une diminution de son influence et de sa force. Il ajoutait que, les nations étant essentiellement égoïstes, l'Italie ne manquerait pas à l'occasion de mettre son intérêt au-dessus de sa gratitude.

Conserver l'équilibre européen en diminuant les grands États et en multipliant les petits ; réunir ceux-ci en fédérations organisées, non pour l'attaque, mais pour la défense ; et, avec ces fédératioǹs qui, si elles ne l'étaient déjà, deviendraient bien vite républicaines, faire échec aux grandes monarchies militaires : Tel fut à partir de 1861 le programme politique de Proudhon.

Les fédérations, disait-il, n'auront pas seulement pour but de garantir, dans les limites du possible, le règne bienfaisant de la Paix ; elles auront encore pour effet d'assurer, dans chaque nation, le triomphe de la liberté sur le despotisme. Plus un État unitaire est grand, plus la liberté y est en péril ; plus, si cet Etat est démocratique, le despotisme sans contre-poids des majorités y est redoutable. Avec la fédé-ration, il n'en est plus ainsi. Le suffrage universel de l'Etat fédéral est équilibré par le suffrage uni-versel des Etats fédérés ; et celui-ci l'est à son tour par la *Propriété*, forteresse de la liberté, qu'il s'agit, non de détruire, mais d'équilibrer par des institu-tions de *Mutualité*.

Toutes ces idées, et bien d'autres encore qui ne sont qu'indiquées dans l'étude sur *la Guerre et la Paix*, ont été développées par Proudhon dans ses publications ultérieures. La première aura pour épigraphe : *Des réformes toujours, des utopies jamais.* Le penseur avait évidemment accompli son évolution.

Le Conseil d'État du canton de Vaud ayant mis au concours la grande question de l'impôt, précé-demment agitée dans un congrès tenu à Lausanne,

Proudhon se mit sur les rangs et remporta le premier prix. Son Mémoire a été publié en 1861 sous
le titre de *Théorie de l'Impôt*.

Vers la même époque, il écrivait à Bruxelles, dans
l'*Office de Publicité*, de remarquables articles sur
la question de la propriété littéraire, qui se discutait
dans un congrès tenu en Belgique. Ces articles ne
doivent pas être confondus avec *les Majorats littéraires*, travail plus complet sur la même question,
et qui fut publié en 1863, quelque temps après son
retour en France.

Arbitrairement excepté de l'amnistie en 1859,
Proudhon avait été, deux ans après, gracié par
mesure spéciale. Il n'avait pas voulu profiter de
cette faveur, et semblait décidé à rester en Belgique jusqu'au 2 juin 1863, époque à laquelle le
bénéfice de la prescription lui était acquis, lorsqu'une absurde et ridicule émeute, que suscita à
Bruxelles un article publié par lui sur la fédération
et l'unité en Italie, le détermina à hâter son retour
en France. Des pierres avaient été lancées contre
la maison qu'il habitait, dans le faubourg d'Ixelles.
Après avoir mis sa femme et ses filles en sûreté
chez ses amis de Bruxelles, il arriva à Paris en septembre 1862 et y publia *la Fédération et l'Unité
italienne*, brochure qui commence naturellement
par l'article ayant servi de prétexte aux émeutiers
de Bruxelles.

Parmi.les ouvrages commencés par Proudhon en Belgique, et que la mort ne lui a pas permis d'achever, il faut citer en première ligne une *Histoire de Pologne*, qui sera publiée ultérieurement, et la *Théorie de la Propriété*, qui a paru en 1865, avant les *Évangiles annotés*, et après le volume intitulé : *Du principe de l'art et de sa destination sociale*.

Les publications de Proudhon, en 1863, furent : 1e *Les majorats littéraires, examen d'un projet de loi ayant pour but de créer, au profit des auteurs, inventeurs et artistes, un monopole perpétuel;* 2° *Du principe fédératif et de la nécessité de reconstituer le parti de la Révolution;* 3° *Les démocrates assermentés et les réfractaires;* 4° *Si les traités de* 1815 *ont cessé d'exister? Actes du futur Congrès.*

Le mal qui devait le tuer ne faisait qu'empirer : mais Proudhon travaillait toujours !... Une série d'articles publiés en 1864, dans le *Messager de Paris*, ont été réunis en brochure sous le titre de : *Nouvelles observations sur l'unité italienne*. Il espérait faire paraître la même année son ouvrage sur la *Capacité politique des classes ouvrières;* il ne put en écrire le dernier chapitre... Il allait toujours s'affaiblissant. Son médecin lui ordonna le repos. Il partit au mois d'août pour la Franche-Comté, où il passa un mois. Rentré à Paris, il se remit péniblement au travail... Dès le mois de décembre, les lésions du cœur avaient fait de rapides progrès ; l'oppression était devenue insupportable ; ses jambes enflaient et il ne pouvait dormir...

Le 19 janvier 1865, il mourut vers deux heures du matin, dans les bras de sa femme, de sa belle-sœur et de l'ami qui écrit ces lignes...

La publication de sa Correspondance, à laquelle sa fille Catherine s'est pieusement dévouée, aura pour effet, nous n'en doutons pas, de grandir sa réputation comme penseur, comme écrivain et comme homme de bien.

J.-A. LANGLOIS.

CORRESPONDANCE

DE

P.-J. PROUDHON

———————

183..

A M. MUIRON

Vous me demandez, Monsieur, pourquoi cette grande répugnance de ma part à signer votre journal dès mon début. Vous comprendrez sans peine les raisons d'un semblable refus, quand vous saurez ce que j'ai fait jusqu'à ce jour et combien peu je suis avancé dans ma carrière littéraire. Entendons-nous d'abord ; je ne crains pas d'avouer mes principes ni mes écrits, seulement je vous demande un délai, parce que je ne veux pas être pris au dépourvu.

CORRESP. I.   1

Entièrement étranger par mes goûts particuliers aux querelles et aux débats politiques, je suis peu familiarisé avec le style ou le jargon des journaux, le genre de mes études étant presque totalement étranger aux connaissances que l'on exige d'un rédacteur; quel parti, en effet, pourriez-vous tirer, Monsieur, d'un homme qui ne s'est occupé toute sa vie que de métaphysique, de langues, de théologie?

Depuis deux ans je cours le monde, étudiant, interrogeant le petit peuple dont je me trouve plus rapproché par ma condition sociale; n'ayant guère le temps de lire, écrivant encore moins, rangeant à la hâte les idées que me fournissent l'observation, la comparaison de tant d'objets divers; je manque totalement du talent d'écrire et de parler avec fertilité et esprit sur toutes sortes de matières, qualité essentielle chez un journaliste.

De tout cela je commence à m'apercevoir et je conclus que je ne suis guère l'homme qu'il vous faut; et vous m'en croirez sans peine, Monsieur, si je vous assure que je n'eusse pu songer à me présenter chez vous de mon propre mouvement, n'était toute ma déférence pour les exhortations et les conseils d'un ami (Olympe Micaut), sans lequel moi, simple compositeur d'imprimerie, je douterais que je pusse être autre chose.

J'avais vu des rédacteurs de province; je savais de quelle façon et avec quels matériaux la plupart remplissent leur feuille, et sur cet exposé, je me flattais, ayant déjà fait quelque chose de plus difficile, ce me semble, d'en venir facilement à bout, — Ajoutez l'espoir qu'on faisait briller à mes yeux de pouvoir me livrer exclusivement à l'étude.

J'espérais de votre complaisance que vous-même me

mettriez au courant d'une rédaction ; je sentais le besoin de suivre quelque temps la polémique des journaux ; je voulais faire connaissance avec ces gens-là ; en un mot, commencer une sorte d'apprentissage.

Enfin, Monsieur, je veux avant tout consulter M. Fallot, comme j'ai eu l'honneur de vous le dire. Mais je dois vous prévenir que, quelque puisse être mon sentiment, je ne consentirais à signer l'*Impartial* qu'à dater du 1er janvier. C'est pour moi une condition *sine qua non;* ce point accordé, je me prêterai à toute proposition de votre part.

Voyez donc, Monsieur, si, à l'aide d'un prête-nom, d'un *homme de paille*, il vous est possible de concilier votre détermination et la mienne.

Dans le cas où nous pourrions nous entendre, ma franchise me ferait encore un devoir de vous exposer mes opinions *politiques*, *philosophiques et religieuses* auxquelles j'ose dire que je ne dérogerai jamais.

P.-J. PROUDHON.

A M. MUIRON

Monsieur, j'éprouve un plaisir infini à vous entendre, et j'avoue, avec un peu d'embarras, que je ne m'attendais pas à rencontrer un caractère si facile, si accommodant que le vôtre.

Mes irrésolutions ne font que croître et me torturer de plus en plus. Piqué du reproche de découragement, je ne sais quel parti prendre ; mais, réflexion faite, je donnerais beaucoup pour avoir refusé net dès le premier instant. Ce serait me rendre le plus grand service, et dont je serais toute ma vie reconnaissant, que nous en demeurassions là, pour tout ce qui regarde notre affaire. Rédiger un article m'épouvante plus que jamais.

Vous me demandiez hier si les opinions que je professe et qui nous sont communes, je les écrirais dans une feuille publique, et vous répondiez : « Non, sans doute. » Et pourquoi non ? pourquoi l'*Impartial* ne serait-il pas un journal républicain, à sa manière toutefois ?

Pourquoi cette feuille, dont les plus nombreux abonnés sont les maires des campagnes, ne serait-elle pas indépendante de toute autorité, administration ou ma-

gistrature supérieure, nommée par le ministre ou par
le roi?

Pourquoi n'admettrait-elle, ne provoquerait-elle pas
les réclamations des communes contre les maires, de
ceux-ci contre le préfet et les sous-préfets? Car je remarque à la lecture de cette éternelle controverse entre
le *Patriote* et l'*Impartial*, qu'on reproche surtout à
celui-ci d'être la feuille officielle, ministérielle, stipen-
diée, soutenue par l'autorité, à charge par elle de louer
et préconiser tous les actes de celle-ci. Pourquoi ne
professerait-on pas publiquement un pyrrhonisme absolu sur tous les ministères passés, présents et futurs?
Pourquoi n'inviterait-on pas les populations à se rendre
elle-mêmes capables de gérer leurs affaires, de préparer
ainsi les voies à la confédération des peuples? Qu'elles
cherchent dans l'instruction, la science, la saine morale,
le patriotisme, à se passer de toute hiérarchie mi-
nistérielle.et constitutionnelle, tout en faisant leur profit cependant du peu de bien qu'elles en pourront recueillir.

Pour vous le dire à l'occasion du *Phalanstère*, dont
j'ai lu attentivement le prospectus, je ne pense pas
comme M. Fourier, jusqu'à plus ample informé. Jamais
avec vous je n'aurai de discussion à cet égard ; mais, je
vous l'avoue, je serai plutôt convaincu par les faits que
par les arguments ; et ceux-ci, je les comprendrai
mieux, lorsque j'en verrai faire la plus heureuse application. Laissons cela.

J'ai lu aussi votre polémique avec M. A.-F. C. Elle
m'a paru une dispute de mots. Mais me supposant rédacteur, je trouvais que l'arme du ridicule serait pour
moi la plus redoutable ; je ne tiens pas à la plus mauvaise plaisanterie.

Enfin, Monsieur, vous ne manqueriez jamais de bonnes raisons pour lever tous mes scrupules, dissiper mes doutes et fixer mes incertitudes.

Je cesserai donc de chercher des motifs à mon refus. C'est impuissance complète, c'est répugnance invincible, c'est..... c'est enfantillage, si vous voulez. Je ne me connais point, j'étais entraîné par le désir de correspondre aux vœux d'amis tels que Micaud et Fallot: ma bonne volonté m'a trompé.

Arrêtons-nous quand il en est temps encore. Epargnons-nous à tous deux une fâcheuse expérience.

Voici, Monsieur, ma définitive résolution, et en même temps la dernière entrevue que j'aurai l'honneur d'avoir avec vous, jusqu'à ce qu'il soit bien sûr que toute négociation nouvelle à l'égard de notre affaire est désormais impossible. Je dis la *dernière entrevue*, en supposant toutefois que vous me permettrez de continuer avec vous un commerce de conversation ou de lettres, encore plus agréable qu'utile.

Si vous étiez embarrassé de trouver un gérant, je vous offrirais mes faibles services pour vous trouver un homme plus capable, de tout point, que moi pour cette besogne.

Je sens que j'aurais besoin de travailler six mois au moins à de sérieuses études, de donner l'éveil à mes idées, de les digérer, de les mettre en ordre, avant d'oser écrire un seul mot pour le publier, chose que je m'obstine à regarder comme plus importante que vous n'en convenez; et au bout de ce temps, je refuserais vos offres avec d'autant plus de fermeté que je serais mieux instruit et plus capable. Brisons donc là, s'il vous plaît.

Je me suis examiné sérieusement, j'ai consulté des

personnes sensées, lesquelles sont entrées parfaitement dans mes raisons.

Mon travail d'imprimerie, me dérobant à mes lectures, me laisse pleine et entière liberté d'esprit pour la méditation. Le journal m'obligerait à lire journaux et brochures nouvelles, toutes choses insupportables pour moi, me fatiguerait par une contention d'esprit perpétuelle, absorbé que je serais entièrement par la controverse et la polémique continuelle. En somme, je vois de grandes chances d'ennui et des tribulations, contre de très-minimes, pour ne pas dire nulles, de gloire et de satisfaction.

P.-J. PROUDHON.

183..

A M. MUIRON.

Monsieur, vous m'avez témoigné si souvent tant de
bienveillance, d'intérêt, je peux dire d'amitié, que vous
ne serez point surpris qu'à mon tour je vous témoigne
un peu de reconnaissance, mais à ma façon. Vous savez
que je m'occupe quelque peu de l'étude des langues :
je viens d'imprimer un petit *Essai de grammaire géné-*
rale qui paraîtra à la suite des *Eléments primitifs* du
célèbre Bergier. J'ai l'honneur de vous offrir l'un et
l'autre.

Si je ne me flatte pas trop, j'espère que vous trouverez dans cet essai assez court, des choses toutes nouvelles et curieuses. Du moins, c'est le jugement qu'en
ont déjà porté quelques personnes de mérite. Si vous
avez du temps à perdre à une pareille lecture, je ne
crois pas trop présumer de votre complaisance accoutumée pour espérer que vous ne m'épargnerez aucune
observation. Puis, si vous jugez que la chose vaille la
peine d'être communiquée au public, je me repose entièrement sur vous du soin de faire ou faire faire une
petite annonce de notre nouvelle publication dans le
journal dont je vous regarde toujours comme le mo-

dérateur. Seulement, je désirerais qu'au lieu de m'y faire connaître par mon propre et privé nom, il n'y eût de cité que le nom de l'imprimerie Lambert. Vous devinez aisément les motifs qui me font préférer pour le moment l'illustration de l'atelier dont je fais partie, à la mienne.

En ce moment, je me livre à des études assez étendues et très-importantes sur les langues. Si mon coup d'essai rĕussit, il ne doit pas s'ensuivre moins d'une révélation grammaticale, car, les principes admis, il faudra parcourir toute la série des conséquences. J'espère aller loin dans cette carrière que j'embrasse et dans laquelle j'ai cru apercevoir que, jusqu'à ce jour, on n'avait fait que des reconnaissances. Or, je crois me rappeler que vous m'aviez autrefois parlé d'un auteur distingué en ces matières. Ne pourrais-je, par votre obligeance, en avoir communication pour quelques jours. Je vais vite en besogne et, grâce à la méthode que je me suis faite et dont je recueille déjà les fruits, j'apprends toujours plus de choses dans la meilleure grammaire que l'auteur n'en soupçonnait.

Voilà bien des services demandés, et vous devez trouver mon petit cadeau fort intéressé. Mais l'amitié est inépuisable, et la franchise ne sait pas supposer la dissimulation.

Je suis toujours celui que vous avez connu rêvant, philosophant, réformant, et mieux encore, votre tout dévoué.

P.-J. PROUDHON.

183..

A M. MUIRON.

Monsieur Muiron, je suis vraiment honteux de n'aller vous voir que lorsque j'ai besoin de vous, d'autant plus que je sens encore le reproche assez piquant que vous m'avez fait de mon manque d'exactitude. Il semble que vous ne m'ayez pas encore jugé. Cependant, vous ne devriez pas avoir de peine à comprendre que je suis si nouveau dans la société et la civilisation, que je ne connais encore du monde que les maisons et les rues. Oui, j'éprouve encore cette sotte honte d'un berger que l'on veut faire entrer dans un salon. Je crains, comme des bêtes effrayantes, les visages que je n'ai jamais vus, je recule toujours à voir les gens même qui peuvent m'être utiles et me vouloir du bien ; je n'ai de présence d'esprit et d'aplomb que lorsque je me vois seul et que c'est ma plume qui parle. Mérite fort commun, mais que voulez-vous ? je sais que je ne brille ni par les dehors, ni par l'élocution ; j'aime mieux n'être vu ni connu de personne.

Je me fais un plaisir de vous dire que l'on me mitonne un article dans le *National* pour je ne sais quand.

Je sais déjà que le fort de la discussion roulera sur ces singulières conséquences que je me suis avisé de prétendre, que l'on déduirait un jour et d'une manière démonstrative, de la comparaison des langues, savoir : l'époque à laquelle le genre humain a dû commencer à parler, par conséquent l'âge de l'humanité, l'unité des races humaines, et le lieu où fut placé le berceau du genre humain. Il est vrai que personne, avant moi, ne s'avisa jamais d'idées aussi extraordinaires, je puis le dire; mais j'espère, quand la bataille se donnera, réduire les incrédules au silence. Il y a des gens qui n'admettraient pas les vérités mathématiques, s'ils croyaient qu'elles pussent donner raison à quelque partie des traditions sociales universelles ou de la Genèse de Moïse. Je sais que cette philosophie mesquine n'est pas la vôtre, et je crois que le temps est bien venu où la raison ne doit reculer devant la conséquence d'aucun principe certain et bien constaté. Que penserait-on de moi, si j'allais émettre sans commentaire cette proposition : L'étude du langage établira un jour que tous les articles du Code de la loi naturelle se réduisent à SEPT, qui sont comme les sept sens ou facultés de la nature morale ; qu'il n'y en a ni plus ni moins, qu'il est impossible d'en imaginer davantage, et que cette loi de la nature consistant en sept articles, organisés entre eux comme la flûte de Pan aux sept tuyaux, n'a jamais pu être découverte par l'homme, mais qu'elle lui a été enseignée par une révélation immédiate! Que dirait-on, si je soutenais qu'un jour l'étude du langage et de la physiologie nous rapprochera tellement de Dieu, que nous croirons le voir et le toucher? Les matérialistes qui nient tout ce qui n'est pas rapport, machine, équilibre de fluide ou de poids, les prêtres, qui croient avoir seuls la science de Dieu et de l'homme, tous ces gens-là et bien d'autres crieront à la folie et au scandale.

Ou je suis fou, complétement fou, ou je vois certainement des choses dont la conséquence nécessaire, immédiate, infaillible, sera le changement de la société,

Qui donnerait à l'axe terrestre 10 degrés d'inclinaison de plus, changerait toute l'économie des saisons et des climats.

Je ne m'aventurerais pas à vous en dire tant, M. Muiron, si je n'étais bien sûr que vos croyances particulières comprendront les miennes, et que vos propres découvertes vous feront croire à la possibilité d'en faire encore.

Voici le petit service que j'ai à vous demander : Je désire connaître l'arrêté de M. le préfet concernant la réparation, l'entretien ou l'ouverture des chemins vicinaux. Quels sont ceux que l'on doit faire ou seulement réparer dans la commune de Cordiron, paroisse de Bourgille-lès-Marnay, canton d'Audeux?

L'un de vos fidèles,

P.-J. PROUDHON.

A M. J. MUIRON

Monsieur, combien celui qui ne sait s'apprécier à sa juste valeur, le téméraire qui vit sans réfléchir, s'apprête d'humiliations et de chagrins ! Je me trouve dans ce cas par ma faute; mais je me juge moi-même et je m'arrête à temps. Il est sans doute désagréable pour vous, je le conçois, d'avoir fait toutes ces démarches si inutilement; mais il est encore plus humiliant pour moi de me voir obligé de vous rapporter, la rougeur au front, une si brusque et si prompte décision. Je rivaliserai avec ce consul romain qui ne mangea ni ne but, dit l'histoire, de tout son consulat.

Connaissez-moi bien, Monsieur, et confessez que je suis l'homme du monde le plus incapable de faire le métier que j'allais entreprendre. D'ailleurs, je crois que nos principes ne s'accordent pas; et je vous l'ai dit, quoique je n'eusse pas encore de parti pris sur bien des choses, je tiens à mes principes, je ne les sacrifierai jamais, quoi qu'il me puisse arriver; je suis content de ma position d'artisan. Je suis franchement et irrévocablement républicain de conviction et de sentiment; il est vrai que mon républicanisme n'est pas tout à fait celui des séides de Robespierre, des dévots à Marat. Ils sont jugés par leurs œuvres.

Je crois le gouvernement constitutionnel une ébauche grossière, un malheureux essai d'un peuple ivre de ses libertés nouvelles, et prenant toujours les signes pour les choses significatives, comme l'a fait la France depuis 89.

En France, et bientôt en Europe, il n'est plus, suivant moi, qu'une voie légitime à l'immortalité, à la reconnaissance des peuples, et aux suffrages futurs de l'histoire, pour un monarque constitutionnel : c'est de se regarder comme exerçant une sorte de dictature provisoire, sans conquêtes, au sein d'une paix profonde. Je crois à la confraternité universelle. Tout souverain qui ne remplit pas cette mission est pour moi un traître, un prévaricateur, un ennemi du genre humain.

Vous conclurez facilement, d'après cet exposé, que j'opine à conserver et défendre le gouvernement que la France s'est donné depuis 1830, au moins encore quelques vingt ou trente ans; plus même, si besoin est.

En fait de religion, très-certainement il ne s'imprimera jamais de moi une ligne qui ne tende, de près ou de loin, à détruire le christianisme, tel que l'ont fait les théologiens. Le déisme pur, que je crois avoir été professé par Moïse et Jésus-Christ, me paraît suffire aux besoins du cœur de l'homme, à toutes les exigences de sa raison. Tandis que le théologien prête à la divinité et à la Providence une foule d'attributs contradictoires, d'actes chimériques, qu'il multiplie sans fin les mystères, le déiste, s'il n'explique tout, fait table rase, du moins, de cet échafaudage de rêveries, et son Dieu en devient plus raisonnable, plus conséquent, plus fait pour le philosophe et l'homme libre.

En ceci, comme en fait de république, il va sans dire que, si la vérité n'est jamais nuisible, au moins peut-elle être quelquefois inopportune. C'est à la rendre opportune que tous les hommes de bien doivent donc travailler de concert.

J'ai beaucoup plus médité que lu sur ces matières, et mes observations, j'ose le dire, sont toujours venues à l'appui des axiomes, des conséquences et de leurs co-

rollaires. Le peuple, en général, entre parfaitement
dans toutes ces idées, à tel point que, loin d'être un
système, elles semblent au contraire l'état naturel de
la société. Comment se fait-il que la manifestation de
la vérité soit si lente et si tardive ?

Je ne crois pas à l'indifférence ni religieuse ni politique dans le peuple; aussi longtemps qu'il se dira : il
faut un Dieu, il faut des lois, il ne sera pas indifférent;
mais il règne une défiance hostile entre le peuple et le
sacerdoce, entre les gouvernants et les gouvernés; la
faute tout entière, l'histoire est là, est aux prêtres, aux
rois et aux nobles.

Je ne crois point davantage à toutes ces impertinentes
rêveries de jeunesse, maturité, décadence des nations;
je crois le peuple moins corrompu de nos jours que par
le passé. Les causes de la grandeur et de la décadence
des Romains, qu'ont si bien cru montrer et prouver les
Bossuet et les Montesquieu (je vous cite un exemple
pris entre mille), je ne les vois pas dans la corruption
infecte des mœurs du peuple. Mais je vois que des
maîtres pervers ont toujours cherché à détériorer leurs
malheureux sujets. En leur criant qu'ils étaient plus
méchants, égoïstes, impies, moins habiles dans les
sciences et les arts que n'avaient été leurs pères, ils ont
toujours cherché à les charger de leur propre infamie.
Le peuple, à force de se l'entendre dire, finissait par le
croire. Chacun se disait : puisque j'en ai la honte, j'en
veux avoir le plaisir, et c'est ici qu'on peut faire une
application générale de cette maxime que saint Paul ne
disait que d'un vice : *Desperantes semet ipsos tradiderunt
impudicitiæ.*

Je ne finirai point sur ce chapitre, non plus que de
vous exposer la série de toutes les idées paradoxales

dont ma tête est farcie; tout cela ne peut vous convenir, pas plus à vous qu'à vos abonnés.

Après cela, je suis incapable de travailler à jour et heure fixes; en matière de journaux, j'ai essayé pendant une après-dînée entière de faire un résumé de nouvelles étrangères où je n'avais rien à mettre de mon cru; je me suis battu les flancs sans pouvoir en venir à bout. C'est tout ce que j'aie pu apprendre dans ce laborieux travail. J'ai eu plustôt fait d'écrire deux lettres et ce que vous avez sous les yeux, que de me mettre seulement au courant des affaires de la Suisse.

J'ai, je crois, quelque facilité à rendre mes idées, et il est tel jour où je ferais un volume de ce qui me trotte dans la tête, mais les billevesées d'un cerveau à paradoxes, les hallucinations d'un esprit romanesque ne sont point pour remplir les colonnes d'un journal; or, je vous préviens que c'est d'après ce fonds acquis que je forme tous mes jugements; c'est le *criterium* que j'applique à tout ouvrage, toute doctrine, tout événement.

Mais j'ai besoin d'un assez long temps pour saisir les rapports des choses, les concevoir nettement, former mon opinion et l'exprimer ensuite; enfin, je reviens à l'expérience que j'en ai faite, aujourd'hui même : un thème d'écolier en humanités dépasserait ma portée.

J'ose croire, Monsieur, que vous sentirez la valeur de ces considérations, et que vous vous épargnerez un nouveau désagrément, et à moi un nouveau sujet de découragement et d'humiliation, en m'engageant à un nouvel essai qui serait, je le prévois, aussi malheureux que le premier.

J'ai voulu écrire toute cette longue palinodie, dans l'impossibilité où je suis de converser avec vous.

P.-J. PROUDHON.

1836

A M. WEISS

Monsieur Weiss, je vous ai fait attendre trop longtemps, j'en fais l'aveu, le petit nombre de renseignements que je suis à même de fournir sur mon ami Gustave Fallot. C'est qu'en effet j'éprouve une répugnance
invincible à dire de lui tout ce que je pense. D'autres
regardent comme un devoir sacré de recueillir jusqu'aux
moindres souvenirs des conversations et des promenades
d'un ami, pour en embellir, à ce qu'ils croient, un article
biographique : moi, un je ne sais quel instinct me serre
le cœur et m'empêche de parler. Qu'importe au public?
Les événements de la vie de Fallot ne sont rien : d'autres, aussi bien que lui, ont vu leur vocation littéraire
contrariée; d'autres, et de plus médiocres génies, se
sont, pour ainsi dire, prophétisés eux-mêmes; d'autres
ont été amis excellents, citoyens probes; tout cela,
précieux pour moi, n'a rien de neuf ni de piquant pour
les curieux et les indifférents. A quoi bon redire un
éloge commun à tant de gens? A quoi sert-il d'employer
des formules si souvent prostituées? Si j'étais chargé
de l'article de Fallot dans une biographie quelconque,
moi, son camarade, comme il m'appelait, moi son plus
obligé, je ne lui donnerais pas vingt lignes. C'est autre-

ment que cela que je voudrais consacrer sa mémoire.

Quand j'appris la nouvelle de la mort de Fallot, je
sentis que la moitié de ma vie et de mon esprit m'était
retranchée : je me trouvai seul au monde. Fallot laisse
des amis qui le regrettent autant que moi, je n'en doute
pas : je n'ai pas versé une larme, car, je ne pleure
jamais; mais, depuis, je n'ai pas peut-être passé quatre
heures de suite sans que son souvenir, comme une
idée fixe, une vraie monomanie, occupât ma pensée.
Mais, encore une fois, qu'est-ce que cela fait à âme qui
vive? Si tous ceux qui l'ont connu et aimé faisaient son
oraison funèbre, il y en aurait un gros livre, et ce
livre serait fort ennuyeux pour tous autres que ses
auteurs.

Je connus Fallot sur la fin de 1829. Après avoir fini
ses études, il avait été placé par son père dans une
maison de commerce, contre son gré. Aussi s'était-.
bien promis d'en sortir aussitôt que sa majorité le
rendrait maître de ses actions. C'est ce qu'il fit. Sa vie
à Besançon est connue; c'est ici que je l'ai le plus suivi;
notre fréquentation ne fut jamais interrompue jusque
vers le milieu de 1831, époque où il partit pour Paris,
et moi pour la Suisse.

Je le revis dans la capitale au commencement de
mars 1832; j'arrivai chez lui comme chez mon père;
le choléra entra avec moi. Il semble qu'alors tout cons-
pirait contre nous. Il y avait cent à parier contre un
qu'une fois à Paris je n'en sortirais plus; et ce qui me
désole aujourd'hui, c'est que j'ai la ferme confiance
que, si je fusse demeuré près de lui, il ne serait pas
mort. J'avais le talent ou le don de le récréer, de le
distraire, de le forcer à prendre quelque récréation

sans aucune perte pour ses travaux et ses études ; ma présence étant presque de tous les instants, j'étais pour lui comme un domestique, mais un domestique intelligent et ami de son maître. Qui pouvait me remplacer? Nul ne l'a fait, et la preuve, c'est qu'il est mort.

Quand je débarquai chez lui, il avait déjà présenté à l'Académie de Besançon son mémoire pour la pension Suard : il calculait qu'avec ses modiques revenus et le bénéfice de cette pension, s'il l'obtenait, plus le peu qu'il me permettrait de gagner dans ma profession d'imprimeur, nous pourrions très-bien vivre, jusqu'à ce qu'une occasion quelconque nous tirât de la misère. Je n'y consentais qu'avec peine. Tout à coup, des nouvelles fâcheuses lui arrivant de son pays, il se vit forcé, par suite de tracasseries domestiques, de payer une très-forte somme. Dès lors je cherchai de l'emploi chez les imprimeurs. C'était l'époque des journées de Juin, les temps les plus difficiles de la révolution de Juillet. Tous les ateliers fériaient; je fus obligé d'aller chercher fortune ailleurs; et depuis, je ne l'ai plus revu.

Je me sens obligé de vous demander pardon, Monsieur Weiss, de ce qu'au lieu de vous parler de Fallot je n'ai fait jusqu'ici que ma propre histoire. Eh! c'est justement pour cela que je reculais tant à vous faire un plaisir si léger, malgré toute la volonté que j'ai de vous être agréable. Je n'entends pas autrement la biographie, quand je l'écris en mon nom. Que vous dirai-je maintenant? Fallot, attaqué du choléra et croyant mourir, Fallot me tendit les mains, ce soir que je regardais comme une veille de mort, et me dit avec un enthousiasme capable de tuer un homme robuste : *Si je meurs, jurez-moi que vous m'immortaliserez!*

Ces mots me tourmentent et me poursuivent comme

un remords, comme un spectre. Non pas que je me
croie obligé par la promesse que m'arracha la compas-
sion d'un jeune homme mourant dans la détresse de sa
carrière interrompue : à Dieu ne plaise que je me croie
fait pour donner de l'immortalité à personne! Mais ce
spectacle d'un génie naissant, aux prises avec une
fatalité inexorable; cette conscience si fortement acquise
qu'il avait de son avenir, et à laquelle la mort venait
dire : tu en as menti; l'idée que la perte d'un seul
homme a peut-être été souvent la cause que les destinées de l'humanité, attachées à celles de la science et
de la philosophie, en ont été ou retardées ou engagées
dans de fausses routes; les images, opposées et luttant
ensemble, de la pensée, du néant, du hasard et de
l'intelligence, tout cela me causa une impression de
terreur, une *horreur divine*, qui dure encore.

Je vous offre, Monsieur Weiss, les lettres qui me restent
de cet homme dont je ne verrai pas le pareil, du moins
pour moi : prenez la peine de les lire; peut-être, écrites
à un camarade, vous en apprendront-elles plus que
tout ce que je pourrais dire. Vous y reconnaîtrez que la
faculté dominante de Fallot était l'aptitude aux méditations philosophiques, et que la philologie ne fut jamais
pour lui qu'un objet secondaire qui pouvait fournir
quelques lumières sur les objets dont s'occupe la haute
métaphysique. Une de ses croyances était que l'observation des phénomènes du langage et de la physiologie,
comparés, amèneraient tôt ou tard des découvertes
assez importantes pour résoudre définitivement, en
oui ou en *non*, les problèmes les plus intéressants de la
science. Il disait que le génie était tout entier dans
l'attention. Cette vérité me paraît profonde. Nous ne
manquons pas de définitions du génie; quelques-unes

se rapprochent de celles de Fallot; mais je ne sache
pas qu'aucun auteur ait réduit si nettement le génie
à une simple opération de l'entendement, *l'attention.*

Qu'est-ce que ces *illuminations soudaines* du génie,
comme dit Bossuet? C'est *l'attention,* mais cette attention de tous les instants de la vie, cette attention que
ne troublent pas, qu'entretiennent au contraire les
occupations même les plus dissipées de l'existence.
C'est cette attention si continue, si prolongée, si perpétuelle, qu'elle saisit dans tout ce qu'elle voit, dans
tout ce qui l'entoure, dans les accidents les plus impré-
vus, qu'elle saisit, dis-je, dans le désordre et le tumulte,
les parcelles de lumière qui doivent contribuer à l'exposition de la vérité, à la composition d'un chef-d'œuvre.
Le génie, dit Fallot, *c'est l'attention.*

J'attends avec impatience, comme tous ceux qui ont
connu Fallot, la publication de son livre, dont il
m'avait dit autrefois quelques mots. (*Voyez* lettre de
l'année 1835.) Pour dire toute mon opinion sur Fallot,
considéré comme linguiste, je ne crois pas qu'il eût été
capable de savoir, je veux dire de posséder, le *copia
verborum* de beaucoup de langues, ni même d'en retenir
parfaitement le simple mécanisme. Mais il avait au
plus haut degré le talent de comparer, d'analyser, de
discuter, de déduire des conséquences neuves, curieuses
et fécondes, de faits et de matériaux inexploités. Comme
tel, il eût surpassé peut-être les anciens et les modernes.
Nous résolûmes un jour de nous mettre à l'étude du
grec; la première leçon fut le verbe εἰμί : il avoua
que, s'il venait à bout de le retenir, il croirait savoir le
grec. Cependant, j'ai su depuis qu'il s'était rendu fort
dans cette langue, probablement parce qu'il s'était fait
des principes et une méthode qui lui facilitaient le tra-

vail, et dont il nous aura peut-être fait part dans son ivre posthume.

Fallot possédait éminemment la plus belle et la plus rare des facultés intellectuelles, faculté qui seule l'a fait tout ce qu'il a été, et l'eût rendu peut-être le flambeau de la France philosophique : ce n'était ni la mémoire, ni l'imagination, ni la réflexion, ni même cette attention, dont il avait si bien reconnu la puissance; c'était la faculté de *compréhension*, s'il m'est permis de donner à ce mot une acception peut-être nouvelle. Il saisissait rapidement et avec facilité tout l'ensemble d'un système, en voyait toutes les conséquences quelquefois mieux que l'auteur lui-même. Cette faculté, alimentée et exercée chez lui par une assez grande érudition, et par des connaissances variées et acquises de jeunesse (entomologie, ornithologie, chimie, physique, histoire et philosophie comparées), lui donnait une rectitude de jugement, une force de raison, une puissance de dialectique telle que j'en ai vu peu d'exemples. Nous avons quelquefois passé en revue de vastes ouvrages, d'immenses édifices de la pensée humaine; et je dois dire que j'ai plus appris par cette critique, et que je serai toujours plus redevable aux souvenirs que je conserve de sa méthode, qu'à des études qui auraient été bien plus longuement prolongées.

Avec tout cela, Fallot n'eût peut-être fait qu'un médiocre professeur. Il était peu favorisé du côté de l'élocution; et la sûreté de sa critique tenant plus à la lenteur de l'observation qu'à un instinct rapide, il était plus fait pour alimenter la presse que pour occuper la chaire.

Mais, plus je parle de sa belle organisation, plus ie

me prépare d'amertume; tout cela est perdu pour moi!
Grâce pour un regret si égoïste! j'eusse voulu, avec
lui, ne faire qu'étudier et lui fournir quelques bribes
d'idées, lui tenant toujours la plume. Il me semblait
qu'il pensait pour nous deux, et que ses pensées étaient
les miennes. Désormais je n'aurai personne.

Que je devienne Platon, lui disais-je, et vous serez
Socrate. Je n'ai plus que le regret de l'impuissance et
de l'inutilité de ce vœu.

Puissé-je, Monsieur Weiss, avoir rempli votre attente,
et vous avoir fourni quelques données sur un jeune
homme qui fut votre fils. Ce serait encore un sujet de
consolation, pour celui qui ambitionne la centième
partie de la place que Fallot occupa dans votre cœur.

P.-J. Proudhon.

Besançon, 31 mai 1837.

PIERRE-JOSEPH PROUDHON, CANDIDAT A LA PENSION SUARD

A MESSIEURS DE L'ACADÉMIE DE BESANÇON.

Messieurs, je suis compositeur et correcteur d'imprimerie, fils d'un pauvre artisan qui, père de trois garçons, ne put jamais faire les frais de trois apprentissages.
J'ai connu de bonne heure le mal et la peine; ma jeunesse, pour me servir d'une expression toute populaire,
a été passée à plus d'une étamine. Ainsi luttèrent avec
la fortune Suard, Marmontel, une foule de littérateurs
et de savants. Puissiez-vous, Messieurs, à la lecture de
ce Mémoire, concevoir la pensée qu'entre tant d'hommes
fameux par les dons de l'intelligence, et celui qui en
ce moment sollicite vos suffrages, la communauté du
malheur n'est peut-être pas l'unique point de ressem-
blance.

Destiné d'abord à une profession mécanique, je fus,
par les conseils d'un ami de mon père, placé comme
élève externe gratuit au collége de Besançon. Mais
qu'était-ce que la remise de 120 francs pour une famille où le vivre et le vêtir était toujours un problème?
Je manquais habituellement des livres les plus nécessaires; je fis toutes mes études de latinité sans un dic-

tionnaire; après avoir traduit en latin tout ce que me
fournissait ma mémoire, je laissais en blanc les mots
qui m'étaient inconnus, et, à la porte du collége, je
remplissais les places vides. J'ai subi cent punitions
pour avoir oublié mes livres : c'était que je n'en avais
point. Tous mes jours de congé étaient remplis par le
travail des champs ou de la maison, afin d'épargner
une journée de manœuvre; aux vacances, j'allais moi-
même aux bois chercher la provision de cercles qui devait alimenter la boutique de mon père, tonnelier de
profession. Quelles études ai-je pu faire avec une sen-
blable méthode? Quels minces succès j'ai dû obtenir!

A la fin de ma quatrième, j'eus pour prix la *Démonstration de l'existence de Dieu* de Fénelon. Ce livre me
sembla tout à coup avoir ouvert mon intelligence et
illuminé ma pensée. J'avais entendu parler de matérialistes et d'athées : il me tardait d'apprendre comment
l'on s'y prenait pour nier Dieu.

Je l'avouerai cependant : la philosophie de Descartes,
ornée de l'éloquence de Fénelon, ne me satisfit pas entièrement. Je sentais Dieu, j'en avais l'âme pénétrée;
saisi dès l'enfance de cette grande idée, elle débordait
en moi et dominait toutes mes facultés. Et dans un
livre fait pour prouver l'Être suprême, je ne rencontrais
qu'une métaphysique chancelante dont les déductions
avaient l'air d'une hypothèse plus commode, mais ne
ressemblaient point à une théorie scientifique et certaine. Permettez-moi, Messieurs, de vous en offrir un
exemple. L'âme ne peut périr, disent les cartésiens,
parce qu'elle est immatérielle et simple. Mais pourquoi,
ce qui a une fois commencé d'être, ne pourrait-il cesser
d'exister? Quoi donc! l'âme, dans sa durée, serait, d'une
part, infinie et éternelle, de l'autre bornée? Cela est

inconcevable. — La matière, disent les mêmes philo-sophes, n'est point l'Être nécessaire, parce qu'elle est évidemment contingente, dépendante et passive. Donc, elle a été créée. Mais comment concevoir la création de la matière par l'esprit plutôt que la production de l'esprit par la matière? L'un est aussi inconcevable que l'autre. Je demeurai donc ce que j'étais; croyant en Dieu et à l'immortalité de l'âme : mais, j'en demande pardon à la philosophie, ce fut bien moins à cause de l'évidence de ses syllogismes que pour la faiblesse des raisons contradictoires. Il me sembla dès lors qu'il fallait suivre une autre route pour constituer la philosophie en une science, et je ne suis pas revenu de cette opinion de mon enfance.

Je poursuivis mes humanités à travers les misères de ma famille, et tous les dégoûts dont peut être abreuvé un jeune homme sensible et du plus *irritable* amour-propre. Outre les maladies et le mauvais état de ses affaires, mon père poursuivait un procès dont la perte devait compléter sa ruine. Le jour même où le jugement devait être prononcé, je devais être couronné d'*excellence*. Je vins le cœur bien triste à cette solennité où tout semblait me sourire; pères et mères embrassaient leurs fils lauréats et applaudissaient à leurs triomphes, tandis que ma famille était au tribunal, attendant l'arrêt.

Je m'en souviendrai toujours. — M. le recteur me demanda si je voulais être présenté à quelque parent ou ami pour me voir couronner de sa main.

— Je n'ai personne ici, Monsieur le Recteur, lui répondis-je.

— Eh bien! ajouta-t-il, je vous couronnerai et vous embrasserai.

Jamais, Messieurs, je ne sentis un plus vif saisisse-
ment. Je retrouvai ma famille consternée, ma mère
dans les pleurs : notre procès était perdu. Ce soir-là,
nous soupâmes tous au pain et à l'eau.

Je me traînai jusqu'en rhétorique : ce fut ma dernière année de collége. Force me fut dès lors de pourvoir à ma nourriture et à mon entretien. — « Présentement, me dit mon père, tu dois savoir ton métier; à
dix-huit ans, je gagnais du pain, et je n'avais point fait
un si long apprentissage. » — Je trouvai qu'il avait
raison, et j'entrai dans une imprimerie.

J'espérai quelque temps que le métier de correcteur
me permettrait de reprendre mes études abandonnées
au moment même où elles exigent des efforts plus
grands et une activité nouvelle. Les œuvres des Bossuet, des Bergier, etc., me passèrent sous les yeux ;
j'appris les lois du raisonnement et du style avec ces
grands maîtres. Bientôt je me crus appelé à devenir un
apologiste du christianisme, et je me mis à lire les livres
de ses ennemis et de ses défenseurs. Faut-il vous le
dire, Messieurs? Dans l'ardente fournaise de la controverse, me passionnant souvent pour des imaginations
et n'écoutant que mon sens privé, je vis s'évanouir peu
à peu mes chères et précieuses croyances; je professai
successivement toutes les hérésies condamnées par
l'Église et relatées dans le dictionnaire de l'abbé Plu-
quet; je ne me détachais de l'une que pour m'enfoncer
dans l'opposée, jusqu'à ce qu'enfin, de lassitude, je
m'arrêtai à la dernière et peut-être la plus déraison-
nable de toutes : j'étais socinien. Je tombai dans un
découragement profond.

Cependant les commotions politiques et ma m sère
privée m'arrachèrent à mes méditations solitaires, et

me jetèrent de plus en plus dans le tourbillon de la vie active. Pour vivre, il me fallut quitter ma ville et mon pays, prendre le costume et le bâton du compagnon du tour de France, et chercher, d'imprimerie en imprimerie, quelques lignes à composer, quelques épreuves à lire. Un jour, je vendis mes prix de collége, la seule bibliothèque que j'aie jamais possédée. Ma mère en pleura ; pour moi, il me restait les extraits manuscrits de mes lectures. Ces extraits, qui ne se pouvaient vendre, me suivirent et me consolèrent partout. J'ai parcouru de la sorte une partie de la France, exposé quelquefois à manquer de travail et de pain pour avoir osé dire la vérité en face à un patron qui, pour réponse, me chassait brutalement. Cette année même, employé à Paris comme correcteur, j'ai failli encore une fois être victime de ma fierté provinciale ; et sans l'appui de mes collègues, qui me défendirent contre les injustes préventions d'un chef d'atelier, je me fusse vu peut-être, pressé par la faim, obligé de me mettre au gage de quelque journaliste. Malgré toutes les privations et les misères que j'ai endurées, cette extrémité m'eût paru la plus horrible de toutes.

La vie de l'homme n'est jamais tellement souffrante et abandonnée qu'elle ne soit semée de quelques consolations. J'avais rencontré un ami dans un jeune homme que la fortune tourmentait, aussi bien que moi-même, par les contrariétés morales et l'aiguillon de la pauvreté. Il se nommait Gustave Fallot (1). Au fond d'un atelier, je reçus un jour une lettre, qui m'invitait à tout quitter et à aller joindre mon ami... — « Vous êtes malheu-

_____

(1) M. Gustave Fallot a été le premier pensionnaire Suard.

reux, me disait-il, et la vie que vous menez ne vous
convient pas. Proudhon, nous sommes frères : tant
qu'il me restera du pain et une chambre, je partagerai
tout avec vous. Venez ici, et nous vaincrons ou nous
périrons ensemble. » Il venait alors, Messieurs, de vous
adresser lui-même un mémoire et se présentait à vos
suffrages comme candidat à la pension Suard. Sans
m'en rien dire, il se proposait, s'il obtenait la préférence
sur ses amis, de m'abandonner la jouissance de cette
pension, se réservant pour lui-même la gloire du titre
et l'exploitation des avantages précieux qui y sont
attachés. — « Si je suis nommé au mois d'août, me
disait-il sans s'expliquer davantage, notre carrière
s'ouvrira au mois d'août. » Je volai à son appel, et, ce
fut pour le voir, saisi par le choléra, consumer pour moi
jusqu'à ses dernières ressources, arriver aux portes de
la mort sans qu'il me fût possible de lui continuer mes
soins. Le manque d'argent ne nous permettait plus de
rester unis ; il fallut se séparer, et je l'embrassai pour
la dernière fois. Le 25 janvier dernier, je fis une heure
de méditation sur sa tombe.

Cinquante francs dans ma poche, un sac sur le dos,
et mes cahiers de philosophie pour provisions, je me
dirigeai vers le midi de la France... Mais, Messieurs,
ce serait abuser de votre patience que de venir vous
détailler ici, par le menu et dans l'ordre chronologique,
tout ce que j'ai souffert dans mon corps et dans mon
cœur. Que vous importe, après tout, que j'aie été plus
ou moins secoué par la fortune ? Il ne suffit pas, pour
mériter votre choix, de n'avoir que de la misère à
offrir, et vos suffrages ne cherchent point un aventurier. Cependant, si je ne découvre pas ma calamiteuse
existence, qui me recommandera à votre attention ? qui

parlera pour moi ? Telle a été jusqu'à ce jour, telle est
encore ma vie : habitant les ateliers, témoin des vices
et des vertus populaires, mangeant mon pain gagné
chaque jour à la sueur de mon front, obligé, avec mes
modiques appointements, d'aider ma famille et de contribuer à l'éducation de mes frères ; au milieu de tout
cela, méditant, philosophant, recueillant les moindres
choses des observations imprévues.

Fatigué de la condition précaire et misérable d'ouvrier, je voulus à la fin essayer, conjointement avec un
de mes confrères, de réorganiser un petit établissement
d'imprimerie. Les minces économies des deux amis
furent mises en commun, et toutes les ressources de
leurs familles jetées à cette loterie. Le jeu perfide des
affaires a trompé notre espoir : ordre, travail, économie, rien n'a servi ; des deux associés, l'un est allé au
coin d'un bois mourir d'épuisement et de désespoir,
l'autre n'a plus qu'à se repentir d'avoir entamé le dernier morceau de pain de son père.

Pardon encore une fois, Messieurs, si, au lieu d'exposer des titres réels à votre bienveillance, je ne vous
montre que mon infortune. Inconnu à la plupart
d'entre vous, j'ai dû, ce me semble, vous dire ce que
j'ai été, ce que je suis. Ce n'est pas, au reste, sans
quelque répugnance que j'ai consenti à vous raconter
quelques circonstances de ma vie, et à vous dévoiler
l'état habituel de mon esprit et de mon caractère. De
telles confidences ne me paraissent bien placées qu'entre
égaux et amis. — « Eh bien ! me dit un homme que
j'aime et révère, voulez-vous plaire à Messieurs de
l'Académie ? parlez-leur comme à des amis. » — Se
serait-il trompé, et ma confiance me tournerait-elle à
mal ?

En 1836-1837, une longue maladie m'ayant obligé d'interrompre mon travail d'atelier, je me remis à l'étude. Quelques essais assez heureux de critique et de philosophie sacrée avaient donné un nouvel essor à mes instincts littéraires et déterminé mon penchant aux spéculations philosophiques. Dans les insomnies de la fièvre et les loisirs d'une laborieuse convalescence, je me livrai à des recherches de grammaire qui me parurent assez importantes pour mériter votre examen. Deux exemplaires de mon ouvrage vous furent adressés ; mais les immenses travaux de votre savante compagnie ont seuls jusqu'ici, du moins j'ose le présumer, retardé votre jugement.

Si pourtant la faible composition qui vous est soumise pouvait répondre de celle que je prépare ; si l'exposé de mes premiers aperçus garantissait suffisamment la justesse des idées que j'élabore ; si vous désiriez, Messieurs, voir mener à fin des études neuves et fécondes, serait-il permis à celui qui déjà, depuis un an, s'est constitué votre justiciable, de compter un peu plus sur votre indulgente bienveillance que sur les espérances douteuses de son talent et les égards dus à l'extrême modicité de sa fortune ?

Chercher à la psychologie de nouvelles régions, à la philosophie de nouvelles voies ; étudier la nature et le mécanisme de l'esprit humain dans la plus apparente et la plus saisissable de ses facultés, la parole ; déterminer, d'après l'origine et les procédés du langage, la source et la filiation des croyances humaines ; appliquer, en un mot, la grammaire à la métaphysique et à la morale, et réaliser une pensée qui tourmente de profonds génies, qui préoccupait Fallot, que poursuit notre Pauthier : telle est, Messieurs, la tâche que je m'imposerais si vous m'accordiez des livres et du temps ; des livres surtout ! Le temps ne me manquera jamais.

Après toutes les vicissitudes de mes idées et la longue parturition de mon âme, j'ai dû finir, j'ai fini par me créer un système complet et lié de croyances religieuses et philosophiques, système que je puis réduire à cette simple formule :

Il existe, d'origine surhumaine, une philosophie ou religion primitive, altérée dès avant toutes les époques historiques, et dont les cultes des différents peuples ont tous conservé des vestiges authentiques et homologues. La plupart des dogmes chrétiens eux-mêmes ne sont que l'expression sommaire d'autant de propositions démontrables ; et l'on peut, par l'étude comparée des systèmes religieux, par l'examen attentif de la formation des langues, et indépendamment de toute autre révélation, constater la réalité des vérités que la foi catholique impose, vérités inexplicables en elles-mêmes, mais accessibles à l'entendement. De ce principe peut être déduite, par une série de conséquences rigoureuses, une philosophie traditionnelle dont l'ensemble constituera une science exacte.

Tel est aujourd'hui, Messieurs, le compendium de ma profession de foi.

Né et élevé au sein de la classe ouvrière, lui appartenant encore par le cœur et les affections, et surtout par la communauté des souffrances et des vœux, ma plus grande joie, si je réunissais vos suffrages, serait, n'en doutez pas, Messieurs, de pouvoir désormais travailler sans relâche, par la science et la philosophie, avec toute l'énergie de ma volonté et toutes les puissances de mon esprit, à l'amélioration morale et intellectuelle de ceux que je me plais à nommer mes frères et mes compagnons ; de pouvoir répandre parmi eux les semences d'une doctrine que je regarde comme la loi du monde moral ; et, en attendant le succès de mes efforts, dirigés par votre prudence, de me trouver déjà, en quelque sorte, comme leur représentant auprès de vous.

Mais, quel que soit votre choix, Messieurs, je m'y soumets d'avance et j'y applaudis ; à l'exemple d'un ancien, je me réjouirais que vous eussiez trouvé un plus méritant que moi : Proudhon, accoutumé dès l'enfance à aiguiser son courage contre l'adversité, n'aura jamais l'orgueil de se croire un génie dédaigné et méconnu...

P.-J. PROUDHON.

Besançon, 4 novembre 1837.

A M. ACKERMANN

Mon cher Ackermann, toutes vos remarques sont excellentes, et j'en veux aux épais Franc-Comtois que j'ai pu consulter, et qui n'y voient pas ; mais il est trop tard ; j'ai fait tirer sans vous attendre, afin d'être plus tôt près de vous. Cependant, le mal n'est pas sans remède. L'*édition* est à deux cents exemplaires, qui seront emportés par les amis de l'auteur et les lourdauds du pays, après quoi nous aviserons au moyen de faire mieux, et d'imprimer pour des Français.

Je n'ai que deux choses à vous représenter :

1º Vous me reprochez de ne point égaler le style de Rousseau : auriez-vous eu le droit de dire au P. Ropin, à la publication de sa première pièce de vers : C'est passable, mais vous n'égalez pas Virgile ?...

2º Vous insistez sur le latin et les termes de scholastique : mon discours n'est point encore destiné exclusivement au peuple. Je mettrai *postulé* au lieu de *postulatum ;* mais il est reçu partout de dire *à priori* et *à posteriori :* le *citum* et le *factum* sont deux expressions intraduisibles et adressées aux philosophes. Je supprimerai *criterium*, et vous aurez la bonté de me donner l'équivalent de *triduum*.

Je ne manquerai pas, je vous assure, de consulter M. Droz ; je vois d'ici ses froncements de sourcils ; mais il faut qu'il y passe. Si vous avez jamais cru que je me proposasse de lui cacher cette publication, vous vous êtes trompé.

Du reste, vous avez bien raison, et je l'ai senti il y a longtemps pour la première fois : j'ai besoin de travailler mon style. Cela me coûtera plus que toutes mes autres études. J'ai des idées capables d'alimenter deux ou trois Châteaubriand, et je ne puis venir à bout de les rendre. *Ce que l'on conçoit bien s'exprime clairement ou aisément*, je ne sais lequel. C'est aussi faux qu'un proverbe. Je suis sûr de bien concevoir ce que j'ai à dire, et j'ai mille peines à l'exprimer ; je n'en voudrais pour preuves que les passages mêmes que vous m'avez signalés, et que j'aurais pu corriger à l'instant. Mes faiblesses de style me viennent toujours du défaut d'oreille, de mon inadvertance ou de mon ignorance, jamais de l'inertie de ma conception.

J'ai fait quelques corrections nouvelles à votre discours en le faisant imprimer ; par exemple, les beaux parleurs qui *vieillissent ; qui vieillissent* m'a paru inutile. Voyez. Je ne me rappelle pas le reste, n'ayant plus mon épreuve.

J'arriverai vendredi, vers le soir ; je pars après-demain mercredi, à cinq heures du matin. Je n'ai pas encore lu entièrement votre épreuve sur les noms composés, et pas une ligne des miennes, tant je suis occupé ailleurs. Il est temps que je me sauve.

Vous me reprochez amicalement de ne pas tenir compte de vos principes, à propos de *sauvegardes :* la vérité est que je me suis trouvé fort embarrassé, et que j'ai regretté que vous ne fussiez pas là.

Item, vous demandez si je veux apprendre au public que j'ai concouru? Non, je ne le lui dirai pas ; mais aussi, j'imprime sur ma couverture que le sujet a été proposé par l'Académie : dès lors, je suis censé parler à l'Académie.

J'aurai à m'entretenir avec vous sur plusieurs locutions que j'ai hasardées, et qui me viennent du peu de philologie comparée que j'ai fait : ce sont des imitations latines, grecques ou hébraïques. Il faudrait savoir ce qu'il est permis de faire pour l'enrichissement d'une langue et pour le transport des locutions étrangères. Le fond de tout ceci, c'est que nul n'écrit parfaitement qui sait trop de langues, ou qui en sait quelques-unes trop bien. Tout grand écrivain n'a été fort que dans sa langue.

Je vous assure que j'ai une démangeaison terrible d'envoyer la littérature au diable : cela m'ennuie et m'excède. Je n'ai pas cette patience dont parle Béranger, et que je vous souhaite. Je voudrais pouvoir parler par formules, mettre tout ce que je pense en une feuille ; j'en tirerais tous les ans deux mille exemplaires que j'enverrais *gratis* et *franco* partout ; et puis je composerais des lignes de plomb.

Que je fasse des vers ! Voulez-vous que je me fasse saigner, que je me mette au lit, que je prenne l'émétique ou l'*ipécacuanah!* J'aime mieux faire tout cela que des vers.

Vous, vous irez loin ; vous avez la manie de l'art : vous sentez le beau littéraire, qui me fait bâiller, vous êtes homme à souffrir dix ans pour un succès. Votre vocation se montre bien plus dans vos remarques que dans vos œuvres , et la raison en est simple : dans la critique, la raison et le goût se montrent, tandis que la composition les déguise !...

Il fait sombre ! il pleut ; oh ! que je m'ennuie. Je voudrais m'endormir pour cinquante ans.

Adieu, à samedi.

P.-J. PROUDHON.

Paris, 21 février 1838.

A M. PÉRENNÈS

Monsieur Pérennès, je viens d'être informé, par l'un des derniers numéros de l'*Impartial*, que le terme de rigueur auquel doivent être remis en votre secrétariat les pièces et titres des concurrents à la pension Suard est fixé au 1er juin prochain. Si donc vous désirez encore que je me mette sur les rangs, permettez-moi d'abord, Monsieur, de solliciter un premier service de votre bienveillance. Il me faut, pour cette candidature, un diplôme de bachelier ès lettres, et pour obtenir ce diplôme un certificat de philosophie : or, je ne sais à qui demander ce certificat. Vous savez personnellement que j'ai suivi assidûment les cours de M. Assier, que j'ai même étudié, pendant mon année de rhétorique, les auteurs de philosophie; ne pourriez-vous donc, vous, mon ancien et digne professeur, me délivrer ce certificat revêtu de toutes les formalités requises, et, s'il le fallait même, de votre timbre académique? On dit que le premier venu peut accorder ce certificat, j'ai peine à le croire; mais, quoi qu'il en soit, je préférerais le tenir de vous plutôt que de tout autre. Ce ne serait pas le premier titre que vous auriez à ma reconnaissance;

et j'ose vous en prévenir, M. Pérennès, ce ne serait non plus ni le dernier, ni l'avant-dernier.

Ce n'est pas tout : je souhaiterais passionnément, avant d'adresser officiellement ma demande à l'Académie, être encore une fois rassuré et encouragé par vous sur les éventualités de mon élection comme pensionnaire Suard. A l'âge où je me vois arrivé, et dans la position où je me trouve, il me semble que ce vœu n'a rien de trop ambitieux ni d'indiscret. Pour tel autre, s'être mis déjà sur les rangs est presque un succès ; pour moi, au contraire, je regarderais le plus bel *accessit* comme un grand malheur. Cette démarche sera la plus importante que j'aurai encore faite de ma vie, et je la regarde comme décisive de tout mon avenir. Si je succombe, c'est fait de moi ; je n'ai plus à tenter la carrière des sciences ni de la littérature ; je ne pourrais plus intéresser à mes études un public instruit de ma mésaventure ; je porterais sur le front le signe ineffaçable d'incapacité innée. J'aime mieux cent fois m'abandonner à ma misère que de tenter une bonne fortune que je n'obtiendrais pas.

A présent, pour vous intéresser et pour intéresser l'Académie à ma candidature, il est juste, et je le comprends de reste, que vous soyez instruit des garanties que je puis donner de mes travaux à venir, de la nature de mes études et de la carrière que je me propose de parcourir. C'est principalement dans cette vue, Monsieur, que j'ai pris la liberté de vous écrire, et que je vous prie d'excuser la longueur de la première lettre que j'ai l'honneur de vous adresser.

Je n'ai nulle envie de suivre un cours de droit. Tout le système de nos lois est fondé sur des principes qui n'ont rien de philosophique, et que repousse la loi naturelle tout aussi bien que la loi révélée. C'est du moins mon opinion. Je ne serais pas embarrassé d'en tirer maint exemple, et de l'appuyer de l'autorité de vingt auteurs. Des conventions humaines, basées sur la conquête, l'esclavage, la force, le privilége ou la barbarie, c'est le fond de notre droit. Encore quelques siècles, et il en sera de même de notre jurisprudence que de l'ancienne chimie à l'apparition des Lavoisier, des Priestley et des Davy : il n'en restera rien, absolument rien, si ce n'est quelques ruines éparses qui auront retrouvé leur véritable place dans la vraie justice de Dieu et de la nature.

Je ne me soucie pas davantage de faire un cours de médecine. Ce que j'en lis tous les jours suffirait pour m'en dégoûter, par le charlatanisme avec lequel l'ignorance ou l'ineptie se cachent aujourd'hui dans la plus ridicule technologie, quand je ne saurais pas, d'un autre côté, que la partie la plus réellement utile à l'humanité, la thérapeutique, dans ses aphorismes les plus certains, dans ses ressources les plus sûres, n'est encore que de l'empirisme. Qu'est-ce que la fièvre ? Nous n'en savons rien. Pourquoi le quinquina coupe-t-il la fièvre ? Nous le savons encore moins. Mon esprit n'aime pas à marcher dans l'obscurité.

J.-J. Rousseau dit quelque part : « La philosophie, n'ayant ni fond ni rives, manquant d'idées primitives et de principes élémentaires, n'est qu'une mer d'incertitudes et de doutes dont le métaphysicien ne se tire jamais. » Et il ajoute que c'est par impuissance d'arriver par la raison à la connaissance d'aucun dogme consolateur qu'il s'est rejeté dans la philosophie du sentiment, dans le sein de la religion. Est-il donc vrai que la raison humaine doive désespérer d'elle-même, qu'elle ne puisse jamais obtenir que la foi, mais non l'intelligence, que croire sans comprendre soit son dernier effort?

Pour moi, s'il m'est permis de raisonner humainement sur ce que nous appelons *révélation*, je crois y voir le fond d'une philosophie universelle et toute pratique, dont les dogmes, dans leur expression la plus scientifique, dans leur énoncé le plus simple, ont surnagé à toutes les révolutions sociales, à toutes les corruptions et dégradations de l'humanité ; mais dont la raison, la démonstration, les corollaires et l'enchaînement nous échappent, parce que nous avons perdu les titres de notre naissance, parce que notre extrait de baptême est anéanti, parce que, comme dit Salomon : *non est priorum memoria*. Je crois fermement que, vivants, nous pouvons acquérir cette pleine intelligence que saint Paul nous a promise comme une des conditions de la béatitude céleste, non pas que nous puissions arriver à connaître et pénétrer parfaitement l'infini, ni rien de ce qui surpasse une nature contingente et bornée ; j'entends seulement que cette connaissance, que la foi promet à ses élus dans l'autre vie et qui consiste dans la perception du *comment* et du *pourquoi* des vérités religieuses, nous pouvons l'acquérir dans celle-ci. Au nombre de ces dogmes de la religion dont je parle, et que j'appelle, moi, autant de *propositions* d'une philosophie oubliée, je range l'existence de Dieu, l'immortalité de l'âme, la Trinité, l'origine du mal, la concupiscence, dont parle saint Jacques, et toutes les vérités de morale évangélique, aujourd'hui si fortement attaquées, uniquement parce que nous ne les comprenons pas, et que notre raison seule est insuffisante à les défendre.

J'ai osé écrire à la fin de mon petit *Traité de gram-*

maire générale : « Puisque les mots sont les signes des idées, l'histoire du langage doit être l'histoire de toute philosophie; et l'origine du langage, une fois expliquée, doit donner le principe des connaissances humaines. » C'est au développement de cette proposition que seront consacrées les premières études linguistiques et philosophiques auxquelles je pourrai me livrer. — Qu'on imagine une immense plaine où se trouvent pêle-mêle entassés, confondus, des débris de statues et de bas-reliefs, des fûts de colonne, des chapitaux, des fragments de socles et d'entablements, des caractères hiéroglyphiques, des bouts d'inscriptions, des vases, des autels, etc., etc. N'admirerait-on pas le savant et l'antiquaire qui liraient ces anciens caractères, reconnaîtraient dans toutes ces ruines la destination de chacune d'elles, le style de leur architecture, l'époque où toutes ces pierres auraient été taillées, les progrès même que l'art a faits à l'époque où furent exécutés de si magnifiques travaux, et jusqu'à la civilisation et à l'étendue des lumières en tous genres qu'elles supposaient chez le peuple qui laissa de si admirables vestiges de son passage? Or, tout cela a été en partie fait par les philologues et les linguistes. Mais si un homme se présentait enfin et disait : « Je vais reprendre toutes ces ruines, je rajusterai tous ces morceaux de pierre, je reconstruirai le temple, je vous dirai toutes ses proportions, je publierai le nom de la divinité qui y était adorée, je dévoilerai le secret de ses mystères, je ferai connaître la doctrine de ses initiés, je montrerai le rapport de tous ses emblèmes et de la philosophie qu'ils voulaient peindre, » celui-là n'aurait-il pas plus fait que les autres? Eh bien! c'est ce qui reste à faire dans la philosophie du langage et, s'il, ne m'est pas donné

de faire la moisson, du moins j'entrerai le premier
dans un champ clos encore à toutes les intelligences.

J'avoue qu'il n'est pas facile de comprendre où je
prétends arriver avec une analyse patiente et minutieuse
des racines des langues et des procédés de la grammaire
et de l'élocution. Quoi! me dira-t-on, nous donnerez-
vous enfin des preuves nouvelles de la distinction de
l'âme et du corps, par exemple? Nous forcerez-vous de
croire en Dieu? — Oui, puisqu'il faut que je le dise,
j'espère rendre votre âme si palpable à votre raison que
vous croirez la toucher du doigt, et si je ne vous *force*
pas de croire en Dieu, je vous effraierai si fort de sa
présence que vous croirez le voir partout.

Pour remplir cette tâche, je n'ai plus guère à faire
qu'un travail de reconnaissance et de dépouillement. Je
sais où prendre tous mes matériaux; je connais presque
tous les auteurs à consulter, la plupart ne se doutant
guère de ce qu'ils me donnent. Il ne me manque plus
que du loisir et du repos. Libre et maître de mon
temps, deux ans ne se passeraient peut-être pas avant
que je soumisse à l'Académie un nouvel essai de *Grammaire universelle*. En me portant candidat, je m'engage
donc à travailler à Besançon, sous les yeux de l'Académie, à l'exécution de l'ouvrage que je médite depuis
longtemps, et qui, je l'espère, sera plus nouveau *par le
fond* que *par la forme*. Le titre en serait : *Recherches sur
la Révélation, ou philosophie pour servir d'introduction à
l'histoire universelle*, et je solliciterais la faveur en même
temps de le dédier à l'Académie.

J'ai dit que je désirerais suivre mes études à Besançon : qu'il me soit ici permis d'exprimer quelques pensées d'avenir sur ma patrie. Depuis la diffusion des
lumières et des lettres dans toutes les classes de la so-

ciété, Paris n'est plus exclusivement le séjour de la science et du goût; on pourrait peut-être aujourd'hui soutenir le contraire sans paradoxe. En philosophie transcendante, Paris est nul en Europe, et, à part les séances de l'Académie des sciences, il est vrai de dire que la curiosité publique n'est alimentée que par les honteux produits d'une littérature frivole et sensualiste, ou par les jongleries de la politique. Mille causes me font abhorrer le séjour de la capitale et m'inspirent pour sa population désespérée une indicible pitié. Tout chante, tout rit, tout s'agite autour de moi : il semble que pour jouir on veuille entrer en convulsion. Les riches s'en donnent jusqu'à épuisement; les pauvres travaillent et épargnent pendant quatre semaines pour être *heureux* une nuit. — La nation française me semble ne pouvoir renaître que de ses fragments. Quand je songe à cette race d'hommes qui depuis deux ou trois mille ans habite les deux versants de la chaîne du Jura, qui s'y est conservée, à travers tant de catastrophes, presque inaltérée et non mêlée; quand je considère ces natures sérieuses et contemplatives, religieuses, quoique peu crédules, capables d'enthousiasme, mais non de fanatisme; ces gens qui ont entendu passer et mugir les révolutions, et n'ont encore vu que le ciel et leurs sapins, il me semble qu'il y a là des éléments préparés pour la régénération nationale. Que les hommes de foi et de volonté s'unissent donc et fassent enfin prendre un rôle à notre peuple franc-comtois dans les affaires du monde; qu'ils fassent une chaîne autour de lui pour le préserver de la corruption universelle; qu'ils l'instruisent, le convainquent, le persuadent, et puis qu'ils attendent tout de lui. Ne cherchons pas notre gloire ni notre intérêt personnel; ne soyons rien que pour notre patrie : *Que périsse notre mémoire* (Danton), *mais que la Séquanie soit illustre*. Surtout que notre jeunesse ne s'avilisse point par une coupable imitation des vices étrangers; ce ne sera qu'en restant fidèle à cette devise : *Deo et sibi fidelis*, que notre patrie sera grande et fortunée. Déjà quelques jeunes Franc-Comtois ont pressenti l'avenir réservé à leur pays et ont résolu de l'accélérer de tous leurs efforts : sera-t-il donc impossible de répandre ce feu sacré, et chez nous comme ailleurs la force d'inertie est-elle donc invincible? C'est à l'Académie, à vous, Monsieur, en particulier, de favoriser de la voix et du geste cette généreuse pensée. Si l'Académie le veut sérieusement, j'ose le lui promettre, tant en mon nom qu'en celui de mes amis et compatriotes, au milieu du déluge universel : la Franche-Comté peut devenir l'arche du genre humain.

Mes respects à MM. Weiss et Viancin.

Je suis, Monsieur Pérennès, en attendant de vos nouvelles, votre tout dévoué et affectionné serviteur et élève,

P.-J. PROUDHON.

P.-S. Je dois une réponse à M. votre frère; il la recevra incessamment. Au lieu de perdre votre temps à me répondre vous-même, oserais-je vous prier, Monsieur Pérennès, de le charger de me faire parvenir vos conseils et mon certificat? Je suis sûr que ce serait avec plaisir qu'il nous rendrait ce service à tous les deux.

Paris, 9 avril 1838.

A M. PAUTHIER

Monsieur, je me vois obligé de partir en toute hâte
pour Besançon, où m'appellent les événements déplo-
rables qui se passent dans l'imprimerie dont je fais
partie comme associé. L***, mon collègue, est, en ce
moment, ou mort ou en état d'aliénation complète. Je
vais donc le remplacer, et conduire notre malheureuse
barque. Aussi, adieu pour longtemps la linguistique et
la philosophie : il faut courir au plus pressé.

J'eusse vivement désiré, Monsieur, vous voir encore
une fois avant de quitter la capitale ; mais j'ose espérer
que vous vous souviendrez quelquefois d'un jeune
homme qui a deviné, comme par instinct, ce qu'il vous
sera donné, je l'espère, de nous démontrer; je veux dire
que la philosophie doit ressortir des antiquités du langage et de la mythologie. Je fais bon marché des prétentions que j'aurais pu revendiquer à avancer et con-
solider la science sociale et philosophique ; et je me
croirai toujours amplement dédommagé si, dans le
bataillon sacré des régénérateurs, les hommes de mon
pays brillent au premier rang. Je dirai quelque jour
avec orgueil : j'ai connu Pauthier, je lui ai parlé. Que
l'humanité grandisse, que la Franche-Comté soit ra-

dieuse et périsse ma mémoire. Que de noms plus illustres, aujourd'hui dans le néant!

Je vous salue, Monsieur, avec la plus vive admiration et, souffrez que je vous le dise, avec une amitié presque passionnée.

P.-J. PROUDHON.

Besançon, 18 avril 1838.

A M. X***

Mon cher et ancien collègue, la note que je vous adresse ci-incluse pour votre journal vous apprendra quel événement funeste m'oblige à vous écrire.....

Nous sommes dans la consternation. Toutes les perquisitions que j'ai pu faire ne m'apprennent rien sur le motif véritable d'une résolution si désespérée. Je crois mon malheureux associé mort et suicidé. Mais ni les affaires de l'imprimerie, ni aucun chagrin domestique ne me paraît donner la clef de cette énigme, qui demeure ici, pour tous inexplicable. En partant, il laissa une lettre sans signature et sans date, écrite avec assez de suite et de raison, mais d'un style si prodigieusement exalté et mélodramatique, qu'il est visible que son auteur était sous l'influence d'une hypocondrie atrabilaire profonde. Il y attribue son malheur au manque d'argent, à l'abandon de l'un de ses associés, à la fatalité qui le poursuit dès son enfance! Il dit adieu à sa femme et à ses enfants, qu'il n'espère plus revoir; invoque la mort, mais sans annoncer le dessein fixe, formel et bien arrêté du suicide, et s'excuse du parti qu'il prend, en disant que son absence sera plus utile à sa famille que tous les efforts d'un père si malheureux. Cette lettre est déchirante par la peinture des souffrances morales qu'il a dû éprouver; mais il faut convenir que toutes ses allégations, pesées dans la balance de la froide raison, sont bien faibles et légères.

Exténué de veilles, de fatigues, épuisé de force physique et morale, il s'est arrêté dans sa course, et il est sûrement mort, mort malheureux! Je ne puis venir à bout de consoler sa femme, inconsolable moi-même.

J'étais à Paris, quand je reçus cette nouvelle désastreuse, et je suis revenu en toute diligence le remplacer sur son banc de quart. Qui sait si, à mon tour, je ne dois point avoir pour toute oraison funèbre celle que je viens de rédiger pour mon ami?

Vivez et soyez heureux, mon cher monsieur, et gardez le souvenir de l'honnête homme et du bon citoyen.

Tout à vous,

P.-J. Proudhon.

Paris, 13 juin 1838.

A M. ACKERMANN

Mon cher Ackermann, j'irai voir M. le curé de Vil-
lers dimanche prochain, s'il fait beau, et je vous rendrai compte de ma visite une autre fois.

Je vous remercie, en attendant, de votre brochure, et
des deux ouvrages de M. Pauthier; je ne m'attendais
pas à cette distinction de sa part. Dites-lui que s'il a
eu intention de me servir au pays par cet envoi, il a
pleinement réussi. On se regarde ici, quand on entend
dire que des gens de lettres et de science de Paris
m'adressent leurs livres. Bien obligé donc.

Puisque M. Pauthier est si bon ami et si bon compatriote, qu'il me permette d'en user avec lui sur le
pied de l'égalité. Il a lu mon essai que je n'aurais
jamais osé présenter à un homme comme lui; je serais
heureux s'il en acceptait un exemplaire, j'en ai laissé
cinq ou six en dépôt chez Dessirier. Voudriez-vous
vous charger de cette négociation?

Je ne connais guère que de nom, et par la lecture de
trois ou quatre numéros, la *Revue des deux Bourgognes*.
Je n'aime point ce journal et son allure: j'ignore s'il y

a plus de coterie que dans les autres; ce que je sais, c'est que la Bourgogne y a le pas sur la Comté et que les Bourguignons n'ont d'encens que pour eux-mêmes. Il est très-difficile d'y faire admettre un article; les doctrines sont, à la mode d'aujourd'hui, vagues, empreintes d'un certain mysticisme philosophique, traînantes, sans fermeté, sans vigueur. C'est de l'eau miellée. Si j'étais à la tête d'un journal semblable, je m'en servirais surtout pour dire à mon pays ses vérités les plus dures. Or, ce n'est point ainsi que ces messieurs l'entendent. Sauriez-vous faire une jolie uvelle, des vers à la Hugo, de l'histoire avec des considérations à perte de vue; pouvez-vous vous écarter du bon sens suffisamment pour attraper le bel esprit et la fine fleur de style? Présentez-vous à la *Revue des deux Bourgognes*. Je crois, en un mot, que cette publication ne convient point à des hommes qui cherchent à faire prendre racine à de bonnes vérités, bien nues, bien vives, bien décidées. Je n'imagine plus, mon cher Ackermann, pour vous comme pour moi, qu'un moyen de publication; c'est de réduire nos œuvres aux dimensions du pamphlet, et de faire en sorte que, publiées par fragments, elles forment autant d'articles entiers, distincts, mais qui puissent se réunir et faire corps. Par là, nous serons forcés de serrer le style, de le rendre ardent, bref, simple et surtout populaire, quoique noble et châtié; en un mot, je voudrais qu'à l'exemple de Timon ou de Paul-Louis, nous pussions nous passer des autres et nous faire rechercher pour nous-mêmes.

Je suis dans la liquidation et dans le déblayage de nos affaires; j'espère en être débarrassé pour le mois de septembre. Mon associé L*** a été retrouvé au bout de trente-trois jours, mort dans un bois à deux lieues de Besançon.

J'ai passé le pont aux ânes ; je suis bachelier. J'ai déjà rédigé un Mémoire pour l'Académie, le plus bref que j'ai pu, et en style de pétition. M. Pérennès, qui tient à mon élection, m'a rendu ma pièce après en avoir pris lecture, pour me faire changer cette phrase :

« Né et élevé dans la classe ouvrière, lui appartenant
« encore, aujourd'hui et à toujours, par le cœur, le
« génie, les habitudes, et surtout par la communauté
« des intérêts et des vœux, la plus grande joie du can-
« didat, s'il réunissait vos suffrages, serait, n'en doutez
« pas, Messieurs, d'avoir attiré dans sa personne votre
« juste sollicitude sur cette intéressante portion de la
« société, si bien décorée du nom d'*ouvrière*, d'avoir été
« jugé digne d'en être le premier représentant auprès
« de vous; et de pouvoir désormais travailler sans
« relâche, par la philosophie et la science, avec toute
« l'énergie de sa volonté et toutes les puissances de
« son esprit, à l'affranchissement complet de ses frères
« et compagnons. »

Il ne m'a rien reproché sur le reste, seulement il désire que je raconte les détails de ma vie, ce qui me répugne fort; mais quant au passage que je vous ai rapporté, tout lui en paraît mauvais. Je lui rendrai l'équivalent, mais en termes qui ne le choqueront plus.

Je disais à Dessirier qu'un candidat s'était retiré; tout au contraire, les concurrents abondent, de très-huppés, et très-fortement recommandés. L'un est fils de M. Duvernoy, associé correspondant de l'Académie ; l'autre, ce qui est assez plaisant, est appuyé par mon parent Proudhon, de Dijon. Je n'irai voir et solliciter personne

Envoyez-vous votre discours à l'Académie? Vous avez jusqu'au 15 du mois; ne perdez point de temps; vous n'auriez pas de concurrent, je crois; et vous serez bien accueilli. Courage donc.

C'est aujourd'hui Pentecôte; imposerez-vous les mains à quelqu'un? — J'ai ici un excellent catéchumène; le troisième sera difficile à trouver. Notre ville est affreuse et horrible par les mauvaises mœurs et l'anéantissement complet des principes.

Je vous embrasse de tout mon cœur, vous et Bergmann.

P.-J. PROUDHON.

Besançon, 20 août 1838.

A M. ACKERMANN

Mon cher Ackermann, je diffère chaque jour de vous répondre, parce que je voudrais vous annoncer quelque chose de positif sur ma position vis-à-vis de l'Académie. Il y a une commission composée de six membres; à l'unanimité, elle a proposé ma nomination à l'Académie. Jeudi prochain, 23, M. Pérennès lira son rapport. Il y a sept candidats qui se remuent et s'agitent; on conte des choses incroyables. Comme je parais le plus redoutable, c'est contre moi que les efforts de l'opposition académique se réunissent. L'un dit que je suis trop vieux, l'autre que *j'ai* un établissement industriel; partant que je suis assez savant comme cela. Celui-ci prétend que je suis protestant; protestant, vous êtes honnête, réplique un quatrième; c'est un homme sans religion. On a voulu insinuer que je n'étais pas l'auteur de l'*Essai de grammaire générale*, que quelqu'un me l'avait fait pour m'obliger. Cela m'a donné un mouvement de vanité, en me faisant penser que ma brochure valait donc quelque chose, puisqu'on s'avisait de m'en disputer la paternité. Le seul qui, à travers toutes les objections élevées contre ma candidature, se soit un peu approché de la vérité, est un gros et grand médecin, à face de fermier, coco à 36 carats, qui a assuré que j'étais dénué de toute instruction et de tous moyens, et que je n'offrais aucune valeur morale. Quant à la science, c'est vrai, puisque je prie qu'on m'accorde les moyens d'en acquérir; quant à la morale, c'est vrai aussi, puisque je n'ai pas le sou. En somme, je compte pour moi ce qu'il y a de plus distingué et de plus influent; les croûtons seuls sont contre. Jugez : M. Flajoulot, M. Guillaume, M. Bourgon, l'historien, M. Marmotte probablement, et d'autres noms plus ou moins obscurs ou ridicules, voilà ce qui conspire.

Je vous félicite de votre mise en liberté; cependant il me tarde de vous savoir casé quelque part. J'ai écrit aujourd'hui à M. l'abbé Dartois, qui a dû, de son côté, répondre à votre paquet; vous ne m'en avez rien dit. J'ai eu tout lieu d'être satisfait de son hospitalité; je l'ai trouvé supérieur à sa réputation. Je vous remercie de m'avoir procuré une si agréable connaissance.

M. Guénard m'a confirmé tout ce que vous avait déjà écrit M. Weiss. C'est ce qui me fait encore plus vivement regretter que vous n'ayez pas davantage déféré à mes remontrances. Rien à redire à votre ouvrage, au contraire; si ce n'est qu'il n'a que quatre pages. Si vous répugniez si fort à faire du verbiage, ne pouviez-vous arranger votre discours de telle sorte que la partie vraiment importante eût pu en être facilement détachée, comme une amande de sa coque, et former un tout complet et indépendant, que vous auriez pu imprimer.

Pourquoi dites-vous que nous ne nous reverrons *probablement* jamais? Allez-vous passer l'Atlantique ou

doubler le Cap? Si vous aimez la capitale de la République française, je pourrai vous y retrouver; car il me
prend déjà fantaisie d'y faire un tour. J'ai mis en vente
l'imprimerie; les intérêts de mes coïntéressés me le
commandaient; et je ne voudrais pas avoir à me reprocher le plus petit grain d'ambition. Tout ce que je
désire maintenant, c'est de trouver un acheteur. Cette
boutique une fois passée en d'autres mains, les quatre
vents me portent à Paris.

Je vous trouve triste et mélancolique dans votre style;
je vois que vous n'êtes pas heureux. Pardieu! mon
ami, attendez-vous à ne l'être jamais. Ce n'est pas au
bout de la ligne que nous suivons que se rencontre le
bonheur; des sacrifices, des souffrances, des dégoûts
insurmontables; les délaissements, le désespoir, *hæc
est pars calicis nostri.* J'ai écrit ces jours derniers à mon
ancienne maîtresse, en ce moment à Lucerne; elle se
meurt d'ennui, et peut-être d'amour; elle me demandait des consolations. « Considérez, lui disais-je, ce
« qui se passe autour de vous; n'êtes-vous pas douce,
« chaste, laborieuse, honnête? D'où vient que vous
« avez à peine de quoi vivre, tandis qu'une foule de
« prostituées étalent un luxe effronté? Je vais vous
« expliquer ce mystère. Dieu a voulu que lorsque le
« mal et le vice seraient arrivés au comble parmi les
« hommes, ce fussent les bons qui en pâtissent les pre-
« miers, afin qu'ils se réveillassent et s'opposassent au
« débordement prêt à les engloutir. Il y a cent mille jeunes
« gens en France, qui, comme moi, ont juré de rem-
« plir cette sainte mission; et tôt ou tard ils sauront
« vaincre ou mourir. C'est aux hommes courageux à
« combattre de la tête et du bras; mais vous, pauvre
« fille, priez Dieu qu'il nous donne l'intelligence et

« l'audace, qu'il bénisse notre ardeur, et fasse triom-
« pher sa cause. » Que pensez-vous que sente pour un
amant une jeune personne à qui l'on parle de ce style?
Je réponds à vos confidences.

22 août. Tout ce qu'il y a de dévôts, de têtes bigotes
et de prêtres dans l'Académie est opposé à mon élection. — Véritablement ce jeune homme a de l'esprit;
mais c'est une tête chaude. — C'est un esprit fort, dit
un autre. — Le vieux père Clerc, après avoir pleuré à
la lecture de mon mémoire, a fini par dire : *Ce gaillard-
là doit faire un fort mauvais coucheur.* Et j'ai perdu sa
voix et celle de son fils Édouard. Si j'étais aussi sus-
pect de républicanisme que je le suis d'indépendance
religieuse, je ne réunirais pas trois suffrages. Mes concurrents se flattent hautement d'obtenir la pension.
Pour moi, j'ai déjà un avantage qu'on ne saurait m'enlever. Si je suis éconduit par la majorité, je serai victime de ma profession de foi politique et religieuse, et
martyr de mes opinions; si je suis élu, il sera beau de
l'avoir été malgré ces mêmes opinions. Dans l'un et
l'autre cas, je serai digne de vous.

J'apprends aussi qu'on exigerait mon départ pour
Paris; ce que l'on veut du pensionnaire, ce n'est pas
seulement qu'il devienne un savant, mais qu'il acquière
une *belle position* dans le monde. Il y a loin de ces idées
à celles d'un *égalitaire.*

23 août. Je reçois trois visites en même temps à mon
atelier. J'ai obtenu, au premier tour de scrutin, 19 voix
contre 14. Je compte assez sur l'amitié et l'estime des
frères P. d. p. pour oser espérer qu'ils regarderont ma
nomination comme un triomphe à Philadelphie. Faites
des vœux pour que ma fragilité humaine reste fidèle à
ses serments et à ses convictions, et ne se laisse point

offusquer par un vain succès d'amour-propre. Je vous écris sous le coup de la *bonne nouvelle*, et cependant toujours préoccupé de nos affaires. *Hoc opus, hic labor est.*

Aidez-moi de vos conseils, de vos lumières, de votre estime; échauffez, excitez mon ardeur; montrons-nous incorruptibles et inébranlables, et mourons ou triomphons ensemble.

A une autre fois; je vous embrasse,

P.-J. PROUDHON.

Besançon, 16 septembre 1838.

A M. ACKERMANN

Mon cher Ackermann, vos lettres me rafraîchissent le
sang, et me raniment à la vérité et à la foi républicaine.
De tous ceux que je connais, vous êtes jusqu'à présent
le seul que je voie se passionner pour la justice et la
vertu, et s'enflammer du zèle de l'humanité.

Combien je suis plus à plaindre que vous ! Il y a
encore, dites-vous, de l'esprit, des lumières, dans cette
capitale ; et moi, je vis parmi un troupeau de moutons.
J'ai reçu les compliments de plus de deux cents personnes ; de quoi pensez-vous qu'on me félicite surtout ?
de la presque certitude que j'ai maintenant, si je le
veux, de faire fortune, et de participer à la curée des
places et des gros appointements, d'arriver aux honneurs, aux postes brillants ; d'égaler, sinon peut-être
de *surpasser*, les Jouffroy, Pouillet, etc., etc. Personne
ne vient me dire : « Proudhon, tu te dois avant tout à
la cause des pauvres, à l'affranchissement des petits, à
l'instruction du peuple ; tu seras peut-être en abomination aux riches et aux puissants ; ceux qui tiennent
les clés de la science et de Plutus te maudiront : pour-

suis ta route de réformateur à travers les persécutions, la calomnie, la douleur, et la mort même. Crois aux destinées qui te sont promises : mais ne va pas préférer au martyre glorieux d'un apôtre, les jouissances et les chaînes dorées des esclaves.

« Serais-tu vaincu par les flatteries, les séductions du plaisir et de la fortune ? Toi, enfant du peuple, *filius fabri*, comme on le disait autrefois de Jésus-Christ, tu abdiquerais ta conscience, tu apostasierais ta foi pour être heureux à la manière de ceux-ci et de ceux-là ! Tes frères ont les yeux ouverts sur toi : ils attendent avec anxiété s'ils doivent bientôt déplorer la chute et la trahison de celui qui avait tant juré d'être leur défenseur ; ils n'auront jamais pour te récompenser, que leurs bénédictions ; elles valent mieux que les écus comptant du pouvoir. Souffre et meurs, s'il le faut ; mais dis la vérité, et prends la cause de l'orphelin. »

Je suis oppressé des honteuses exhortations de tous ceux qui m'environnent. Quelle fureur du bien-être matériel ! Quel abject épicurisme je vois partout ! Je ne m'avise plus de laisser échapper un seul mot de mes pensées. J'ai acquis la certitude que ma profession de foi me fait considérer comme un cerveau frappé ou tout au moins exalté. Je fais rire par ici ; mais je ne convaincs personne. Le matérialisme est implanté dans les âmes, le matérialisme pratique, dis-je, car on n'a déjà plus assez d'esprit pour professer l'autre. Les cagots, par leurs singeries, leur exemple, leur ignorance, leur fanatisme et leur mauvaise foi, entretiennent tant qu'ils peuvent ces funestes dispositions.

La volonté et la foi ont été proclamées de tout temps les plus grandes jouissances de la nature et de l'humanité ; nous avons foi en la justice de notre cause, en la vérité de nos principes, en l'éternité de nos dogmes; manquerons-nous de volonté? Ne donnerons-nous pas un jour le spectacle nouveau d'hommes convaincus et inexpugnables dans leur croyance, en même temps que résolus et constants dans leur entreprise. Prouvons que nous sommes sincères, que notre foi est ardente, et notre exemple changera la face du monde. La foi est contagieuse; or, on n'attend plus aujourd'hui qu'un symbole, avec un homme qui le prêche et le croie.

Pauthier marchera toujours avec moi; c'est trop d'honneur pour ma nullité et mon ignorance; mais qu'il se montre républicain invincible, défenseur implacable de la morale universelle, ennemi du luxe et de l'opulence, et je suis son séide à la vie et à la mort. Qu'il devienne le plus savant qu'il pourra; qu'il descende un jour des hauteurs de la science, environné, comme Moïse, d'une auréole de gloire; mais qu'il n'oublie pas qu'il a encore une autre mission à remplir, et que toute sa doctrine ne doit être considérée par lui que comme ses lettres de créance. A ce prix il aura tout mon amour et mon admiration.

J'ai reçu avec joie des nouvelles de tous les amis; je suis marri que Haag ne puisse venir à bout d'être casé selon ses goûts, et je regrette que Bergmann reparte pour Strasbourg.

Je vous embrasse,

P.-J. PROUDHON.

Paris, 30 novembre 1838.

A M. HUGUENET

Mon cher Huguenet, je crois me rappeler que j'ai pris 15 francs à la caisse, que je n'ai pas marqués ; reste 9 francs dont je ne peux plus rendre compte. Je suis persuadé qu'ils ont été employés à quelque usage que je ne me rappelle pas.

J'avais mandé en particulier à Mme L*** qu'elle aurait bientôt une collaboratrice ; il n'en sera rien. M. Foucaut, qui paraissait décidé pour la troisième fois à entrer en société, pour la troisième fois s'est dégoûté : il a peur. Un parent, qui se propose de lui faire des avances considérables (15 à 20,000 francs), exige que la maison à laquelle il s'associera soit en bon train de prospérité ; il ne songe pas que quand cela sera, je ne chercherai plus d'associé. Cette tentative sera la dernière : je serai seul, seul avec vous, j'y suis bien résolu. Mme L*** qui, à cette nouvelle, a pris l'alarme, comme je m'y attendais bien, peut donc se tranquilliser. Mais elle a le tort impardonnable de s'abandonner à des reproches que je ne mérite assurément pas, et qu'elle doit s'efforcer de me faire oublier. Il y a longtemps que je sais ce que c'est que la tête d'une femme : je ne devais pas m attendre à trouver ici autre chose. Dites à Mme L***, posément, de ma part, que sa lamentation m'a fort amusé, et qu'en la lisant, je croyais entendre un *Stabat mater dolorosa*, avec accompagnement de vielle. Je veux qu'elle m'en demande pardon la première fois qu'elle m'écrira.

J'ai vu ses deux beaux-frères; j'aurais bien des choses curieuses à lui dire à cet égard; je me contente pour le moment de la prier de faire encaisser les 500 volumes de *Bains Russes*, et de les déposer dans quelque coin de grenier, chez la Benoîte, ou partout ailleurs. Les envoyer est inutile. Je passe aux choses plus importantes.

1° Mme L*** aura la bonté de faire un paquet de 25 a-Kempis, pour M. Mathey; je ne sais par quelle fatalité je n'en ai trouvé que 177 dans ma caisse au lieu de 200. Elle y joindra un exemplaire de ma *Grammaire universelle*, cinq feuilles un quart, qu'elle coudra avec une méchante couverture. J'en ai le plus grand besoin pour travailler. Je me propose, à l'aide de quelques corrections et changements de l'envoyer, avant mars prochain, au concours du prix fondé par Volney, à l'Institut.

2° Vous ne me parlez point de ce qu'est devenue la pétition pour la mutation du brevet.

3° Quand Mme L*** aura un moment de répit, je désire qu'elle broche quelques centaines de Bergier. Mais auparavant il faudra changer le nom de l'imprimeur aux couvertures et au frontispice. Mais il faut attendre pour cela le résultat de ma demande au ministre.

Après cela, j'adresserai un article à l'*Ami de la religion*.

4° J'ai vu M. Parent-Desbarres, qui n'a aucun besoin

de mes services, et ne se soucie point de notre in-32.

5° Je voudrais avoir un programme de la dernière séance de l'Académie de Besançon. M^mo L*** ira, s'il lui plaît, le demander à M. Pérennès, et elle le joindra au paquet qu'elle doit m'envoyer.

6° Débiter M. Jourdain de 6 francs pour frais de port et d'emballage de la caisse que j'ai reçue; faites-en de même pour tout ce que vous expédierez en son nom.

7° Avant mon départ, j'avais déjà reçu différents reproches pour la médiocre qualité du papier. En conséquence, à l'avenir, tenez plus ferme sur les prix, faites même quelque sacrifice, et que ces plaintes ne se renouvellent plus.

8° En expédiant à M. Vieux, envoyez-lui mon adresse. Faites-lui part de la tentative que j'ai faite auprès de M. Foucaut, et qui a échoué fort malheureusement pour nous tous, car notre maison en aurait reçu un bel accroissement, et Mme L*** elle-même ne s'en serait pas mal trouvée, quoi qu'elle puisse prétendre.

9° Je suis fâché que le père l'Homme se conduise si mal; si cela continue, débarrassez-vous-en sans hésiter. Que fait Josillon?

10° J'aurais besoin d'un Lactance, édition de Gauthier frères, pour ma traduction d'un opuscule, que j'espère toujours faire paraître. M. Plumey ne pourrait-il me procurer quelque exemplaire décousu, sale, déchiré, qu'il prendrait pour moi au meilleur marché possible.

On le joindrait aussi aux 25 a-Kempis.

Enfin, mon cher Huguenet, poursuivez votre difficile gestion, et soyez sûr maintenant, malgré mes visites à Foucaut, que désormais vous ne travaillez que pour moi. Si vous ne concevez pas les mêmes alarmes que Mme L*** sur ma fidélité à tenir parole, si vous osez faire un acte de foi en ma véracité, eh bien! prenez courage, et je vous certifie que quiconque se dévoue pour moi, ne travaille pas pour un ingrat. Cette fois, c'est en vue de l'imprimerie, et bien sérieusement, que j'exploite la pension Suard; je me proposais d'abord de prendre mes grades et de poursuivre une chaire dans quelque Académie. Cela ne sera point. Mais silence là-dessus.

Je commence à me mettre à ma tâche, et quand j'y suis, je vous oublie.

Je suis bien aise que vous ayez à votre quenouille de quoi filer; ne serait-il pas possible de faire aider quelque temps Mme L***, pour sa brochure? Avoir sur les bras le présent et le passé, c'est trop pour une personne, et la besogne en souffre. Cependant ne faites à cet égard rien sans qu'elle le veuille bien; autrement, pour avoir eu une bonne intention, il vous en arriverait mal. Je sais ce qu'il en est.

Il doit se trouver chez ma mère une petite brochure in-8°, intitulée, *Essai sur l'analyse physique des langues, par Paul Ackermann*. Il faudrait me l'envoyer aussi.

J'ai un gros rhume; je me suis acheté des souliers fourrés; je n'ai plus d'argent, et le banquier ne m'en veut donner qu'à l'échéance. Voilà pour le moment tout ce que j'aurais à dire d'intéressant à ma mère. Mme Rouillard a bonne mine, mais elle a perdu au moins vingt-cinq livres de graisse: je la crois enceinte. J'ai dîné avec elle et son mari; ils font maigre régulièrement les vendredis et samedis, pour se changer, disent-ils. Ils n'osent avouer leur piété. Ce paragraphe est pour chez nous; vous le ferez parvenir.

Je remercie Mme L*** des nouvelles qu'elle me donne de ma famille ; je la félicite de son commérage avec Fanfine.

Je vous embrasse tretous, et vous souhaite bonne année et de plus, sagesse au père Dessirier. Son fils et moi sommes bons amis.

Tout à vous,

P.-J. PROUDHON.

Paris. 9 décembre 1838.

À M. PÉRENNÈS

Monsieur Pérennès, le jour même de mon arrivée à Paris, j'ai pris connaissance des pièces officielles que vous m'aviez remises à mon départ de Besançon, et je me suis mis sur-le-champ en mesure de me conformer aux instructions qu'elles renferment. Je suis allé me présenter à mon tuteur, Monsieur Droz, qui, dès le lendemain, comme s'il eût été informé des désirs de M. Weiss, m'a fait connaître à M. Feuillet, bibliothécaire de l'Institut. C'est auprès de cet excellent homme que je passe régulièrement quatre séances par semaine, la bibliothèque de l'Institut n'étant ouverte que quatre jours sur sept. Jusqu'à présent, c'est à cette recommandation à M. Feuillet et à mes visites à sa bibliothèque que se bornent tous les actes de tutelle de M. Droz, et à peu près tous les avantages de mon séjour à Paris.

J'ai vu M. Mauvais ; nous avons dîné ensemble. Je le trouve homme de mérite, simple, obligeant et bon. Il est fort aimé de la famille Droz, et je me plais à reconnaître qu'il en est digne à tous égards. Je regrette vivement que son métier d'astronome soit si éloigné de mes habitudes métaphysiques.

Voilà, Monsieur, les faits tous secs : je viens à mes observations.

J'ai déjà eu des conversations nombreuses et très-longues avec M. Droz : ce qui paraît en être résulté pour lui, c'est l'opinion que je suis un homme à paradoxes. Il ne se trompe pas. — D'abord, il a voulu savoir quelle carrière je prétendais suivre.

— La philosophie, la critique historique et la grammaire comparée : telle a été ma réponse.

— La philosophie !... mais quelle espérance pouvez-vous fonder sur des spéculations philosophiques ? Tout n'est-il pas dit aujourd'hui ou à peu près ? Quel système métaphysique, psychologique ou moral pouvez-vous inventer qui n'ait déjà été inventé ? Les plus habiles de notre temps ne font plus, en désespoir de cause, que de récapituler ce qui a été dit avant eux. La philosophie n'est plus que l'histoire de la philosophie.

Telles étaient en substance les objections de M. Droz. A tout cela, j'ai répondu du ton le moins affirmatif qu'il m'a été possible (je n'oublie pas si vite les leçons qu'on veut bien me faire) que j'étais loin de croire que la philosophie eût dit son dernier mot ; qu'elle était à peine organisée ; que la méthode, le but, la circonscription des études philosophiques n'avaient été bien définis que depuis une vingtaine d'années ; que c'était tout ce qu'il y avait réellement de fait dans la science ; que telle était l'opinion de M. Jouffroy lui-même, le seul philosophe en Europe que je regardasse comme digne de ce nom ; qu'il fallait aujourd'hui partir de là, et à l'aide de l'observation et de l'expérience, chercher dans la solution des problèmes psychologiques la solution de problèmes ultérieurs qui tourmentent l'humanité.

Là-dessus, M. Droz n'a pas insisté : il s'est borné à me dire que jamais il ne s'était attaché à la métaphysique ; du reste, il m'a félicité de ce que mon opinion sur M. Jouffroy était de tous points conforme à la sienne. Et nous avons parlé d'autre chose.

— Vous voulez faire de la critique historique, a repris M. Droz. Quelle histoire en particulier et de quelle façon entendez-vous la traiter ?

— Je travaille en ce moment à amasser des matériaux pour une histoire des Hébreux, qui servirait de confirmation à mes théories philosophiques.

— Mais l'Ancien Testament me semble encore plus épuisé que la philosophie ; pouvez-vous espérer raisonnablement, après des milliers de commentateurs, d'intéresser encore, de travailler utilement pour le public et pour vous-même, avec des histoires bibliques réchauffées ou rajeunies ? D'ailleurs, de deux choses l'une : ou vous resterez dans l'orthodoxie, et alors votre labeur ne peut avoir rien de bien neuf ; ou vous serez novateur, et alors vous soulèverez l'Église contre vous. Eh bien ! dans ce dernier cas, eussiez-vous raison, ce dont vous ne pouvez donner d'autre garantie que votre conviction et votre autorité, quel intérêt si grand pourrait vous porter à redresser des traditions de deux mille ans ?

L'argumentation était pressante : j'ai répondu brièvement que j'étais fermement convaincu que nous ne concevions encore rien à l'histoire juive, et là-dessus, j'en ai appelé à M. Droz lui-même et lui ai demandé s'il pourrait me donner une idée nette d'Isaïe, par exemple. J'ai ajouté qu'il me suffisait qu'une chose me parût vraie ou fausse pour que je la déclarasse telle, aux dépens de qui il appartiendrait ; que la critique et la philologie ne pouvaient pas plus se préoccuper des intérêts d'une opinion, quelque vénérable qu'elle fût, que la chimie ou l'algèbre.

Je vous avoue que M. Droz me parut en ce moment un peu alarmé de la direction de mes idées ; et je crois que, sur ce point, le soin de mon repos et de mon bien-être futur, autant que l'honneur de l'Académie, lui tiennent plus au cœur que la passion des rectifications historiques.

M. Droz me demanda encore :

— Quelles études spéciales avez-vous faites ? Quel fonds de connaissances est le vôtre ? Que savez-vous ?

— Rien ; j'ai été correcteur d'imprimerie, et je suis bachelier ès lettres.

— Mais enfin, l'Académie ne s'est pas prononcée en votre faveur sans avoir eu des motifs. Quels ont été vos titres à son suffrage ?

— Je me suis occupé de théologie dogmatique, et je serais, je crois, un séminariste passable : la discussion du dogme m'a conduit à celle des textes, et celle-ci à un essai de grammaire comparée. Voilà tout.

Alors M. Droz me témoigna le désir de voir cet essai, et je le lui offris dès le lendemain.

J'ai revu depuis ce vénérable académicien : il avait eu le courage de me lire jusqu'au bout. Il ne me dit ni bien ni mal de mon ouvrage : il ne s'expliqua ni sur le fond, ni sur la forme, ni sur le style. Jamais je ne vis une telle réserve. Quand on condamne les théories d'un auteur, surtout d'un auteur protégé, il y a bien du mal si l'on ne trouve pas de quoi échauffer un peu son courage en flattant son amour-propre. Donnez-moi le plus méchant poëme, le plus détestable roman, je saurai y trouver quelque matière d'éloge et d'encouragement.

Enfin, je fus assez heureux pour obtenir quelques mots vagues, qui, au fond, équivalent à une condamnation complète de mon travail. « Je ne me suis jamais occupé de grammaire générale, me dit M. Droz, et je ne me permettrai pas de porter un jugement sur des matières qui me sont assez étrangères, j'en suis resté pour mon compte à Condillac, et si vous avez raison contre Condillac, il faut au moins avouer que sa doctrine est bien spécieuse. » Je vis que la lecture de mon livre avait renversé toutes les croyances grammaticales de M. Droz.

M. Michelot, gendre de M. Droz et chef d'une institution, a publié une grammaire française dont les principes et la théorie sont pris tout entiers de Condillac : je me suis assuré du fait par une lecture attentive. Or, j'ai quelque lieu de soupçonner que M. Droz a mis la main à cette rapsodie élémentaire ; et ma grammaire générale est le démenti le plus formel, le plus impitoyable qui ait jamais été donné à cette partie des systèmes du philosophe. Ce qu'il y a de pis, c'est que l'énoncé dans mes critiques accompagne le raisonnement.

J'ai annoncé à M. Droz le désir où j'étais de retoucher mon essai de grammaire, d'y faire de notables augmentations et changements, et de l'adresser au concours de l'Institut pour le prix Volney. De son côté, il m'a promis de communiquer l'ouvrage à M. Feuillet, qui, pour le fond des choses comme pour la marche à suivre dans mes travaux, pourra m'être de la plus grande utilité par ses conseils et ses lumières. Si j'arrive assez à temps, j'enverrai mon manuscrit au mois de mars, sinon ce sera pour l'année prochaine.

J'ai la certitude, non pas d'avoir rencontré juste partout, mais d'avoir soulevé des questions capitales en grammaire, d'avoir donné le premier une solution raisonnée, appuyée de l'observation des faits et de la théorie métaphysique de l'un des plus grands problèmes de la linguistique : rattacher à un principe commun les deux grandes familles de langues indo-germanique et sémitique, la première étant, dans la déclinaison, la conjugaison et la syntaxe, presque le renversement de l'autre. C'est cette opposition qui a toujours empêché, jusqu'à présent, un assez grand nombre de philologues d'admettre, pour ces deux vastes systèmes d'idiomes, la possibilité d'une commune origine. — D'un autre côté, j'ai établi l'édifice de la grammaire pour toute langue possible, sur deux seules parties du discours, ce qui offre la synthèse grammaticale la plus simple, la plus lumineuse qu'on ait encore présentée.

A Paris, et je me convaincs chaque jour de cette vérité, il ne faut guère espérer de rencontrer des hommes dont l'esprit saisisse et embrasse une synthèse scientifique quelconque ; l'esprit français est trop géométrique, trop déductif, et ne remonte pas aussi bien des faits aux lois générales des choses. On ne manque pas ici de savants, de personnages d'un vrai mérite qui sont devenus tels par la culture et le travail ; mais cette faculté presque divinatoire, qui seule a fait Newton et Descartes, faculté qui enfante un système complet, un tout métaphysique, cette faculté est rare dans notre patrie. Le Français est admirable pour l'analyse, le perfectionnement : il n'a guère de ces inspirations subites que donnent les vues d'ensemble et à priori. On ne cultive plus qu'en serre chaude ; les végétations

spontanées sont aujourd'hui des prodiges. Aussi, tout
est accessible au travail, devenu l'émule du talent.

J'ai pris le parti de renoncer aux cours publics, que
je regarde comme un luxe national complétement inutile. Je pourrai quelque jour vous régaler des niaiseries
qui s'y débitent. J'en ai pris des notes.

Je vois M. Droz deux fois par semaine. Nous
sommes convenus qu'il me laissera mon maître absolu
pour ce qui est de ses soirées et de nouvelles présenta-
tions. Sa première exhortation avait été de me recommander de fuir l'intrigue; je me suis alors permis de
lui rappeler qu'il parlait à un Franc-Comtois pur sang.
Je suis accueilli de lui parfaitement, et je m'attache
tous les jours à sa personne. M. Droz inspire la vertu à
tout ce qui l'approche. Il suffirait, après une faute,
d'être devant lui pour sentir des remords. Je l'aimerai
certainement, sentiment qui me devient tous les jours
plus difficile. Si jamais il m'arrivait, en parlant de lui,
de rien dire qui marquât seulement du mécontentement ou de la froideur, il faudrait croire que je ne suis
plus digne de l'estime des honnêtes gens. Au reste, je
lui ai dit déjà que, pour mériter son estime et son
amitié, s'il suffisait de travailler et d'être honnête
homme, j'espérais obtenir l'une et l'autre, mais que je
ne promettais rien de plus.

Je vais me préparer tout doucement au grade de
licencié ès lettres; je fais en attendant un peu de philosophie et de grammaire; je traduis Isaïe et Andrezel,
et je commencerai incessamment l'allemand et le san-
scrit.

Je me repens quelquefois d'avoir sollicité et obtenu
la pension Suard; ce sera la matière d'une autre conversation avec vous, monsieur Pérennès, si toutefois, un

petit mot de réponse me témoigne qu'il vous plaît que je continue. Je vous serai obligé de remettre vos lettres pour moi à la rue des Chambrettes, 19.

Je désire que mes lettres restent entre vous et moi ; je me confesse à vous comme à un ami. Ackermann m'a prié de vous assurer de sa parfaite estime et de son dévouement.

Mes amitiés à M. votre frère ; dites-lui que je lis Montesquieu.

Votre ancien élève et fidèle.

P.-J. PROUDHON.

Paris, 17 décembre 1838.

A M. MAURICE

Mon cher et ancien collègue, je vous remercie des marques d'intérêt que vous me témoignez; j'en suis digne, car personne plus que moi n'a besoin de la bienveillance d'autrui. Malheureusement, il n'est pas aussi vrai que vous paraissez le croire que je sois sur le chemin de la fortune; il s'en faut de tout. Quand je dis que je veux avoir 20,000 francs de l'imprimerie, je n'entends pas dire par là qu'elle les vaut; je ne prétends pas davantage faire croire qu'on m'en offrira une pareille somme; je veux dire seulement que pour l'appât de quelque mille francs, je ne me déferais pas d'une chose qui, quoique très-onéreuse pour moi, sera un jour, je ne le vois que trop, ma seule ressource. A toutes les qualités peu capables de conduire un homme à l'opulence, que vous voulez bien me reconnaître, il vous faut joindre encore le malheureux don de prévoir quelquefois l'avenir, don que, pour mon tourment, j'ai reçu dans un degré assez développé. Or, j'ai tous les jours, et de plus en plus, lieu de me convaincre que je n'ai rien à attendre que de moi-même, qu'il ne me faut compter que sur mon travail personnel, que je suis incapable de tirer parti de mon savoir-faire, comme on l'entend aujourd'hui, et comme il faut absolument s'y résigner, sous peine de se laisser passer sur le ventre. Avancer dans le monde et garder mes idées et mon caractère, sont deux choses contradictoires; vous devinez sans peine laquelle je sacrifie à l'autre. Voilà, mon cher Maurice, le véritable sens de ma phrase : d'un autre côté, comme je sais très-bien que marchander n'est pas acheter, que plus on déprécie sa marchandise, moins elle vaut, et que par conséquent c'est une chose en soi assez indifférente que j'exige plus ou moins, j'ai résolu de ne jamais démordre de ce que je dis. Vous désirez savoir ce que je fais, ce que je compte devenir. Pour le moment, je fréquente les bibliothèques et rien de plus. Je m'occupe, en outre, de me placer comme correcteur à quelque journal : c'est un travail qui se fait le soir, de huit à douze, et qui doublerait mon traitement. Avec cela, je commencerais à respirer. Mais je ne tiens rien; j'ai fait prendre note de moi à plusieurs personnes, à M. Berryer, entre autres; et, en attendant, j'aviserai encore à autre chose. Si j'étais assez niais pour oublier ma subsistance sur la foi de la pension Suard, je n'aurais pas dans six mois un morceau de pain. Je pourrais choisir d'autres voies de me pousser et me faufiler; je ne le veux pas. Je refuse d'aller aux soirées de M. Droz, de voir M. Nodier, M. Baguet, M. Jouffroy. etc., et je n'y mettrai pas le pied. Ma façon de voir et d'agir tient un peu, vous le savez, de l'obstination; soit. Si je vaux quelque chose, ce n'est que par là. Ma nomination par l'Académie n'a pas effacé mes souvenirs, et ce que j'ai haï, je le haïrai toujours. Je ne suis pas ici pour devenir un savant, un littérateur homme du monde : j'ai des projets tout différents. De la célébrité, j'en acquerrai, j'espère ; mais ce sera aux frais de ma tranquillité et de l'amour des gens.

. . . .

Donnez-moi quelquefois des nouvelles, et, si vous le pouvez, par l'imprimerie. Je tiens à ce que l'on ne multiplie pas les ports. Je suis bien sûr d'en avoir pour 100 fr. par an.

Je vous souhaite le bonjour.

P.-J. PROUDHON.

A M. HUGUENET

Mon cher Huguenet, je m'occupe de mon côté de notre atelier autant que les circonstances me le permettent. J'ai écrit déjà au curé de Brezolles, à un curé de Dijon, et j'écrirai bientôt à un autre. Je vois avec une vraie satisfaction que nous pourrons naviguer malgré le vent et les étoiles.

J'ai reçu ce matin la visite de M. Henri qui me demande à acheter l'imprimerie. Je lui ai donné tous les renseignements qui se doivent en pareil cas, et pour le prix, j'ai déclaré que je ne céderais rien à moins de *vingt mille francs*. Je trouve que c'est cher; cependant, il fera prendre des renseignements à Besançon; ainsi, attendez-vous à une visite. Il arrivera peut-être à en offrir dix-huit mille, et je refuserai. Quand il consentirait au prix de 20,000 fr., il faudrait encore le consentement de M. Vieux; ainsi le marché n'est guère probable. Quoi qu'il en soit, donnez, s'il y a lieu, toutes les instructions possibles; ne craignez pas de faire valoir toutes nos chances de succès; quoique je n'espère ni ne désire vendre, je ne serais pas fâché d'avoir reçu des offres. Le jour où j'aurais refusé 20,000 fr. de cette boutique, elle en vaudrait dans l'opinion 25,000. C'est du macairisme; mais cela ne fait de tort à personne.

Aujourd'hui et dans quelques années, l'état d'imprimeur peut être le fondement de mon avenir; je l'ai dit à M. Henri. Nos affaires sont visiblement en hausse, et si je vends, je veux non-seulement ne rien perdre, mais encore être dédommagé des chances de succès que j'abandonne. L'imprimerie vaut pour moi 20,000 fr., tel a été mon dernier mot. Conduisez-vous en conséquence; faites valoir le métier; ce n'est pas en dépréciant qu'on remonte les affaires. Il faut absolument que je puisse dire, à la fin de tout ceci, qu'on m'a offert 18,000 fr. de mon matériel et de mon brevet.

J'ai prié M. Maurice de vous dire de m'envoyer 12 à 13 a-Kempis; de porter 48 sous au compte du curé de Brezolles pour port, et de regarder comme vendus pour notre compte et pour le sien, les 150 à-Kempis livrés au curé de Rios.

A votre prochaine, vous me ferez connaître l'état des finances.

Si jamais vous deviez livrer quelque traite ou effet à un banquier, que la maison Détrey vous soit interdite; adressez-vous à M. Jacquard ou à d'autres. Le temps pourrait venir où MM. Détrey se souviendraient de moi.

Je n'ai, du reste, mon cher Huguenet, que des éloges à vous décerner; je me fie complétement à vous. Le monde ne comprend pas que je puisse être en repos comme je fais, sur un fondé de pouvoir et un prote; le monde ne sait ce que c'est que l'honneur et la conscience. Joignons-y l'amitié.

Si vous voyez Jouvenot, dites-lui que je fais canne, bottes et manteau; qu'une personne venue de Paris vous

l'a dit; mêmement que je ne rabats plus le collet de ma
chemise, et que je me rase deux fois par semaine; qu'à
mon retour de Besançon, je les éclipserai tous à la gloire
de mon soleil..... non, au soleil de ma gloire.

Est-ce que le père Coco sent déjà des influences prin-
tanières !

Adieu.

P.-J. PROUDHON.

P.-S. Tous les imprimeurs sont ici à la débine;
mandez-moi ce qui se passe là-bas.

1839.

A M. PAUTHIER

Mon cher monsieur Pauthier, je partirai dans une huitaine de jours pour Besançon, et comme je compte voir M. Tissot en passant par Dijon, je me chargerai volontiers de vos commissions pour lui, d'autant plus que je ne sais pas son adresse.

Je vous remercie de votre statistique chinoise, qui a fixé mes idées sur la population de l'empire du Milieu, bien que cette population me paraisse encore fabuleuse telle que vous nous la donnez; mais je connais trop les règles de la certitude relativement aux témoignages humains pour conserver le moindre doute. Je suis seulement effrayé pour ces pauvres gens, qu'il me semble voir serrés à étouffer. Je serais un peu rassuré si vous me disiez que la Chine est très-montagneuse, car cela fait un peu d'ombre et multiplie les surfaces.

J'aurais été bien aise de vous voir encore une fois. Les phalanstériens viennent à moi, les communistes enragent toujours, et je vais siffler notre Académie. Me recueillez-vous des documents? Je vous souhaite le bonjour jusqu'au mois d'octobre, et vous prie de croire que je vous aime bien.

P.-J. PROUDHON.

P.-S. Bergmann m'écrit de Strasbourg qu'il se marie. Et moi !...

Paris, 18 janvier 1830.

A M. MAURICE

Mon cher Maurice, je vous remercie des détails que
vous voulez bien me communiquer sur votre gestion ;
vous pourrez, à l'avenir, en conférer avec mon parent
pour les écritures et pour les arrangements définitifs.
C'est à lui que j'adresserai l'argent que j'aurai à envoyer
à Besançon, c'est lui que je prierai de payer à ma place
et de veiller à mes intérêts, car vous savez ma haute
incapacité pour les affaires.

Je ne comprends pas quel inconvénient les L***
auraient trouvé à laisser cumuler la petite somme d'intérêts que nous leur devons au 1er février.

Tout en poursuivant la liquidation, veillez à vos affaires ; je ne l'entends pas autrement, et vous devez
penser que ce n'est pas moi qui vous ferai jamais de
reproches.

Le nouveau travail que je fais sur mon livre a pour
but de le mettre en état d'être présenté au concours
pour le prix Volney ; le terme de rigueur est au 1er mars
prochain ; le Mémoire couronné sera proclamé au mois
d'avril ou de mai suivant. Si je pouvais seulement

obtenir une mention honorable, je ferais imprimer un nouveau frontispice à notre édition de Bergier pour y relater cette circonstance.

Je n'ai aucune envie de faire une nouvelle édition de ma grammaire, tant qu'il restera un exemplaire de Bergier. — A cet égard, Vieux vient de me mettre en relation avec un savant de Strasbourg, qui me promet un article dans les journaux allemands et auquel j'envoie un exemplaire du livre. — Vieux se plaint que la vente marche mal pour M. Parent-Desbarres; il désire se livrer tout entier à notre affaire, au plus tôt.

C'est quand nous serons bien en train que je compte sur lui, surtout pour la vente de notre malheureuse édition.

M. Gaume m'a dit, la dernière fois que je l'ai vu, qu'il était en grande occupation à cause du commencement de l'année, qu'il me ferait passer notre règlement dès qu'il l'aurait terminé.

Pourquoi je n'aime pas M. X***?

Parce que c'est un petit être sans conscience, sans moralité, sans principes, sans probité, sans génie, littérateur pourri, n'ayant rien dans la tête et rien dans le cœur, méprisé même des G*** et consorts. Je viens d'apprendre qu'il était décoré par Louis-Philippe depuis quelques jours, et qu'il allait partir pour Rennes où il a été nommé à une chaire. Quand je serai lié avec un individu de cette espèce, malgré ses décorations, c'est que mon opinion aura été modifiée ou mes principes altérés.

Micaud, dont j'ai reçu dernièrement une lettre, me parle d'un jeune homme de Colmar qui doit, dit-il, me venir parler pour l'imprimerie. D'un autre côté, M. Proudhon, mon parent, me presse de vendre. Je suis tourmenté, harcelé, bataillé par toutes sortes d'ennuis. Ici, mes seuls sujets de désagrément viennent de mon obstination à ne voir personne. Ce n'est pas embarras ni timidité, car on s'aperçoit fort bien que je ne suis pas timide, c'est dégoût de la société, du monde et des hommes. Je ne vais pourtant que dans deux maisons, les plus respectables peut-être de Paris, M. le pasteur protestant Cuvier et M. Droz. Je connais le premier depuis sept ans. D'ailleurs, j'éprouve de la fatigue en toute compagnie. C'est une maladie que j'ai prise à Besançon ; les premiers symptômes datent d'avant notre association. J'aime mes semblables et pourtant ils me lassent et m'ennuient.

Je me trouve bien de ne voir chaque personne qu'une heure par quinzaine.

Je tiens à l'imprimerie comme teigne; plus elle me cause de tracas, plus je m'obstine.

J'ai reçu enfin le paquet avec les lettres. Je vous félicite du dénouement que vous avez trouvé avec Bailli. Huguenet me mande qu'il espère quelque chose de lui.

Je profite de votre permission pour adresser une lettre à mon parent, à l'imprimerie. La première fois que j'aurai le plaisir de vous écrire, il en fera de même pour vous.

Je ne sais pas quel jour j'aurai de l'argent, aussi ne comptez pas sur un jour fixe ; outre la distance de Paris à Besançon, je puis éprouver moi-même un retard ; ainsi ne soyez pas surpris si du 1er mars je vous renvoie au 4, 5, 6 ; cela ne dépendra pas de moi.

Je vous souhaite le bonjour.

P.-J. PROUDHON.

Paris, 18 février 1839.

A M. HUGUENET

Mon cher Huguenet, on m'annonce, par une lettre
que j'ai reçue vendredi dernier 17 courant, que vous
avez imprimé un méchant pamphlet républicain et que
la justice s'en mêle. On me dit en même temps que j'en
serai incessamment informé par vous. J'attends encore
des nouvelles officielles. La personne qui me donne ce
fàcheux renseignement a eu soin de ne me rien dire de
la seule chose qui m'importe dans tout cela, à savoir
si les formalités ont été remplies pour l'impression, si
vous n'êtes pas coupable de clandestinité.

J'avoue que je concevrais difficilement une telle imprudence. Cependant, il me tarde de savoir quelque
chose de plus précis.

En attendant, voici, sauf meilleur avis, la conduite
que vous devez tenir si vous êtes appelé en jugement.

S'il y a eu clandestinité, vous devez nier ; si le fait
est trop bien prouvé, aucune considération humaine ne
peut nous préserver de l'amende et de tout ce qui s'ensuit. En ce cas, vous rejetterez toute espèce de responsabilité ; déchargez-vous de tout sur moi, dites que vous

avez agi par mes ordres. Il faut d'abor ﹐vous mettre à l'abri ; nous verrons ensuite pour moi, car je ne puis risquer grand'chose.

Si le pamphlet en question porte le nom de l'imprimerie, c'est une affaire qui tombera d'elle-même ; mais vous rejeterez encore toute la responsabilité sur moi. Vous direz que vous êtes simple prote, que vous recevez toute commande d'impression qu'on vous fait, que vous ne pouvez vous ériger en censeur des ouvrages d'autrui, etc., etc., que d'ailleurs c'est à votre patron à se défendre et faire valoir ses excuses.

Quand une fois vous serez hors de cause, je rejeterai à mon tour toute la faute sur vous, ce qui ne sera pas difficile à faire comprendre, vous le sentez de reste.

Dans tous les cas, vous devez rester en dehors de toute poursuite, je vous le répète.

Le seul reproche que j'aie à vous faire, en attendant que je puisse juger de la chose par mes yeux, ce serait d'avoir compromis la concession de mon brevet que je n'ai pas encore reçu du ministre, et de m'avoir mis dans la nécessité d'écrire une lettre d'excuses à M. Tourangin, auquel on m'annonce que la brochure a été attribuée.

Je présume que ce *dégoûtant pamphlet*, comme on le qualifie, n'est pas même au niveau de ce que je lis tous les jours et qu'on imprime sans risque à Paris dans les journaux ; mais il n'en faut pas tant pour faire clabauder et dresser les cheveux sur la tête de certaines gens.

Envoyez-moi au plus tôt cette terrible pièce, et, en attendant, mettez-moi sans crainte en avant et couvrez-vous de mon corps. Il faut procéder avec ordre : 1° vous mettre hors de toute responsabilité; 2° m'en tirer après.

Je souhaite que vous n'ayez pas suivi une autre ligne

de conduite, et que votre bon ange vous ait assez bien avisé pour faire tête à l'orage.

Ma dernière recommandation, c'est en pareil cas de ne jamais vous laisser prévenir une autre fois par personne auprès de moi. J'aime la franchise en toutes choses.

M. Vieux est ici depuis huit jours : nous avons formé plusieurs projets qui peuvent un jour nous remettre à flot et nous rendre vos services et votre zèle très-précieux. Je lui ai fait part de votre mésaventure, et quoique nous ne sachions pas encore ce qu'il pourrait nous en coûter, nous avons fini par en rire, et de bon cœur.

Mes très-humbles respects à mon parent Proudhon.

Hâtez-vous de m'écrire, si vous ne l'avez déjà fait au reçu de la présente.

Tout à vous,

P.-J. PROUDHON.

P.-S. La lettre que M. Pérennès jeune avait déposée pour moi à l'imprimerie ne m'est toujours pas parvenue. Je veux que toutes celles que vous recevrez pour moi, ou que je pourrais vous adresser pour d'autres personnes, soient brûlées sans être ouvertes si vous ne pouvez les faire parvenir à leur destination.

M. Pérennès me priait de lui chercher un emploi de correcteur ; je lui ai déjà répondu. Si vous avez occasion de le voir, répétez-lui que la misère est grande à Paris pour les imprimeurs. Everat vient de renvoyer quatre correcteurs, C*** s'est sauvé à Bruxelles ; un autre libraire en a fait autant ; *Lefebvre* ne fait plus travailler; MM. Didot ne font presque rien à Paris, ils ont une maison à Dreux pleine de compositrices.

Quand M. Vieux voyagera dans le midi, vous lui donnerez ce qu'il faudra pour placer des impressions militaires. M. Parent-Desbarres lui propose de tenir à Besançon un magasin de librairie en son nom ; ce serait un dépôt pour les provinces de l'Est, la Suisse, la Savoie, le Midi. La chose sera différée encore quelque temps, mais elle pourrait donner lieu à une heureuse combinaison pour notre atelier.

Paris, 23 février 1839.

A M. HUGUENET

Mon cher Huguenet, je viens de recevoir une seconde lettre de M. Micaud, dans laquelle il me donne
de nouveaux détails sur l'affaire du pamphlet.

Chacun admire votre zèle, loue votre probité, et rend
justice à la loyauté de vos intentions; mais on persiste
à dire qu'il y a eu imprudence de votre part, et que
votre négligence à remplir les formalités de la loi n'a
pas d'excuses. Je n'ignore pas que pour le commun des
impressions, on ne se presse pas toujours pour se mettre
en règle; une paire d'heures, un livre de prières, un
cantique de mission est souvent chez le libraire avant
d'être envoyé à la préfecture; mais vous sentez qu'en
fait de politique, il ne faut pas offrir la moindre prise
au pouvoir et à la police.

Vous voyez, par ce qui arrive à l'auteur, que la chose
est plus considérable que vous ne l'auriez cru d'abord.

— Vous avez fait une étourderie, convenez-en de bonne
foi; et, de ma part, je ne vous en veux pas, j'eusse
peut-être fait pis.

Mais envoyez-moi donc ce diabolique et satanique

pamphlet et donnez-moi des détails que je puisse
croire vrais et sans exagération; puis nous n'en par-
lerons plus.

Je vais écrire à M. le préfet; en vous excusant
auprès de lui, je serai obligé d'accuser un peu plus vos
lumières que votre caractère. Voilà à quoi je suis réduit,
faute d'être suffisamment instruit par vous. Ainsi, ne
vous en prenez qu'à vous-même de la témérité du jugement que je porterai peut-être sur votre conduite dans
cette occasion.

Je vais entrer en rapport avec M. Parent-Desbarres
pour lui lire des épreuves, et lui rédiger des articles
pour sa grande publication de l'*Encyclopédie catholique*. Si nous parvenons à nous entendre, que mon travail lui agrée, et qu'il fasse cas de mes services, la
planche sera faite; nous pourrons espérer de travailler
pour lui.

Si, comme je vous l'ai déjà annoncé, le projet de
dépôt de librairie confié à M. Vieux, à Besançon, se
réalise (et rien ne peut l'empêcher de se réaliser),
nous verrons nos relations s'étendre et s'agrandir de
plus en plus, rien ne procurant plus facilement des
labeurs à un atelier, comme des relations de librairie.

De mon côté, je fais amas et provision de science; au
lieu d'un *journal*, chose dont le succès serait douteux
au pays, et qui d'ailleurs serait sujette à bien des tracasseries, je chercherai, de concert avec mes amis, à
fonder une *Revue* de Franche-Comté. Une publication
toute littéraire ne peut manquer d'être bien accueillie,
et, n'ayant rien à démêler avec le gouvernement, en serait favorisée.

Allons, tâchez de mettre fin à vos embarras; dites-
moi ce que je dois faire, à qui m'adresser, s'il y a des

recommandations à prendre, etc., etc. Micaud me marque qu'on m'accuse d'être républicain, et qu'il n'est pas surprenant qu'une brochure comme celle-là soit sortie de mes presses. M. Tourangin recevra ma profession de foi à cet égard; elle sera franche et sincère, je vous en réponds; mais la honte en retombera sur les sots et épais bourgeois qui n'aiment la *monarchie* que parce qu'ils s'en veulent faire une servante très-humble et un instrument de domination et d'oppression.

Je vous souhaite le bonjour, et au père Coco.

Vous avez dû, ces jours-ci, être furieusement crucifié par les donneurs d'avis et les conseillers obséquieux.

C'est de quoi je vous plains encore plus que de toutes vos frayeurs.

Adieu.

Tout à vous,

P.-J. PROUDHON.

Paris, 27 février 1839.

A M. HUGUENET

Mon cher Huguenet, je ne puis trop me hâter de vous répondre.

Courez vite chez M. Proudhon, mon cousin, et priez-le de ma part de brûler la lettre d'excuses qu'il recevra de moi pour M. Tourangin; j'ai cru que vous aviez mis le feu aux quatre coins du département.

Je suis de l'avis du pamphlétaire presque en tout : c'est un brave, bien que médiocre philosophe, et faible raisonneur. Je suis bien plus avancé que cela.

Micaud recevra son savon dans la huitaine.

Mon Mémoire est enfin terminé et déposé à l'Institut. Le résultat que j'en attends, c'est un jugement de M. Jouffroy, le député de Pontarlier; j'ai tout lieu de croire qu'il en sera très-content, et qu'il me donnera la place que je mérite. — Pour les membres de la commission, je serais bien étonné qu'ils m'accordassent le prix. Il faut, pour un concours de philologie, plus que je ne donne; mais ce qui me tient au cœur, ce sont mes vues de philosophie; voilà pourquoi j'ai sollicité le jugement du philosophe.

Ne laissez pas dormir l'affaire de mon brevet ; je resterai imprimeur *quoiqu'on dise*, et je vous recommande, pour quelque temps encore, de n'avoir point la mine d'y croire. J'espère ne pas laisser M. Droz dans une longue inquiétude à cet égard.

Ackermann voulait d'abord concourir avec moi ; il s'est retiré. Il a peur de n'avoir pas le prix. C'est un fort bon garçon, mais son amour-propre et son ambition me font trembler.

Soyez exact une autre fois à tout déposer ; surtout point de clandestinité pour quoi que ce soit ; y eût-il 1,000 écus à gagner.

Si j'étais prompt à prendre l'alarme, on m'en a dit assez pour me faire prendre la porte, et aller me jeter aux pieds de la cour et du préfet.

Je veux voir aujourd'hui ce terrible auteur.

Adieu.

P.-J. PROUDHON

En attendant, n'oubliez rien pour éviter l'amende, ni démarches, ni explications.

Vous avez agi en tout comme j'aurais fait moi-même, j'aime qu'on parle en homme.

Je vais mettre la main à mon *pamphlet* aussi ; malheureusement, il aura bien 500 pages, ce qui le rendra moins dangereux. Ce sera bien un autre tapage, je vous assure, si on a peur d'une innocente rêverie comme celle de M. Rohier.

Paris, 11 mars 1839.

A. M. HUGUENET

Mon cher Huguenet, mon cousin Proudhon me donne l'état des affaires : il me dit que les recettes pourront être égalées aux dettes et dépenses; mais ce qui me chagrine, c'est que vous êtes trois, en attendant, qui ne touchez pas un sol. Je crains que l'impatience ne vous gagne à la fin, et moi aussi. Cependant, je suis toujours convaincu que si nous pouvons traverser encore cet hiver, nous serons sauvés.

La librairie et l'imprimerie sont à bas à Paris : misère universelle, point d'ouvrage. Les meilleures maisons sont ébranlées et renvoient les ouvriers par centaines.

Je fais des articles de grammaire, logique et philologie pour l'Encyclopédie de M. Parent-Desbarres, à 70 francs la feuille grand in-4° à deux colonnes. C'est trop bon marché; cependant si tous les auteurs allaient plus vite, je lui en bâclerais sans peine deux feuilles par mois. — D'un autre côté, il me donnera à lire les épreuves de son *Saint-Augustin* : il va remercier, ou plutôt employer à autre chose son vieux correcteur.

Enfin je lis de temps en temps le journal légitimiste
l'*Europe*; il est assez singulier, comme vous voyez,
qu'au milieu de la détresse universelle je sois accablé
de besogne. Patience ! nous éclaircirons le brouillard.
On est content de ma rédaction ; je leur fais de belles
phrases; on se moque du reste.

J'ai vu M. Pauthier de Censay avant-hier ; nous
avons causé trois heures. Il approuve fort mon projet
de rester imprimeur et de publier une Revue. Sa coopération m'est acquise; il me l'a promis formellement.
Cette *Revue* commencerait à paraître après la publication d'un ouvrage de philosophie dont je m'occupe. Elle
consisterait en 5 feuilles in-8° tous les mois. J'entends
que cette publication n'ait rien de mercantile; l'abon-
nement sera de 15 francs par an ; c'est le prix des in-8°
à la mode. 60 feuilles feraient deux volumes. Dès qu'il
y aurait 300 souscripteurs, je m'engagerais à en publier
et répandre 200 exemplaires gratis ; si nous arrivons à
500, j'en publierais 500 exemplaires. Je ne veux que
les frais d'impressions, de bureau, et quelque chose
pour ma gérance. Je ne demande rien pour mes articles,
et je ne veux pas que personne y travaille pour de l'argent. C'est un moyen d'influence et de réforme que je
veux mettre en mouvement dans notre pays : M. Droz,
y applaudit de tout son cœur; et j'espère y entraîner
l'élite de notre nation franc-comtoise. Je vais amasser
des matériaux pour avoir de la copie au moins pour six
mois d'avance.

Vieux était parti quand j'ai reçu votre dernière; je
n'ai pas encore de ses nouvelles. Il s'occupe de chercher des souscripteurs à une table de Fleury qui manque partout. Cette table formerait un énorme in-4°; il
faudrait au moins 3,000 feuilles pour l'impression à 500.

Dès que nous aurons 300 souscripteurs à 12 fr. 50 broch., nous mettrons la main à l'œuvre.

Pauthier va me mettre en relation avec un jeune et honnête libraire de notre couleur ; il m'a promis aussi de me procurer, quand il en trouverait l'occasion, quelques ouvrages à imprimer. Je vous le répète : un peu de courage, et nous sommes hors des poux.

Tout à vous,

P.-J. Proudhon.

Paris, 13 mars 1839.

A M. PÉRENNÈS

Monsieur Pérennès, j'ai donné à M. Proudhon, mon parent, procuration pour toucher en mon nom la pension Suard, parce que, ayant besoin de temps en temps de faire passer quelque argent à Besançon, l'un de mes amis et moi nous nous arrangeons ici par des remboursements réciproques et que par là ce transport ne nous coûte rien. Je vous remercie donc, vous et M. Bourgon, d'avoir eu l'obligeance d'acquitter le mandat du 22 mars entre les mains de M. Proudhon.

Pour répondre aux principales questions de votre lettre du 31 mars, j'ai dû me mettre auparavant en mesure, je veux dire attendre la rentrée des cours publics et entendre les principaux professeurs. Vous voyez, par cet aveu, que je ne les suis guère; en effet, n'ayant pas eu le bonheur d'entendre les Cousin, les Villemain, les Guizot, les La Romiguière, j'ai toujours trouvé qu'on laissait tomber en quenouille le professorat, et que les cours publics de mon temps n'étaient qu'un luxe national plus profitable aux professeurs qu'aux élèves.

Ces Messieurs, pour la plupart, ouvrent leurs cours
le plus tard qu'ils peuvent; leurs leçons sont aussi
courtes que possible, et dans ces leçons, ils ont soin de
ralentir leur débit et de répéter leurs phrases assez
pour qu'on leur sache gré, au bout d'une heure, de
terminer la séance. Je reconnais volontiers tous les
avantages de l'improvisation d'une leçon faite comme
sans préparation, *ex abrupto;* mais je soutiendrai toujours que, lorsque la nature nous a refusé ce merveilleux talent, il vaut mieux parler sur des notes écrites,
sauf à se permettre, de temps en temps, les *réflexions*
que le temps, la chose et l'auditoire inspirent.

J'ai entendu d'abord M. Damiron, professeur d'histoire de la philosophie moderne. Il en était à Gassendi.
Jamais tribunal de juge de paix n'ouit un plus déplorable orateur. Ouvrez les ouvrages de M. Damiron, il
est verbeux et *feuillu*, comme dirait Diderot, pompeux,
académique, diffus; il ne manque pas d'élégance et
d'un certain mouvement; il a toutes les qualités et les
défauts d'un avocat, d'un improvisateur, en un mot,
qualités et défauts qui, d'après ce que l'on m'a rapporté, l'avaient fait surnommer à l'École normale, *Bou-
teille-à-l'Encre.* Dans son cours public, c'est un tout
autre homme : les idées ne lui viennent pas, les mots
encore moins; il se sauve à peine par les citations; et
quand il se trouve épuisé, il se résigne alors à nous
lire quelque long fragment de ses livres imprimés.
M. Damiron paraît avoir une certaine prédilection pour
les œuvres que sa plume enfante; il a déjà produit un
cours de psychologie, un cours de logique, un cours de
morale, une histoire de la philosophie au xixᵉ siècle :
dans chacun de ces cours, il ne manque pas, toutes les
cinq ou six pages, de vous renvoyer aux autres. Est-ce

habileté de libraire ou amour-propre d'auteur? Je ne déciderai pas; mais après m'être impatienté, je l'ai envoyé promener, lui et tous ses livres.

J'ai assisté aussi à la leçon de M. Vacherot, professeur d'histoire de la philosophie ancienne. Celui-ci a la parole plus facile, mais je ne lui trouve aucune profondeur de vues. Il avait à nous parler de l'*École* socratique et des écoles diverses et ennemies qui, d'après la commune opinion, sont sorties de celle de Socrate. M. Vacherot a essayé de justifier ce grand maître de morale du reproche qu'on lui a adressé d'avoir donné naissance à des systèmes contradictoires; il a prétendu que les disciples de Socrate se divisaient en deux classes bien distinctes : les uns, jeunes hommes formés uniquement de sa main; les autres, déjà imbus d'opinions étrangères et les accommodant ou les corrigeant à l'aide de la doctrine socratique. Ainsi, disait M. Vacherot, Aristippe, chef de l'école cyrénaïque, Antisthène, chef de l'école cynique, etc., ne sont point fils légitimes de Socrate. Celui-ci recommandait la tempérance, la puissance sur soi-même, comme moyen d'arriver à la contemplation de la vérité; tandis qu'Aristippe faisait de cette *tempérance* un art de volupté et de plaisir, et qu'Antisthène, en l'exagérant, le poussait au rigorisme et à la grossièreté. Mais il ne s'agit point ici de savoir si Socrate aurait admis les conséquences de l'un ou de l'autre système; il ne peut être question davantage des dispositions que pouvaient apporter à ses leçons quelques-uns de ses disciples : il s'agit simplement de savoir si les doctrines d'Aristippe et d'Antisthène se peuvent rigoureusement déduire des principes posés par Socrate. Or, c'est ce que je crois et ce que tout le monde supposait avant M. Vacherot. La tempérance de Socrate est-elle une loi de morale, un principe ? Non, elle n'est qu'une règle de savoir-vivre. Le plaisir et la volupté en eux-mêmes, disait Aristippe, sont donc un bien; ils sont donc permis et légitimes. Socrate ne le nie pas; seulement, il recommande de ne pas abuser. D'accord; mais tandis qu'il se perdra dans ses sublimités contemplatives, qu'il me permette de rester ici-bas, *d'user avec tempérance* des biens qu'il me permet; et quand il aura trouvé quelque chose de plus solide, alors nous en prendrons connaissance et puis nous verrons.

Antisthène, prenant le contre-pied d'Aristippe, jugeait qu'il est impossible de maîtriser les sens dès qu'on voulait leur accorder quelque chose; il concluait, de la loi de tempérance, à la servitude du corps par un raisonnement non moins juste. Tel a été de tout temps le malheureux sort des doctrines *juste-milieu* qui manquent de *critérium*, de principe et de certitude; elles n'osent aller ni à droite, ni à gauche, parce qu'elles voient l'abîme de chaque côté; mais il ne manque jamais d'esprits conséquents qui les forcent à produire tout ce qu'elles contiennent. Voilà quelles réflexions je faisais à la leçon de M. Vacherot.

Je viens à M. Gérusez, que j'ai entendu deux fois. M. Gérusez donne deux leçons par semaine : dans 'une, il parle d'abondance et sans notes, comme tous ses confrères; dans l'autre, il lit quelques fragments de ses manuscrits sur les objets du cours. L'utilité de cette méthode, dit M. Gérusez, est de faire la différence du style improvisé et du style écrit dans le même personnage, et j'approuve fort cette comparaison. M. Gérusez a lu, dans sa deuxième séance, un morceau sur ascal, sa vie et ses ouvrages, dont j'ai été très-content.

Le style est tel qu'il convient à un homme de goût, pur, clair et correct, sans ambition ni recherche. Je lui sais gré d'avoir su plaire et intéresser sans aucune ostentation de grandes pensées et de grands mots, et d'être demeuré en dehors de toute opinion tranchée. L'originalité lui manque peut-être, mais c'est quelque chose d'avoir un bon sens aussi délicat. Dans la leçon non écrite, M. Gérusez — et cela est naturel — est moins heureux. Je ne parle pas seulement de la diction, mais des idées et des jugements. A quoi bon répéter sans cesse que la Bruyère, Molière et La Fontaine sont inimitables; qu'ils ont atteint la limite du genre, le point de la perfection, qu'ils sont à jamais placés hors ligne? Outre que cela est inutile et toujours fastidieux à entendre, cette proposition en elle-même porte sur une observation incomplète. C'est, selon moi, une façon de raisonner très-fausse que de comparer Phèdre et La Fontaine, Plaute et Molière, etc., pour établir entre eux une supériorité quelconque. Que les écrivains français aient surpassé les latins, je n'en doute pas plus que M. Gérusez; mais je dis que si les uns et les autres ont été chacun de leur côté, dans leur civilisation respective, tout ce qu'ils pouvaient être, ils sont égaux. Ce qui rend les uns supérieurs aux autres, n'appartient plus dès lors aux individus, mais aux sociétés. Ce que je dis là est aujourd'hui une vérité triviale, mais qui peut offrir encore des observations curieuses. Après Aristophane, il fallait transporter ses tréteaux à trois ou quatre siècles de là, dans un autre monde qui profiterait de tout ce qui l'aurait précédé, pour avoir Plaute et Térence. Les révolutions des sociétés et le mouvement de l'esprit humain amènent, après un laps de temps, une scène tout à fait nouvelle et des éléments

qui ne peuvent jamais être devinés ni prévus; on sait
que c'est là ce qui fait le caractère des différentes littératures. Prenez La Fontaine, analysez ses fables sous
ce point de vue, et vous reconnaîtrez que tout ce qui le
distingue, lui a été donné par la société française. De
telle sorte que si l'on admettait, avec Pythagore, une
même âme pour Esope, Phèdre et La Fontaine, il serait
vrai de dire que, toujours égale à elle-même, elle a dû
nécessairement, dans ses trois manifestations, appa-
raître sous telle ou telle figure. A la fin du monde, le
beau absolu résultera de la somme des individualités.

En général, M. Gérusez m'a paru au niveau de
M. Saint-Marc-Girardin poür l'ensemble des choses,
mais je lui ai trouvé moins de verve, de vivacité, de
relief, moins d'esprit et de causticité française.

Je me suis étendu un peu longuement sur ces trois
professeurs, afin que, si un jour on m'adressait le reproche d'avoir négligé les cours de la Sorbonne, vous
connussiez mon excuse. Depuis six semaines environ,
je prends connaissance des principaux ouvrages de nos
professeurs de philosophie. J'ai lu M. Jouffroy, M. Cousin, M. Damiron, M. Thurot, M. Cardaillac, etc. Je ne
puis vous exprimer combien cette lecture me fatigue,
combien je prends en dégoût et les doctrines et les auteurs. D'ailleurs, le petit manége, la collusion constante
que je crois découvr   ntre eux suffiraient à me les
faire haïr. M. Cousin fait l'éloge de M. Damiron et de
M. Jouffroy; M. Jouffroy prône M. Damiron et M. de
Cardaillac; M. Damiron et M. de Cardaillac, à leur
tour, *cantant et recantant;* c'est une réciprocité édifiante
de louanges et de flatteries. Mais ne vous attendez pas
qu'ils disent jamais un mot d'un philosophe en dehors
de leur confrérie, ou dont les idées contredisent les

leurs; non, la bonne foi ne va pas jusqu'à une telle abnégation. Tout cela me rend plus mutin et plus fa-
rouche encore que je n'étais venu. Je vois M. Droz
deux fois par semaine; j'ai fait une visite à M. Jouffroy,
il y a trois mois, et j'en reste là.

Je ne suis tourmenté d'aucun sentiment d'indépendance exagérée : celui qui peut avouer tout haut tout
ce qu'il pense, tout ce qu'il veut faire, est le plus libre
des hommes. Je puis jurer, d'autre part, que nul moins
que moi n'est tourmenté de l'ambition de la fortune et
de la gloire, et je n'en suis que plus disposé par là-
même à reconnaître que si jamais je parviens à un certain ensemble de connaissances littéraires et philosophiques, je le devrai tout entier à l'Académie. Ce qui
me fait regretter ma nomination est la crainte fondée
de ne pas répondre aux espérances que j'ai fait concevoir, et de voir la pension Suard périr entre mes mains.
M. Droz l'a déjà reconnu; je suis d'une nature difficile,
d'une humeur chagrine, défiante, ombrageuse et misan-
thrope; et d'après nos conversations, aucune espèce de
carrière ne s'est trouvée accessible pour moi. Je sortirai de jouissance à peu près tel que j'y suis entré,
c'est-à-dire un peu plus instruit, mais sans destination
littéraire.

Reste donc l'exploitation isolée de mon talent personnel, si je m'en trouve un toutefois; mais où est la
preuve que je suis assez riche de mon propre fond, que
ma force est suffisante pour vaincre tous les obstacles?
Les hommes d'un vrai talent, d'un mérite même trans-
cendant, ne manquent pas aujourd'hui. Ceux-là même
que seraient-ils si des fonctions publiques et d'immenses relations sociales ne posaient leur individualité?
N'allez pas croire que ma mauvaise volonté, ma pa-

resse créent seules les obstacles; que le mal ne vient
que d'une sotte et vaine opiniâtreté; non, j'éprouve
tous les jours, à chaque minute, que l'isolement, la
méditation solitaire sont le seul élément vivifiant de
mes facultés (j'ai autant besoin de m'écarter des
hommes que de vivre dans le plus complet oubli des
exigences sociales et de moi-même). Je reconnais volontiers tout ce qu'a de fâcheux une telle disposition,
mais elle est donnée par la nature. Tel homme a besoin
de l'excitation continuelle d'une grande ville, du monde,
des salons; tel autre doit chercher le recueillement et
la contemplation dans la solitude. Voltaire et Beaumarchais se trouvaient bien du premier genre de vie;
Rousseau et Saint-Pierre n'ont été ce qu'ils furent que
par le second. Depuis mon arrivée au sein de Paris,
malgré tout le soin que j'apporte à faire le vide autour
de moi, j'ai senti diminuer sensiblement la force et la
fécondité de mon esprit; mon horizon s'est rétréci;
incapable d'être bien dans ma condition présente, j'y
suis plus mal qu'un autre, et ma défaillance s'accroît
encore de toutes les appréhensions que me donne mon
état. Joignez à tout cela les ennuis toujours renaissants
que me cause une exploitation onéreuse pour moi et
dont je ne puis me défaire; et pour peu que vous tiriez
des conséquences, vous comprendrez facilement tout
ce qu'a de faux et de délicat ma position.

Lancé dans l'arène, je ferai de mon mieux pour arriver jusqu'au bout; mais comme je me crois seul juge
des moyens que je dois employer, il pourra bien arriver
que j'agisse en quelques points autrement que ne l'en-
tendrait peut-être l'Académie. Il est possible, par
exemple, que j'aille passer ma seconde année à Strasbourg, entendre le seul philosophe que la France pos-

sède aujourd'hui, l'abbé Bautain, et me placer dans des conditions tout à la fois plus favorables et pour le régime et pour l'étude des langues et de la philologie. Ensuite, je me propose de consacrer les deux derniers semestres de la pension à acheter des livres, la première et principale chose que j'ai demandée. Enfin, je me prépare peu à peu à la seule carrière que je crois pouvoir remplir utilement pour mon pays, je veux dire à la publication d'une *Revue de Franche-Comté*. Cette entreprise, exécutée dans le but d'agir sur l'esprit de la population sans aucune vue de profit industriel, et comme moyen d'éducation de la masse sociale, me semble n'avoir été jusqu'ici ni conçue, ni comprise ; je vois partout des spéculations intéressées, mais je ne trouve nulle part d'œuvre patriotique. Deux choses doivent distinguer de tout autre le projet qui m'occupe : 1º aucun article ne devra être rétribué; 2º le bénéfice que l'on pourrait retirer du nombre d'abonnés servirait à répandre un nombre d'exemplaires gratuits dans toutes les communes. Voilà sous quelles conditions je conçois la mission du publiciste et la culture de l'esprit public. Je ne m'étendrai pas présentement sur ce plan que je vous laisse à méditer.

Je suis votre tout dévoué et fidèle pensionnaire,

P.-J. PROUDHON.

Paris, 24 mars 1839.

A M. MAURICE

Mon cher et ancien collègue, je ne sais combien de temps encore vous attendrez l'argent que je vous dois ; vous savez qu'il est sûr et ne peut manquer ; mais il paraît que les comptabilités académiques ne marchent pas comme la vôtre. J'ai chargé mon parent Proudhon de toucher pour moi ; c'est lui qui vous remettra 83 fr. 15 c., argent de MM. Gaume ; plus 43 fr. 33 c. que vous m'avez avancés.

Il n'y a rien de nouveau ni de changé dans ma condition depuis la dernière lettre que vous avez reçue de moi ; et je ne sais qui peut faire mystère de ce que je lui écris. Je ne confie guère au papier que ce que je veux que tout le monde sache. Je lis les épreuves, momentanément, d'un journal légitimiste, *l'Europe* ; et je bâcle de temps en temps un article pour l'*Encyclopédie catholique*, de M. Parent-Desbarres ; voilà tout. Je fais de la philosophie, pour m'amuser, m'occuper, pour dire que je fais quelque chose ; car, du diable si personne conçoit rien ici à ma manière de travailler. M. Droz m'a déjà répété plus de quatre fois qu'il ne peut s'imaginer par quel secret j'ai appris à écrire en français, et que tout ce qu'il voit de plus clair dans ma façon d'étudier, c'est que je perds mon temps. S'il n'y avait pas là quelques preuves matérielles pour le tranquilliser, il me regarderait, je crois, comme un écolier désespéré. Aussi trouve-t-il que je ne suis pas aisé à conduire. De tout ce qu'il me conseille, je n'ai encore fait que ce que je voulais comme lui. Cependant, nous vivons bien ensemble, et je l'aime sincèrement.

Je compte toujours sur l'accession de M. Foucaut à l'imprimerie. Il désire, il a envie; puis il a peur, il n'ose pas. Et je ne le presse pas. Je veux maintenant qu'en devenant mon associé, s'il le devient, il m'ait obligation. Tout change dans ce monde ; et par conséquent nos différents rôles.

Hermann n'est pas heureux : ses appointements ne peuvent lui suffire ; il a la table et 200 francs par an. Sa chambre lui en emporte 96. Son patron lui a fait souscrire dernièrement un billet à ordre, au 24 avril prochain ; il ne comprenait pas clairement ce qu'il faisait, et n'a pu me rien expliquer sur les intentions présumables de son maître. Il est évident que ce billet, signé Hermann, est une valeur fictive dont son maître a besoin : cela frise le faux. Ce pauvre Hermann tremble d'être mis en prison pour dettes, et j'ai eu beaucoup de peine à le rassurer. Je lui ai fait gagner quelque chose par un raccommodage ; il est plus endormi que jamais. Il serait très-urgent de lui procurer quelques secours, en attendant qu'il puisse se caser ailleurs. L'imprimerie est morte.

J'ignore si Mme L*** se remarie, mais je suis bien aise que sa santé soit meilleure. Jusqu'à présent, la maladie qui l'a dévorée, et que vous connaissez aussi bien que moi, est un sûr garant de sa bonne conduite et de la pureté de ses mœurs. Mais il y a terme à tout, et il serait temps que les visiteurs officieux cessassent, par de plus longues assiduités, de compromettre son repos. Attendre qu'elle y mette ordre toute seule, c'est espérer que les poules donnent la chasse aux renards, car elle est bien la femme la plus faible, la plus dénuée de caractère et de volonté que je connaisse. Cependant, il faudra qu'elle se résigne à se priver volontairement de sociétés, qui peuvent lui être agréables, j'en conviens, mais qui ne peuvent pas toujours s'accorder avec le soin qu'elle doit prendre de l'opinion publique. Quand Mme L*** me fera l'honneur de m'écrire et de me demander des conseils, je lui parlerai sans détour et dans son véritable intérêt.

Je n'ai rien d'intéressant à vous apprendre : tout Paris est occupé de la crise ministérielle ; on parle de prorogation ; et si le commerce ne souffrait pas, il est certain qu'on rirait beaucoup.

Le maréchal Soult est sorti de la dernière tentative grommelant entre ses dents après ses futurs collègues et après le roi, et disant : « *Ce sont tous j...-f...!* » Voilà ce qu'on raconte. Le petit Foutriquet (c'est ainsi que M. Soult appelle Thiers) a une envie démesurée de devenir ministre, mais pas au point de consentir à redevenir ce qu'il a été jadis ; il lui faut aujourd'hui du pouvoir ; il veut être maître. Quand il avait sa fortune à faire, il ne disait rien et passait sous les jambes du maréchal Soult ; mais à présent qu'il est grand seigneur, qu'il ne peut plus souhaiter, il change ses conditions. Chose étrange ! pour moi du moins. On ne veut pas que le roi gouverne, mais on veut gouverner

soi-même, comme si on était plus infaillible que le roi
Car je suppose que vous n'en êtes pas à prendre au
sérieux la responsabilité ministérielle. J'avoue que si
j'étais tiers-parti, ou dynastique, je serais pour le gouvernement personnel du roi, avec la responsabilité des
ministres ; quitte à ceux-ci de laisser là leurs portefeuilles quand ils ne voudraient plus répondre !

Ecrivez-moi toujours par occasion, et je vous serai
obligé.

Tout à vous.

P.-J. PROUDHON.

Avril 1839.

A M. MAURICE

Mon cher et ancien collègue, je n'ai pu acquitter votre facture de MM. Analin et Cie, parce que j'avais disposé déjà des 83 fr. 15 cent. de MM. Gaume, et qu'il ne me restait pas assez d'argent pour faire la somme. Bien que je travaille depuis quelque temps, je n'ai pas encore touché un sou. Cependant, j'ai tout lieu de croire que mes diverses occupations suffiront toujours à mes besoins personnels, en sorte qu'il n'y aura pas lieu pour moi à prendre rien sur ma pension. Par là, l'acquittement des intérêts que je dois pour cette année et l'autre, ainsi que le versement de mon premier terme, sont assurés. J'ai donc encore deux ans pour aviser à sortir de mes embarras. M. Droz, qui a fini par savoir que je travaillais pour des imprimeurs et des libraires, et qui avait commencé à m'en faire des reproches, m'a pleinement loué quand il a connu tous les faits. Vous savez, par la lettre que doit vous remettre mon parent M. Proudhon, que mon deuxième semestre restera à Besançon entre ses mains pour payer où je dois. C'est ce que j'ai fait connaître à

M. Droz. En somme, et après de longs détails sur mes
affaires, je lui ai dit que je devais 10.000 francs, c'est-
à-dire 500 francs d'intérêts par an. Il a répondu que
ce n'était pas un mal sans remède, et qu'il n'y avait
pas de quoi se décourager. Je suis vraiment joyeux
qu'il envisage la chose sous ce point : *le remède* sera
peut-être plus tôt trouvé.

Depuis que Vieux a quitté Paris, je n'ai pas de ses
nouvelles ; on vient de me demander le second Bergier
qu'il a vendu. Vous ignorez peut-être qu'il n'en existe
plus nulle part, ni dans le magasin ni ailleurs ; il serait
donc à propos d'en faire brocher au moins deux cents,
sur lesquels vous m'enverriez quelques douzaines.

Lorsque j'ai conté à Vieux notre tirage particulier
du *Solilogisme*, il en a paru blessé, ce que j'attribue
moins à la délicatesse de sa conscience qu'au dépit de
n'y avoir pas pensé pour lui-même. Toutefois, il serait,
pour le moment actuel, peu disposé à faire précéder les
intérêts du curé de Brezolles par les nôtres ; car ce
curé manque d'argent, et Vieux aussi. Ne comptez
donc pas de sitôt sur la coopération, et tâchez plutôt de
faire quelque chose avec le curé de Riez, ou tout autre.

Je pensais que la demi-feuille dont vous me parlez
était composée et tirée ; peut-être que ma mémoire me
sert mal ; vérifiez, s'il vous plaît, les livres d'impression et de banque. Du reste, agissez comme il vous
plaira.

J'avais cru devoir donner à Mme L*** quelques aver-
tissements généraux sur ce que vous m'aviez dit : il
me paraît que mes avis l'ont blessée, car, ni par vous,
ni par aucune autre voie, je n'ai reçu de lettre de sa
part depuis plus de deux mois. Ce serait sottise à elle
de prendre si mal des avis dictés par le seul intérêt

qu'on lui porte. Elle est libre, au surplus, de choisir entre mes conseils et des suggestions étrangères ; mais jamais je ne souffrirai entre elle et moi de sujets de tracasseries et de cancans. Qu'elle en prenne son parti. Le jour où je recevrai sur son compte d'autres rapports que les vôtres, ou ceux de gens dont la bienveillance pour elle ne peut être douteuse, je mettrai entre elle et moi un intervalle que la clameur publique ne franchira pas.

Je ne vois plus MM. L***.

J'ai été tout malade ces derniers temps, du froid, de l'humidité, de mon dégoûtant régime, de l'excès du travail et de la crise ministérielle.

Adressez vos lettres, s'il vous plaît, à M. Proudhon, non pas *homme de lettres*, mais *imprimeur* ou *étudiant*.

J'attendais une occasion pour vous écrire ; elle ne partira pas avant quinze jours, et il est assez urgent que vous fassiez commencer le brochage des deux cents Bergier.

Je vous saurais gré d'avertir Huguenet des choses que vous pouvez découvrir sur Perrenot et autres : il y est autant intéressé que moi.

Je vous salue de tout mon cœur.

P.-J. PROUDHON,

Paris, 11 avril 1839.

A M. HUGUENET

Mon cher Huguenet, tant que le pilote a les yeux sur la boussole et la main au gouvernail, le vaisseau brave l'orage et la tempête; mais de quoi serviraient tous ces instruments, sans l'intelligence qui consulte et dirige? Je m'approprie vos idées et votre style; n'en soyez point jaloux : je vous laisse à faire l'application.

Je compte incessamment déterminer une nouvelle société; car de vente, il n'en peut être question. Il faudrait ma volonté d'une part, et un acheteur de l'autre. Vous savez combien il me serait pénible de faire face à tous mes engagements au sujet de l'imprimerie; ce serait même m'exposer, si je n'avisais à trouver un nouvel auxiliaire, à une catastrophe inévitable. Je garderai le brevet; je demeurerai votre chef nominal, votre âme et votre conseil; et je vous enverrai un homme d'exécution, avec qui j'ai tout lieu de croire que vous vivrez bien. Quand la chose sera décidée, vous en serez instruit.

Si vous entendez reparler de ce projet de journal, vous pouvez donner à entendre que j'y coopérerais au

besoin, sans toutefois dire que vous êtes chargé de
faire une telle promesse. Faites valoir toutes les espérances, toutes les présomptions ; dites hardiment que
vous êtes sûr de la chose, sans néanmoins laisser voir
que vous avez des instructions officielles.

M. Maurice m'apprend que Noir dirige l'imprimerie
de Gomet ; je ne sais s'il l'achètera. Après les offres que
je lui ai faites, il ne pourrait donner une plus grande
preuve d'imbécillité. Je lui offrais les mêmes avantages,
lui demandais moins d'argent, lui garantissais de plus
belles chances, et lui montrais des espérances mieux
fondées. Veut-il relever la boutique de Gomet avec sa
fortune, et créer une imprimerie de plus à Besançon,
car Gomet ne comptait pas ? Je doute qu'il réussisse et
qu'il vienne à bout de réaliser aucun bénéfice. Quoi
qu'il arrive, j'espère qu'un jour je n'aurai rien à
craindre d'un nouveau concurrent, et que je ne le
regretterai pas. Alors il comprendra peut-être combien
mieux vaut de s'associer que d'élever autel contre autel
pour la perte de tous.

Nos affaires sont brillantes, vu ce qui se passe en
tous lieux. Everat vient d'avoir une assemblée d'actionnaires : on parlait de liquider. Il a offert, pour une
grande entreprise de librairie, ses presses et caractères,
et il ne demande pour salaire que ses déboursés ! Le
motif est en ce moment l'importance de ne pas laisser
fermer son atelier. La banlieue envahit tout, et tue la
capitale par le bon marché. M. Didot a un atelier en
province, à Dreux ; il y occupe une multitude de com-
ositrices ; c'est là sa grande forge. La maison de
Paris n'est presque plus qu'une succursale. Ainsi il en
va et il en ira de l'imprimerie. Les machines de toute
espèce, y compris les femmes, ont tué la main-d'œuvre,

sans pouvoir profiter à l'imprimerie ni au libraire.
Celui-ci, séduit par l'appât du bon marché, a fait tirer
à grand nombre ; ses magasins sont encombrés, et la
production est arrêtée. C'est une chose admirable que
les inventions modernes ; mais qu'on apprenne donc à
en combiner l'usage avec les besoins réels et non
factices du commerce, avec l'intérêt des classes ouvrières et des spéculateurs et maîtres. Le mal n'est pas
dans les calculs, qui ne trompent pas ; il est dans
l'abus des calculs et des forces.

Je vais sonder le terrain et commencer mon attaque
pour la fondation d'une *Revue*. J'en écrirai à M. Pérennès dans la huitaine. Il faut que cela marche ; car
je ne leur laisserai d'autre espoir d'utiliser leur pensionnaire que celui-là.

Je fais de beaux rêves, mais si modestes, si faciles
à réaliser, qu'en vérité l'accomplissement doit suivre le
désir. Je veux, la *Revue* une fois créée, ne faire autre
chose et y vaquer tout à mon aise, dans quelque manoir
campagnard à portée de vous. Croyez, mon cher Huguenet, qu'aucune autre ambition que celle de servir
mon pays par la presse et la parole ne peut avoir prise
sur mon cœur. Je souffre de mon exil ; je déteste la
civilisation parisienne ; je crie à qui peut m'entendre :
Fugite de medio Babylonis. Je n'aurai de repos, je ne
retrouverai l'usage de mon esprit et de mes facultés, je
ne redeviendrai capable d'écrire que sur les bords du
Doubs, de l'Ognon et de la Loue. Les gens de Paris ne
peuvent rien entendre à des paroles de vérité, de justice
et d'abnégation, et je n'ai pas le secret de galvaniser
des cadavres. C'est trop pour moi que d'habiter cette
immense voirie, ce pays de maîtres et de valets, de
voleurs et de prostituées. Un jour, le chant du trépas

retentira sur Paris et viendra des provinces. J'espère
que la vieille Franche-Comté sera des premières à
entonner l'antienne. Séjour des intrigants, des tyrans
et de leurs suppôts, fabrique de mensonge et de corruption, Paris sera désolé avant que le xxᵉ siècle ait
commencé à poindre.

Excusez mes phrases à la Jérémie; j'exhale ma
colère du mal que j'endure.

Je vous souhaite le bonjour et aux amis,

P.-J. PROUDHON.

P.-S. — Je lisais les épreuves d'un journal carliste;
on m'a contesté mon salaire; il m'a fallu chicaner, disputer, plaider; j'ai perdu sur ce qui m'était dû légitimement, et j'ai abandonné cette queue du diable. C'est,
du reste, ce qui ne pouvait manquer d'arriver : il m'est
impossible de travailler de nuit.

J'avais écrit à M. Pérennès jeune; je ne comprends
pas qu'il ait tardé à me répondre. S'il vous porte une
lettre, attendez une occasion.

Paris, 12 avril 1839.

A M. MAURICE

Mon cher ex-associé, je vous ai déjà mandé une fois
de faire brocher au moins 200 Bergier ; veuillez presser
un peu cette affaire et m'en expédier deux ou trois
douzaines ; je n'en ai plus un seul. M. Desbarres en
prendra d'abord une douzaine, puis une autre, et,
peut-être, à mesure qu'il en placera, vous désencom-
brera-t-il.

Je ne vois pas de possibilité de faire rien pour le
jeûne de Jésus-Christ ; Vieux n'en veut pas entendre
parler. Il faut laisser passer encore quelque temps,
puis, en élevant le prix moins haut et en le faisant
colporter dans les villages et les couvents, nous fini-
rions peut-être par en tirer quelque chose. Il faudrait
pour cela ma présence active ; mais, avant tout, il faut
laisser passer la crise commerciale.

Je ne comprends pas votre débat avec Faivre ; je ne
sais plus ni comment ni à quelles conditions je lui ai
vendu : vous avez en main toutes les pièces ; faites-le
marcher. Il a reçu trois châssis : deux in-8°, un in-12,
qu'il était convenu de payer ou de rendre ; cela est si
vrai que j'en ai commandé un à Baptiste pour lui.
Baptiste ne l'aura sûrement pas exécuté ; mais enfin,

c'était pour le compte de Faivre, qui devait aussitôt
renvoyer le châssis in-12. Il en est de même des galées
que je lui ai laissées : le prix devait être celui qui me
serait demandé par le menuisier Milot, pour une galée
neuve toute pareille. La lettre qu'il vous a écrite et que
vous me communiquez ne renferme pas une bonne
raison : elle témoigne de l'envie de ne pas payer et
peut-être de la mauvaise humeur d'un homme qui
commence à se trouver dans l'embarras.

J'ai été surpris de la mort presque subite de Gomet;
mais je le serais encore plus de voir Noir lui succéder.
Certes, après les offres que je lui ai faites, il lui serait
difficile de donner une plus forte preuve d'imbécillité.
Je lui offrais mêmes avantages, même maîtrise, plus
belles chances, espérances mieux fondées, et en même
temps je lui demandais bien moins d'argent. Aujour-
d'hui, par la démoralisation typographique qui règne,
s'il était mon associé, il pourrait à peu près se flatter
que trois imprimeries sur sept à Besançon n'existent
plus : il ne nous resterait plus qu'une concurrence
réellement redoutable, Sainte-Agathe; car les deux
autres, Deis et Chalandre, sont trop en dehors de notre
spécialité et de nos petites affaires pour être comptées.
Et c'est là le moment qu'irait prendre Noir pour élever
autel contre autel! Il faut être bien aveuglé par
l'amour-propre et l'égoïsme. Il en sera ce qu'il voudra;
mais j'ose espérer qu'un jour il pourra reconnaître, à
son grand déplaisir, la justesse de cette combinaison,
et que, moi, je n'aurai pas lieu de regretter son alliance.
Qu'il essaie du métier, et je l'attends dans trois ans.

Si vous voyez Mme L***, dites-lui que, conformément
à son désir, j'ai écrit à mon parent Proudhon pour
qu'on la paie plus exactement. Ma lettre, que j'ai re-

mise à une occasion, n'arrivera que lundi ou mardi. Je ne puis m'empêcher de blâmer la timidité très-mal placée de Mme L*** ; avec un peu de caractère, elle se serait adressée à M. Proudhon, qui aurait trouvé très-juste sa réclamation, et se serait empressé de l'accueillir. — Pour éviter tout embarras de comptes, dans le cas où Mme L*** aurait travaillé pour la liquidation, vous paieriez vos brochures à MM. Dessirier et Huguenet, qui, de leur côté, doivent faire la banque à Mme L***.

Je vous remercie du ministère : pour être au service de Louis-Philippe, il faut être sans volonté ou sans esprit. Le premier ne me convient pas; le second, personne n'oserait l'avouer. Ces jours derniers, on disait, par le monde, que M. Decazes, s'étant avisé, au plus fort de la crise ministérielle, d'insinuer une abdication en faveur de Coco-Poulot, Louis-Philippe était entré dans une colère extraordinaire; qu'il avait mis son fils aîné aux arrêts, et qu'on avait eu toutes les peines du monde à l'empêcher de faire faire le procès au comte Decazes. Cette dernière particularité me rend un peu suspecte la vérité de l'anecdote, que je vous donne d'ailleurs telle que je l'ai entendue.

Une chose qui paraît plus certaine et que vous aurez vu démentir dans tous les journaux, c'est que M. *** a réellement près des trois quarts de sa fortune dans les fonds espagnols. Pendant son dernier ministère, il acheta à un prix extrêmement bas une grande quantité de ces actions ou effets, comptant bien déterminer par son influence sur les affaires un mouvement de hausse : il s'est trouvé déçu dans ses espérances. Lorsqu'il était question de son entrée aux affaires, il y a trois semaines, il avait renoncé, il est vrai, à ses idées d'intervention; mais vous pouvez compter qu'un homme comme lui ne sera jamais embarrassé de regagner d'une main ce qu'il abandonnera de l'autre. Les gens bien informés et impartiaux ne font pas ici beaucoup plus grand cas de sa moralité que de celle de Gisquet; cependant, vous voyez que la presse en a presque fait un héros, l'espoir de la France. Pour être tout à fait dans le vrai, il faut dire que son ministère serait un pas vers le bien, car il est trop engagé avec le mouvement de gauche pour pouvoir jamais faire ses arlequinades comme par le passé; mais vous pouvez croire que le règne du scandale et du gaspillage ne serait pas fini.

Hier, on faisait devant moi le calcul de ce qu'avait coûté l'obélisque de Louqsor, qui, comme vous savez, a été donné en cadeau à la France par le pacha d'Égypte. On l'évaluait à 4 francs la livre, en sorte, disait-on, qu'on aurait pu avoir pour le même prix un obélisque en chocolat de même grandeur et de même poids.

Les émeutiers, après bien des hésitations, se sont déterminés à rentrer chez eux. On ne doute pas certainement en province que ces prétendues émeutes ne soient le fait de la police; eh bien! cela n'est pas exactement vrai. Le gouvernement désirait et provoquait une collision, parce qu'il avait pris ses mesures pour écraser les perturbateurs, et que, dit-on, il en avait besoin dans ce moment; mais il n'est pas moins certain que les sociétés secrètes ont délibéré sur l'opportunité d'une tentative. Je sais, par les indiscrétions de quelques affiliés qui ont cherché à m'embaucher, que ces sociétés comptent aujourd'hui plus de 15,000 membres, tous liés par le serment sur le poignard et un ardent fana-

tisme; je sais que tous les chefs les plus fameux, dont
quelques-uns sont encore sous le poids d'une contu-
mace, sont réunis à Paris; j'ai vu quelques-uns de
leurs ordres du jour; ils n'attendent qu'un moment
favorable pour tomber, comme le chat sur la souris,
sur le gouvernement de juillet. Il paraît même que le
jour d'ouverture des Chambres avait été fixé, mais
qu'on devait prendre conseil des dispositions qu'on
rencontrerait dans la bourgeoisie et la garde nationale;
j'avais reçu quelques avis qui m'engageaient à ne pas
sortir. Les légitimistes, cette fois, ont empêché la ressource de l'émeute : la coalition leur a donné de si
grandes espérances qu'ils se croient tout près de leur
but.

J'ai assisté, le jour de Pâques, à la messe à Saint-
Eustache. Les prêtres et les carlistes vous diront que
la France renaît à la foi : mensonge! l'indifférence
conduit aux églises comme l'esprit d'opposition défendait autrefois d'y entrer. Il y a 600,000 Parisiens de
tout âge et de tout sexe qui ont moins d'idées religieuses et morales que Lamotte, qui en savait assez
pour discuter sur la question de savoir s'il vaut mieux
faire faire la première communion à onze ans qu'à
vingt ans.

Je n'ai point l'honneur de connaître M. Thelmier,
mais je sais gré à toutes les personnes qui parlent de
moi avec estime et bienveillance. Je ne connais pas
davantage M. Gaunard; je ne connais que M. Guénard, sous-bibliothécaire, que je suppose être le même
dont vous me parlez. Veuillez lui faire parvenir la
lettre ci-incluse.

Tout à vous.

P.-J. PROUDHON.

Paris, 2 mai 1839.

A M. HUGUENET

Mon cher Huguenet, Foucaut refuse définitivement d'embrasser l'imprimerie, au grand déplaisir
de sa femme, à ce que j'ai cru voir, mais il n'ose
contrarier son père. — Je me suis adressé depuis
au même jeune homme dont la famille avait pris
des informations; il écrira demain à sa famille, et,
comme il désire en finir au plus vite, j'ai lieu de
croire que nous terminerons à notre satisfaction. Je
lui ai esquissé un projet de traité qu'il communiquera à
sa famille; j'ai réservé par l'une des clauses 5 p. 100
sur les bénéfices en votre faveur. Vous me direz que
vous les donneriez bien pour 5 centimes de plus par
jour, mais vous savez que toute récompense n'est pas
d'argent, et vous êtes fait pour le comprendre mieux
que personne. Si je pouvais rester seul, si j'avais de
quoi m'acquitter, je ferais mieux, mais je ne puis disposer de ce dont je ne suis point seul maitre. Faites-
moi donc épouser 20 ou 30,000 francs !...

Mon parent Proudhon me marque qu'il est bien fatigué de sa tenue de livres et qu'il lui tarde d'en être
débarrassé. A cela je ne vois qu'un remède. Puisqu'il
est entendu que c'est à vos risques et périls que vous

travaillez, il faut encore vous charger bravement ed
cette corvée. Cette tenue de livres, avec les documents
que vous fournissez, n'est rien; et d'ailleurs, vous
savez que je n'ai jamais entendu vous donner dans
mon cousin un contrôleur ni un surveillant. D'abord je
n'en avais pas le droit, d'après nos conventions, ensuite
je ne vous aurais jamais fait cette injure. J'écris à
M. Proudhon dans ce sens. Ainsi, reprenez tous les
livres, et si, ce que je ne présume pas devoir arriver,
vous aviez besoin de mon autorisation pour quoi que ce
fût, je vous l'enverrais sur-le-champ. Tenez toujours
exactement, vous vos livres d'imprimerie et de banque,
et Mme L-*** son carnet, et quand vos livres seraient
arriérés de trois mois, avec cela il serait toujours facile
de les mettre au niveau.

Je vois que le grand ressort est toujours détendu
pour vous; l'argent vous manque; ce malheur est aujourd'hui ce qu'il y a de plus commun. Eussiez-vous la
moitié de ce qu'on a dépensé en lampions pour notre
bon roi, et vous eussiez de quoi graisser les roues de
votre charrette! Les pauvres n'ont point de graisse dans
leur soupe; cela n'est point étonnant, elle brûle aux
illuminations.

Fallot m'a écrit qu'il vous procurait le plus d'ouvrage
qu'il pouvait; il me prie en même temps de parler pour
lui à M. Droz, qui parlera à des députés, qui parleront
à M. Legrand qui lui a promis une place. Fallot va toujours à son but par cascades.

Adieu, je vais à une séance académique. Dessirier va
partir pour l'Afrique où il sera gérant de 10,000 hec-
tares de terre, à 5,000 francs d'appointements et 10 p.
100 d'intérêt.

P.-J. Proudhon.

Paris, 11 mai 1839.

A M. HUGUENET

Mon cher Huguenet, j'apprends que mon brevet est arrivé à la Préfecture; je vous autorise par la présente à le retirer et à le conserver en dépôt. Vous vous rappellerez, à ce propos, que le nom de l'imprimerie ne doit pas être changé pour cela; il faut encore attendre que j'aie prêté serment. — Mme L*** demande mon avis sur la nouvelle imposition dont on a frappé l'imprimerie; ce qu'il y a à faire est bien simple : il faut payer, en attendant qu'on ait fait droit à votre réclamation

J'ai vu aujourd'hui deux de mes confrères imprimeurs : MM. Marquiset et Sainte-Agathe. On dit que M. Bailly aurait envie de monter l'imprimerie Gomet. Puisque vous avez déjà réussi à le ramener chez nous, faites mieux encore, proposez-lui de devenir mon associé, je lui offre pour cela toutes garanties, certitudes, facilités, avantages, qu'il pourra souhaiter. Il me semble que j'ai une certaine valeur personnelle que M. Bailly pourrait exploiter mieux que moi-même; du reste, vous savez que je ne demande pas mieux que de ne pas me mêler d'affaires. Après les travaux littéraires, toute mon ambition serait d'être quelquefois votre paquetier. Quant à vous, vous seriez prote *in acternum*. Je vous laisse à réfléchir sur tout cela. Je ne vous offre plus à vous-même d'être mon collégue, vous savez que la préférence vous est toujours acquise ; vous n'aurez jamais qu'à dire un mot.

Mon Mémoire a obtenu une mention honorable ; il s'en est fallu de peu que je n'ai eu la médaille. Personne ne l'a obtenue. Mon ouvrage a beaucoup plu ; son défaut a été d'être trop peu volumineux pour un prix de 1,200 francs. On me conseille de le refaire et de l'imprimer. Si je trouve un libraire, oui ; sinon, non.

Mme L*** me parle d'une visite qu'elle a faite à M. Proudhon, mon cousin ; si je l'en crois, mon cousin serait fâché contre moi et très-mécontent. J'en suis vraiment désolé, mais je ne puis accepter les reproches injustes qu'il me fait ; et si j'aime à être conseillé, je n'aime point à convenir des torts que je n'ai pas. Mais Mme L*** elle-même ne lui aurait-elle pas déplu ? Êtes-vous vous-même content d'elle ? Voilà sur quoi je voudrais une explication franche de votre part. Vous vous êtes défait de Josillon ; sa conduite passée me prouve qu'il n'était point corrigé ; j'entrevois que la sœur pourrait bien avoir aussi quelques-uns des torts du frère. J'attends de vous la vérité. Vous savez que je n'ai pas épousé ni les L*** ni les Jantet. Je crois être juste, mais je veux que l'on marche droit.

Je n'ai pas revu mon jeune homme de Colmar, ainsi les négociations ne sont pas rompues. Toutefois, que cela ne vous empêche pas de faire à M. Bailly les ouvertures dont je vous parle. S'il m'a trouvé dur et irascible plus d'une fois, il pourrait s'apercevoir qu'in homme de mon espèce est plus commode qu'une eau dormante qui ne parle point.

Je travaille avec courage et plaisir ; je me sens une grande vigueur. Si dans deux ans, le défaut de ressources ne m'a pas coulé, je jouirai de cette union que je désire si fort : la science et l'industrie.

Adieu, écrivez-moi aussitôt que vous aurez quelque chose de positif à me faire savoir. Si vous ne me soutenez pas le courage, je romps avec Besançon, et ceux que cela regarde chercheront leurs mailles dans les casses de l'imprimerie.

Tout à vous,

P.-J. PROUDHON.

Paris, 12 mai 1832.

A M. MAURICE

Mon cher ex-associé, j'ai vu hier M. Marquiset; quand il m'a parlé de ses affaires, je lui ai conté les miennes, et lui ai offert une imprimerie. Il est résolu à vendre, quoi qu'il en coûte. Il va placer Dantiné, et il écrit encore à Besançon pour que personne ne conserve d'espérance sur lui. Les ateliers sont déserts. A Paris, la crise dure toujours. On commence à maudire les coalisés, on s'aperçoit que hommes et systèmes ne valent pas mieux que ceux du passé. Les ex-passés-ministres sont fort peu de chose, et les ex-futurs ministres ne sont pas davantage, voilà ce qu'on dit dans le monde. Aussi Paris est tranquille, parce que personne n'y est séduit, et que l'illusion d'optique qui arrive dans l'éloignement des objets n'y a pas lieu, tandis que dans les provinces on est fort effrayé et qu'on nous croit sur un volcan. Jamais une telle impuissance et une si grande immoralité ne se sont vues. Tout le monde en est dégoûté. C'est le temps de Louis XV.

Louis-Philippe seul ne perd pas la tête, mais, quoiqu'on ne lui reproche aucun vice, il n'en est pas moins un homme immoral. Peu lui importe la vertu ou le vice, pourvu que les volontés lui cèdent. C'est un être qui fait abstraction de tout, hormis de son pouvoir. La France lui doit peu de reconnaissance, car il ne travaille que pour lui; mais enfin, il résulte de sa ténacité et de son adresse, que nous ne sommes pas encore en pleine dissolution.

Je vous souhaite le bonjour.

P.-J. PROUDHON.

Paris. 1er juin 1839.

A M. HUGUENET

Mon cher Huguenet, ayez la complaisance, aussitôt mon paquet remis en vos mains, de déposer au secrétariat de l'Académie ou chez M. Pérennès, le manuscrit enveloppé et cacheté que je vous envoie avec la présente, par M. Sainte-Agathe. Je désire que cette commission soit faite avec toute la discrétion possible. N'en parlez à qui que ce soit; si Fallot vous interrogeait à cet égard, ignorez tout.

J'ai composé un discours sur le Dimanche; quelque soit le jugement de l'Académie, je compte l'imprimer. M. Pauthier me procurera un libraire. Mais quand on saura dans le public que je suis l'auteur de ce discours, ce sera un beau tapage. Je puis dire que je viens de passer le Rubicon. Si mon ouvrage était moins long, je vous dirais d'en prendre connaissance, mais vous ne perdrez rien pour attendre. Je vous informe de tout ceci, afin que vous compreniez mieux l'importance que j'attache au secret. Au 24 août prochain, vous connaitrez les résultats de mon coup d'essai.

Je n'ai aucune nouvelle ni de mon parent Proudhon, ni de vous, ni de personne; cela m'inquiète. J'ai travaillé ce mois de mai avec une telle activité, que j'en

suis malade : la tête et l'estomac succombent parfois ;
je suis épuisé. J'ai bien des lettres à écrire et des réponses à faire, je n'en ai guère la force. Si mon premier
opuscule littéraire obtient quelque succès, je serai bientôt en état de publier quelque chose tous les six mois.
Il faut frapper ferme et dru.

Je présume que vous avez eu de quoi vous occuper
tout ce mois-ci, puisque vous n'avez pas eu le loisir de
m'écrire ; informez-moi de ce que vous avez de nouveau.
Je suis impatient d'avoir une réponse de vous sur
toutes les choses dont je vous ai parlé dans ma dernière
lettre, afin que je sache ce que je dois écrire à M. Proudhon. Je n'ai pas revu mon associé en perspective ;
comme il s'était affilié à des sociétés secrètes, je crains
qu'il ne se soit compromis dans l'émeute ; j'ignore sa
demeure, et je n'ai pas eu un moment pour aller aux
informations.

J'ai vu deux fois M. Sainte-Agathe ; il m'a montré
l'exemplaire des Mémoires de l'Académie. Je voudrais
que nous pussions imprimer aussi bien, mais il faudrait du neuf. La correction est médiocre dans ses impressions, cependant il m'a dit qu'il avait chez lui un
correcteur très-distingué.

Je suis dans une grande tristesse : la raison me
montre des vérités irréfragables, et la connaissance que
j'acquiers du monde chaque jour m'apprend que si je
dis ces vérités, je fais le sacrifice de mon bien-être.
N'importe, la vérité avant toute chose ; il arrivera ce
qu'il pourra.

Saluez de ma part mes amis et connaissances et
écrivez-moi.

Tout à vous.

P.-J. PROUDHON.

Paris, 23 juin 1839.

A M. MAURICE

Mon cher ex-associé, j'ai remis à M. Duet fils 30 francs, comme vous m'en priez par votre lettre du courant, et comme il vous le dira lui-même. Je vous serais obligé de me faire parvenir cette petite somme, par le plus court chemin; car, ainsi que vous le dites, elle m'est nécessaire en ce moment. M. Parent-Desbarres me doit une centaine de francs, qui ne me rentrent pas de suite, parce qu'il ne paie ses rédacteurs qu'à fur et mesure de l'impression. Je l'ai revu encore aujourd'hui; il m'avait fait prier de passer chez lui pour me demander si je me chargerais encore de quelques articles de remplissage, en sus de ceux qui sont dans ma spécialité. Malgré tout cela, je vous serais obligé de penser à moi; je désire ne recourir à la bourse de mes amis que le moins qu'il m'est possible.

Je reçois une lettre de Vieux, qui est à Rennes dans ce moment; il a fait annoncer la publication dans son catalogue, et ses voyageurs en placent tant qu'ils peuvent. Avant de partir pour Besançon aux vacances prochaines, je le prierai d'insérer un article à ce sujet dans sa revue mensuelle.

Je n'ai, depuis votre avant-dernière, aucune nouvelle de l'imprimerie; j'ignore s'il y a des morts ou des ressuscités.

Je vous salue,

P.-J. PROUDHON.

Paris, 23 juin 1830.

A M. HUGUENET

Mon cher Huguenet, n'ayant pas d'occasion, je suis obligé de vous adresser encore cette lettre par la poste. Pourrais-je enfin obtenir une réponse sur l'objet qui en ce moment m'intéresse le plus? Avez-vous reçu mon Mémoire par M. Sainte-Agathe, car vous ne m'en dites rien, et il ne me paraît pas que vous répondiez à la lettre qui l'accompagnait. J'ai donc sujet de craindre qu'il ait été égaré par le garçon d'hôtel à qui je l'ai remis pour M. Sainte-Agathe, avec une suscription à votre adresse; il faut absolument qu'aussitôt la présente reçue, vous preniez la peine de me répondre et de me rassurer à cet égard. Je suis obligé d'écrire à l'Académie de Besançon dans la semaine; je ne le veux faire qu'en conséquence de ce que vous m'apprendrez. Ainsi point de retard à votre lettre; si M. Sainte-Agathe ne vous a rien remis, voyez-le, et demandez-lui s'il n'a rien reçu de ma part à l'hôtel Rossignol; auquel cas je ferais des recherches pour retrouver ce que je crois maintenant perdu. Cela m'importe à savoir; encore une fois, ne me faites point attendre.

Je ne suis point étonné que nos affaires aillent si mal; c'est bien pis à Paris. Foucaut m'a dit avant-hier, qu'il était plus que jamais question de fermer tout à fait l'imprimerie Everat; les efforts que l'on fait pour soutenir cette immense machine ne sont que des palliatifs. L'imprimerie de Casimir s'est vendue ces jours-ci; les caractères *à* 15 *centimes la livre*, un cicéro neuf, encore en caisse, à 7 sous la livre, et le reste en proportion. Au 20 juin il y avait eu quatre-vingts faillites dans la capitale, depuis le 1er du mois. M. Gaume sa chargerait peut-être du manuscrit dont je vous ai parlé; mais il lui faudrait du temps pour examiner l'ouvrage, se consulter, traiter avec l'auteur; après quoi, n'y prenant part que comme imprimeurs, nous n'y gagnerions pas grand'-chose. Si M. Bailly avait voulu s'en charger, j'aurais fait de mon côté quelque avance de fonds; M. Parent-Desbarres me promet la publicité de sa *Revue périodique* et ses quatre voyageurs; on aurait pu gagner quelque chose, et plus tard faire son bénéfice avec M. Simon de Latreiche. Si je disposais de 3,000 francs en ce moment, je n'hésiterais pas à entreprendre cette publication, et je ferais partir d'ici une fonte de petit-romain. Mais comme vous savez, pour gagner de l'argent, il faut en avoir déjà; ainsi laissons ces spéculations de côté, et prenons vigoureusement le parti qu'en ce moment la nécessité nous impose.

S'il est vrai, comme il me le paraît par votre lettre, que la diminution du loyer d'en haut nous suffise, je me charge de ce loyer; pouvez-vous, moyennant cette décharge, vous soutenir jusqu'au mois de septembre? A cette époque, j'irai à Besançon et je fermerai l'atelier. Je vous prierais seulement d'ici là, de chercher dans quelque coin de la ville, écarté, une remise ou un hangar, sûr et fermant bien, où nous pourrions transporter tout le bagage de l'imprimerie. Je suis résolu de laisser en *calence* tout ce mobilier, jusqu'à ce que je trouve à le vendre sans subir une aussi grande perte, ou qu'il se présente à moi un associé bien fondé, ou enfin que je puisse recommencer par moi-même à imprimer. Pour le présent, je ne puis être à l'étude et aux affaires. Cela mine ma santé et me rend incapable de rien produire. Il me faut, à tout prix, du repos; perdre n'est rien pour moi, mais le souci m'est mortel. Un jour, mon cher Huguenet, nous pourrons nous rejoindre, et moi, vous prouver tout le cas que je fais de vous, et combien j'ai été touché de votre dévouement, quand vous avez cru pouvoir marcher sans moi. Le temps viendra peut-être ou je dicterai des lois aux libraires tout comme aujourd'hui je suis à leur merci. Il est étrange, en effet, que tous les jours je fournisse de la copie à un imprimeur, et que je ne puisse m'en procurer à moi-même. Cela est pourtant. Je vais vendre mon Mémoire adressé à l'Institut, 30 francs la feuille, à un journal grammatical; plus 25 exemplaires qui seront tirés à part. Il y aura au moins 10 francs. Je broche tous les jours pour Parent-Desbarres des articles à 70 francs la feuille; elle en comprend au moins trois ordinaires. Mon Mémoire sur le Dimanche, je me croirais trop heureux de trouver un libraire qui s'en chargât pour rien. Après cela, si j'obtiens du succès, si je suis remarqué, nous verrons. Je n'ai pas tout dit encore, et il reste de l'encre dans mon écritoire.

Ainsi donc : 1° Au mois de septembre, fermeture et déménagement; j'en écrirai bientôt à Mme L*** pour l'avertir de se pourvoir.

2° Comme la cessation du travail ne peut manquer

de vous faire perdre la clientèle militaire, faites à
M. Bailly l'offre de nos impressions, et de nos tableaux
composés. Cela ne peut être de trop dans l'imprimerie
qu'il vient d'acquérir ni embarrasser son commerce.
Dites que je renonce à cette partie.

3° Songez à vous-même dans les deux mois qui
nous restent. M. Chalandre va donner une grande
extension à sa maison, précisément vers la même
époque; vous pouvez être accueilli de lui avec empressement.

4° Ne tirez rien à grand nombre d'ici là, et agissez
en tout comme des gens qui font les préparatifs de leur
enterrement. Pour moi, ne vous mettez pas en peine;
je calcule que je dois 10 à 11,000 francs, et que j'ai pour
tout cela entre les mains une valeur d'environ 6,000.
Je me trouverai devoir 4 à 5,000 francs sans avoir ni
bu ni mangé. Cela ne fait rien. Les hommes qui n'ont
de valeur que par leurs écus, on conçoit que leur
attraper 5 francs c'est leur tirer une once de sang;
pour moi, je ne suis pas de cette catégorie. Tant que je
suis sain de corps et d'esprit, et libre, je suis tout moi-
même. Quant au journal dont vous me parlez, comme
je n'ai pas sur quoi baser ma décision, je ne puis
qu'en référer à vous-même. Traitez à tout prix; nous
aurons le plaisir de jouer un pied-de-nez à l'auteur
quand il viendra pour se faire imprimer.

Renouvelez à M. Bailly toutes propositions d'acheter
tout ou partie, d'imprimer l'ouvrage en question, de
prendre les impressions militaires, etc., etc., et répon-
dez-moi si, aux conditions que j'ai acceptées sur votre
proposition, vous consentez à suivre les opérations de
l'atelier pendant encore deux à trois mois. N'allez pas
attribuer ma résolution à impatience ou désespoir; c'est

avec calme et sang-froid que je l'ai prise. Vous semblez croire, mon cher Huguenet, qu'en vous resserrant de 230 francs sur le loyer, vous pourriez vous en tirer; s'il ne faut plus que cela pour vous faire vivre, vous êtes déjà mort. Au reste, je ne crois pas même que cette économie soit praticable. Où loger tout ce qui est au magasin? Et quand Mme L*** sera partie, qui gardera l'atelier? Qui répondra quand vous n'y êtes pas? A défaut d'elle, je croirais indispensable de confier ce soin à une autre personne, ainsi nous n'avancerions rien. Quand on est réduit à de telles misères, il ne faut plus se faire illusion. Vous êtes averti maintenant, vous; Mme L*** le sera sous peu. En attendant, gardez le silence sur toutes ces choses autant qu'il vous sera possible en faisant des propositions à M. Bailly.

Ce que je fais est nécessaire en ce moment à Besançon : c'est le fruit de l'excès de développement qu'avait pris notre industrie. Voilà quatre imprimeries à peu près réduites à zéro : Gauthier, Marquiset, Gomet et Mutassolo. La justice de Dieu s'exécute; malheureusement il y a des innocents qui en souffrent. Vous êtes du nombre et moi aussi. D'autres ont trouvé pis.

Je sais que M. Proudhon s'est irrité contre moi de mon *obstination* à ne pas vendre; comme si cela se faisait aussi vite qu'il l'imagine. Il m'accuse d'être un homme peu franc qui dit et contredit. Je suis fâché de cette brouille, mais uniquement pour lui. Car, quant à moi, je ne regretterai jamais une amitié qui tient à si peu de chose, et une estime qui se détruit sur des apparences. J'ai trouvé ici des gens qui disaient comme M. Proudhon, que si j'avais des embarras c'était ma faute, et qu'il ne fallait pas m'en plaindre. Si je faisais à de pareils esprits l'honneur de leur répondre, ce

serait pour les remettre à leur place, et non pour me
justifier. Ma conscience est au-dessus du jugement des
sots. Conservez-moi votre amitié, vous, mon cher
Huguenet ; elle m'est plus précieuse que celle de personnages bien plus haut placés que vous. Vous m'avez
vu de près, et vous savez par quel côté j'estime un
homme. Comptez que mes principes ne varient pas,
que mes discours ne changent point, et que ma conduite est inflexible. Je serai très-malheureux par cette
manière d'être ou bien j'irai loin. Lequel des deux ?
L'avenir le sait.

Je travaille à prendre le grade de licencié ès-lettres ;
il faut que l'année prochaine je sois quelque part professeur ; nous verrons ensuite.

Donnez-moi encore des nouvelles détaillées, surtout
sur ce que vous présumez, etc. Je vous avais demandé
des renseignements sur une matière que vous semblez
avoir trouvé trop délicate pour y répondre : je n'ai pas
reconnu là votre franchise accoutumée. Vous défiez-
vous de moi ; craignez-vous qu'après avoir été informé
par vous, mon opinion ne fléchisse et que je ne vous
en veuille ? Ah ! mon cher Huguenet, vous ne me faites
pas l'honneur de me croire un homme.

Adieu ; j'attends votre réponse ; ne me tenez pas en
suspens. Agissez avec prudence et mesure. Travaillez,
si vous le pouvez ; dans deux mois vous êtes libre, et
vous pourrez vous attacher à une fortune plus solide.

Je vous souhaite le bonjour,

P.-J. PROUDHON.

Paris, 2 juillet 1839.

A M. PAUTHIER

Je pars mercredi prochain, 8 juillet, au plus tard.

J'aurais souhaité vous revoir encore une fois. A la première lettre que vous expédierez pour la Franche-Comté, ajoutez-y, s'il vous plait, un billet pour moi (rue des Chambrettes, 19), dans lequel vous m'accuserez réception du présent, et me ferez en gros vos observations, avant que je recommence pareille folie. Ce volume n'est qu'un *premier* Mémoire; je n'entreprendrai le second qu'après avoir vu les critiques.

Tout à vous,

P.-J. PROUDHON.

Daris, 13 juillet 1839,

A M. MAURICE

Mon cher ex-collègue, s'il vous revient 8,280 fr. 50
sur les 12,000 francs, c'est donc 4,140 fr. 25 que
je vous dois; plus 1,778 francs aux enfants L***,
= 5,918 fr. 25; plus 4,000 fr. à M. Viancin =
9,918 fr. 25. Je suppose que ce que je vous redois,
sur les comptes de la liquidation, puisse être en
partie couvert par ce qui me revient sur les impressions, c'est donc 20,000 francs à peu près dont
je suis débiteur. J'ai pour cela une valeur qui vaut à
peine 5,000 francs, dont je n'aurai pas touché un centime, et je vais prendre mes mesures pour faire comme
Marquiset, vous payer, et être tranquille. Il m'est plus
facile de payer, chaque année, 2 à 300 francs d'intérêts,
que d'être rongé d'ennuis perpétuels. Il en résulte que
mes affaires ne sont pas en meilleur état, que mes
autres travaux en souffrent, que ma santé en est affectée
et mon esprit malade. J'ai donné congé à Huguenet et
Dessirier; j'ai averti Mme L***; si je pouvais vendre
à M. Bailly, ce serait une bonne affaire. Sinon, je vais
tout enfermer sous clef, dans quelque remise, et j'attendrai qu'une occasion favorable se présente pour recommencer à travailler. Cependant, je me déferai d'une

partie de mes vieux caractères pour satisfaire à mes premiers engagements envers vous ; et ainsi du reste, jusqu'à ce qu'il ne me reste qu'une presse et une demi-douzaine de casses, avec quoi je compte bien travailler de nouveau. Je vous préviens de tout ceci, en vous priant de n'en point trop parler ; je ferai mon possible pour que vous ne perdiez rien, je vous en donne ma parole. Vieux cesse de m'écrire ; je ne sais ce qu'il devient, et je crois qu'il n'y a pas lieu pour lui, présentement, à compter sur les promesses de ses proches. N'allez pas croire, au moins, que le parti que je vais prendre, soit le fait d'un désespéré : pas le moins du monde. Je cède là où il faut, et je me concentre dans l'objet auquel je dois m'attacher exclusivement aujourd'hui ; après, nous verrons. J'espère toujours que le temps viendra où je pourrai à mon tour imposer la loi aux autres : et tout roseau qui plie n'est pas rompu pour cela.

Je vous remercie des 30 francs que vous m'avez envoyés : c'était mon dernier argent. Aujourd'hui je vis de mon travail de rédaction et de compilation. Il me paraît que Parent-Desbarres est content de ce que je lui donne ; je m'habitue à écrire, il ne me manque que le repos d'esprit. Comme la tempête commerciale ne peut durer toujours, aussitôt que la librairie se relèvera, j'espère bien profiter, autant qu'un autre, du beau temps. Nous vivons dans le siècle des grosses entreprises littéraires ; je tâcherai d'en faire mon profit.

Je vous souhaite le bonjour, et vous prie de compter sur ma bonne volonté, si l'état de ma fortune ne vous inspire que crainte et défiance.

Votre ex-collègue,

P.-J. PROUDHON

Paris, 13 juillet 1839.

A M. BRUNET DE LA RENOUDIÉRE

Je n'ai jamais écrit une ligne pour aucun journal, si ce n'est celui de l'*Instruction publique*, auquel j'ai donné un article de complaisance; ce n'est pas que la pensée ne m'en soit jamais venue, mais je trouverais difficilement un journal auquel je convinsse, et qui me convînt à moi-même. Cependant, en considération des beaux projets que vous me faites connaître, je pourrais bien parfois vous offrir quelque petit article, mais à la condition expresse que, signant ma pensée, elle ne serait jamais altérée.

Après cela, je m'occuperai volontiers de vous procurer l'échange des journaux que vous désirez contre le vôtre; mais cela seulement quand vous aurez conclu votre marché avec M. Huguenet, qui me témoigne n'être que médiocrement satisfait de vos offres. M. Huguenet a reçu mes ordres pour travailler au meilleur marché possible; et comme je ne réclame rien de ce qu'il gagne, il ne m'obéit que trop bien. Les bonnes doctrines, monsieur, commencent par ce principe, qu'il faut que tout le monde vive, et que la vérité doit être livrée sans bénéfice par celui qui la répand : *Quod gratis accepistis, gratis date*. Je croirai à vos généreuses intentions, quand vous aurez cessé de vous défier d'un honnête ouvrier, et que vous ne marchanderez plus sur son misérable salaire. Je pourrais ici, monsieur, vous exposer quelques-unes de mes idées politiques sur les droits d'auteur et de journaliste, et sur les priviléges de l'ouvrier ; je les réserve pour l'un de vos premiers numéros, si vous agréez le service de mes presses et la collaboration de ma plume. Je crois n'appartenir à aucune opinion ; aussi il m'importe fort peu quel journal m'imprimera, pourvu qu'il ne m'impose pas sa façon de voir et de dire.

Croyez, monsieur, que je n'ai qu'une parole, sur laquelle je ne reviens jamais, et agréez s'il vous plaît, l'assurance de mon dévouement bien sincère,

P.-J. PROUDHON.

Paris, 13 juillet 1839.

A MM. DE L'ACADÉMIE DE BESANÇON

Messieurs, je remplis pour la première fois le devoir qui m'est imposé par votre délibération du 9 mai 1833, dans laquelle vous invitez le titulaire de la pension Suard à remettre chaque année, dans la première quinzaine de juillet, un exposé succinct et raisonné des études diverses qu'il a faites pendant l'année qui vient de s'écouler. C'est à la recommandation de M. Droz, mon tuteur académique, en ce moment absent de Paris, que j'ai l'honneur de vous adresser directement l'exposé que vous me demandez.

J'ai, depuis huit mois que j'ai quitté la ville de Besançon, travaillé, j'ose le dire, de toute la force de ma volonté et de toute la liberté de mon esprit; cependant mes progrès ont été trop médiocres pour que je puisse en parler. Je me suis livré à divers exercices de philologie, de littérature et de critique, dont je ne saurais dire encore la valeur, puisque je suis juge unique des uns, et que, quant aux autres, la critique en a été trop générale pour être vraiment significative. Le seul avantage dont mes travaux aient été suivis, c'est de m'avoir fait connaître toute ma faiblesse. J'ai perdu grand nombre d'opinions que je nourrissais avec complaisance, et que j'ai reconnues fausses; celles que je croyais neuves et que je conserve, je les ai trouvées déjà professées et développées par d'autres, et quan⁴ aux résultats que j'osais me promettre de certaines études, j'ai appris à modérer mon enthousiasme et à ne point lâcher la bride à mes espérances.

Je continue lentement, mais sans interruption, l'étude du grec et de l'hébreu; je n'irai pas beaucoup plus loin dans la linguistique : l'exemple des hommes les plus distingués me fait préférer moins et mieux. Je suis trop en retard pour pouvoir me promettre des succès brillants dans la linguistique proprement dite, science déjà fort avancée, et qui sera tôt ou tard replacée au premier rang comme histoire naturelle de la pensée humaine. L'explication des anciens auteurs n'est donc plus pour moi qu'une occasion de recherches philosophiques et· littéraires; mais, pour vous rassurer sur l'utilité de ce genre d'études, permettez-moi de dire Messieurs, que cette mine n'est point encore épuisée, et qu'aux ouvrages des anciens, nous n'avons guère jusqu'à présent emprunté que la forme.

Fermement résolu à travailler longtemps pour produire peu, je pourrais peut-être fatiguer votre espoir; mais, Messieurs, trois années ne feront jamais ni un savant, ni un artiste, et je ne saurais que plaindre celui qui, à une conquête modeste, mais durable, préférerait l'éclat et le merveilleux d'une campagne inutile.

Je souhaite, Messieurs, qu'aucun rapport plus digne de foi sans doute, mais encore moins satisfaisant que le mien, ne me fasse perdre le bien le plus précieux auquel j'aspire : votre approbation et votre bienveillance.

Votre très-humble et très-reconnaissant pensionnaire,

P.-J. PROUDHON.

17 août 1839.

SUR UNE PAGE D'ALBUM

Sans l'amitié, qu'est-ce que la vie de l'homme ? La science dessèche et flétrit; le pouvoir enivre et rend superbe; la dévotion sans charité n'est qu'hypocrisie. Le riche m'est odieux pour son égoïsme; l'amoureux me semble à plaindre dans son indolence; le voluptueux me dégoûte par sa mollesse. Mais que la divine amitié vienne échauffer nos âmes, et tout prend une face nouvelle, un brillant caractère. Plaisir, amour, pouvoir, richesse, science, religion, l'amitié sait tout agrandir : par elle, tout devient encore plus aimable, plus beau, plus sublime.

L'amitié fait pardonner à la fortune, et rend quelquefois digne d'envie le malheur.

J'ose m'en vanter, j'ai toujours eu des amis : jamais, à aucune époque de ma vie, mon cœur ne fut vide d'un doux attachement. Et lorsque, pour la première fois, nous nous rencontrâmes, mon cher Maguet, je ne me trompai point, quelque chose me dit que je venais de gagner encore un ami.

Suis-je donc heureux ?

Non, et à Dieu ne plaise que j'en accuse l'amitié !

Mais qui pourrait connaître le bonheur dans un siècle tel que le nôtre? Dans le sanctuaire de la science, au pied des autels, dans les bras de la volupté (1), dans le sein même de l'amitié, le sentiment des misères de l'humanité me poursuit et m'importune. O jeunes hommes généreux, bataillon sacré des amis, une vocation glorieuse est la nôtre : nous avons été prédestinés pour l'extirpation du vice et de la tyrannie. Faillirons-nous à notre mission?

Pour moi, j'ai levé ma main vers le ciel et j'en ai fait le serment.

Je ne vis plus que pour l'accomplissement de cette œuvre sacrée et pour l'AMITIÉ.

P.-J. PROUDHON.

(1) N. B. Qui que vous soyez, ami lecteur et sage lectrice, vous êtes prié de ne voir qu'une synecdoque dans ces mots du soussigné.

Paris, 18 août 1839.

A M. MAURICE

Mon cher ex-associé, votre lettre du 14 courant es la plus extraordinaire que j'aie jamais reçue : vous m'écrivez tout juste pour me dire que vous me direz quelque chose.

J'ai écrit à M. l'avocat Poimbeuf sur des souvenirs : il est possible que ma mémoire m'ait mal servi.

Huguenet m'a déjà dit qu'il n'avait pas remis ma lettre à M. Brunet de la Renoudière; j'aurai donc le plaisir de lui dire de vive voix ce que je lui écrivais. Est-ce vous qui prendrez la défense de cette congréga- tion de marguilliers qui s'avisent de vouloir nous dor- loter de leurs sermons. J'ai encore mal au cœur de leur prospectus à l'eau chaude.

Vieux est un *braque;* je crois qu'il finira par avoir des hallucinations. Je ne serais pas plus surpris de le voir dans dix ans à la Trappe que comédien. Il ne m'a pas lu ce qu'il vous a écrit; il m'a dit seulement qu'il vous avait prévenu de sa détresse. Je lui ai dit qu'il n'en serait pas quitte pour ses peines, et que, puisqu'il avait tiré le vin, il le boirait.

Pour moi, mon cher ex-associé, j'ai fait tout ce que j'ai pu pour trouver aide et assistance à Paris; je vous ait dit une autre fois que je n'avais rien obtenu. Je pâtirai plus que vous de la société L*** et Cᵉ ; je ne m'en plains pas ; cela est dans l'ordre des choses puisque j'ai persisté. Je voudrais seulement vous convaincre que vos propres intérêts me tiennent plus à cœur que les miens, et que je ne serai tranquille que lorsque vous serez bien persuadé que je n'ai point empêché une liquidation de toutes nos affaires, plus avantageuse pour vous. Quand je ne serais pas devenu acquéreur avec Vieux, vous n'eussiez pas vendu davantage l'imprimerie, si ce n'est comme vieux matériaux. Or, une pareille vente, croyez-moi, sera plus avantageuse dans un an qu'aujourd'hui. Nous ne pouvons que gagner à attendre. La vieille matière se vend ici 15 centimes la livre; le caractère neuf, 35 centimes. Voyez d'après cela, si je vous ai fait manquer de belles offres. Enfin Huguenet me fait encore espérer que je pourrai ou m'associer, ou vendre à Besançon : je vous prierai donc ici, s'il y a lieu pour vous, de me donner un coup d'épaule et de favoriser un nouvel arrangement avec quelqu'un.

L'imprimerie Éverat est fermée et vendue; il n'y en a plus. Les imprimeurs travaillent moins que jamais. Parent-Desbarres suspend l'impression de son *Encyclopédie catholique*, et je ne serai pas même payé de tous les articles que j'ai fournis. La crise est à son maximum d'intensité, ce qui me fait présumer qu'elle touche à son terme. J'en augure bien pour mes propres affaires qui sont aussi les vôtres.

M. Guénard m'avait promis autrefois une lettre : je suis bien surpris de ne rien recevoir de lui. Il doit avoir pourtant quelque chose à me dire.

Je vous souhaite le bonjour et suis votre dévoué

P.-J. PROUDHON.

P.-S. Vous persistez à me déshonorer du titre d'homme de lettres; je vous avertis que si vous le faites par plaisanterie, elle est un peu trop prolongée. *Homme de lettres* est égal à *chevalier d'industrie*, sachez-le bien. Je connais encore de pauvres diables, manœuvres au service de la librairie, longues barbes et cheveux mal peignés, qui se pavanent aussi du nom d'hommes de lettres : j'aurais, par la misère, plus de rapport avec ceux-ci qu'avec les autres. Mais vous sentez que personne ne serait flatté de s'entendre appeler *gueux glorieux* ou *mendiant sublime*. Un imbécile m'a écrit avec cette suscription : *M. Proudhon, pensionnaire Suard*, comme on dirait le *grand pensionnaire de Hollande*. S'il vous faut absolument un titre à mon nom, mettez, si vous voulez : *typographe* ou *correcteur*. Je n'ai jamais été que cela, je le suis encore, et ce sera toujours ma vraie profession, du moins honorifique.

Besançon, 9 septembre 1839.

A M. ACKERMANN

Mon cher Ackermann, j'étais à la diligence comme je vous l'avais promis, j'ai attendu quelque temps, et puis j'ai perdu patience : c'est ce que vous avez dû penser et qui ne méritait pas la peine d'être rappelé.

Je n'ai appris que le 29 août, par la voie du journal bisontin, le résultat du concours académique.

Votre Mémoire a la médaille et vous me devez un déjeuner. L'Académie a confirmé mon jugement : elle a décidé que votre ouvrage réunissait les qualités du genre, pour l'élégance, etc., etc. M. B***, ex-professeur de rhétorique à Arbois, ivrogne désœuvré, a eu une médaille d'encouragement pour sa lourde compilation sur le même sujet. L'Académie de Besançon fait comme les instituteurs : elle donne quelque chose à tous ses écoliers.

Ce qui me concerne exigera un peu plus de détail. S'il faut en croire le rapporteur, l'abbé Doney, mon Mémoire aurait été le plus remarquable par le style, la profondeur et l'érudition : faites-moi le plaisir de me dire ce qui reste d'un discours quand on en a retranché

les paroles, les idées et les faits. Mon Mémoire réunit
donc aussi, comme le vôtre, *les qualités du genre;* il
a tout, ce me semble, excepté la médaille. On y a
trouvé des digressions, c'était la partie confirmative;
des propositions malsonnantes, audacieuses, témé-
raires, inadmissibles, au moins pour le moment; des
théories de politique et de philosophie spéculatives ; des
systèmes d'égalité, etc., etc., dangereux : cependant
on en a déclaré l'orthodoxie irréprochable. Ce qui veut
dire que chez mes juges la conscience du chrétien ne
pouvait s'empêcher d'admettre ce que la prudence des
fonctionnaires publics et des membres d'un corps constitué défendait de sanctionner. C'est mon discours
enfin qui a fait le plus jaser, qui embarrassait le plus
l'Académie, heureuse à la fin d'en avoir trouvé deux
passables qu'elle a couronnés *ex æquo :* ce sont ceux
de MM. Pérennès et Tissot, professeur de philosophie
à Dijon. M. Pérennès aîné m'a affirmé que lui n'aurait
pas craint de me couronner, ou au moins de me joindre
aux autres. J'aime beaucoup mieux la médaille de bronze
que l'on m'a décernée : mon Mémoire a été classé à
part et hors ligne; cela vaut mieux, vous en convien-
drez, qu'un *ex æquo.* Je ne saurais vous dire combien
ma vanité est flattée de ce que j'ai eu pour concurrent
le fameux Tissot, dont le travail, asssz mal écrit, n'a
de remarquable, comme celui de M. Pérennès jeune,
que la *sagesse des pensées* et la modération. M. Tissot,
ce grand réformateur, n'a donc rien trouvé à dire sur
la question ou bien il ne l'a pas osé : cela me donne à
peu près la mesure de l'homme. M. Jouffroy dit de lui
qu'il sera un homme distingué *s'il parvient jamais à
être clair.*

Un M. de la Boulaye, ex-député de la Sarthe, homme

de talent, dit-on, a obtenu un deuxième accessit sans
médaille, sur la même question du Dimanche.

J'ai déjà vu M. Pérennès jeune, sourd comme une
cloche, rêvant la gloire littéraire, les cheveux peignés,
frisés, partagés, quasi joli garçon, et plein d'horreur
pour sa condition de correcteur d'imprimerie. Il est
encore enfoncé dans le vieux-catholicisme et la prê-
traille; bon garçon au demeurant, à qui je voudrais
pouvoir ouvrir les oreilles et dessiller les yeux. Il m'a
beaucoup parlé de son discours : j'ai vu qu'il s'était
surtout étendu sur ce que je me suis efforcé d'abréger,
n'aimant pas les banalités. M. Droz a été très-mécontent que j'eusse concouru. *Con-cou-rir pour une A-ca-
dé-mie*, me disait-il, *c'est per-dre son temps*. Je conviens,
ai-je dit, que cela est vrai pour le grand nombre; témoin moi : une once de cuivre gravé ne vaut pas un
mois de travail. Il m'a félicité de votre succès et m'a
témoigné qu'il y prenait part.

M. Weiss vous attend et M. Pérennès aussi. Je suis
arrivé réellement épuisé : la tête me tourne encore en
vous écrivant. Mon imprimerie reprend un peu d'ac-
tivé; que je la vende ou ne la vende pas, je commence par rester imprimeur, sans refuser toutefois ce
qui pourra m'advenir. M. Jouffroy a rendu aussi bon
témoignage de moi, de telle sorte qu'après tout, bien
loin de m'être aliéné les esprits, j'ai plus d'amis et
d'admirateurs qu'auparavant.

Je vais m'occuper de l'impression de mon Mémoire,
après revue et correction, et je l'enverrai à M. Tissot
ainsi qu'à M. Pérennès. Je m'attacherai de plus en
plus à la forme purement scientifique; c'est le moyen
de me placer hors des atteintes du parquet. Je serai
peut-être craint; mais je défie qu'on me poursuive

pour les *effroyables* choses que j'ai à dire. On prétend
que toute vérité ne doit pas être manifestée avant le
temps (c'est au fond le seul reproche qu'on m'ait fait) ;
cet adage n'a pas de sens : tant qu'une vérité ne doit
pas être manifestée, elle reste inaperçue ; la voir, c'est
être obligé de la dire.

Il me tarde de vous voir ; je suis jaloux de la réception que vous a faite Béranger et de ses flatteries :
vous me dédommagerez en me parlant du personnage.

J'ai toujours compté sur vous pour mon Mémoire à
l'Institut qu'imprime Terzuolo. Cet imprimeur m'a
paru très-honnête ; je lui ai dit déjà que j'abandonnais
mes droits pécuniaires sur le premier numéro, vu les
corrections et additions. M. Droz a voulu revoir mon
épreuve : ses observations m'ont été très-utiles.

Dimanche prochain, j'irai probablement voir un
curé ; aussi ne venez pas dimanche, car vous me feriez
rester.

Je vous souhaite tous les mois une médaille d'argent : je veux être pendu si je m'avise de vous la disputer.

Votre ami,

P.-J. PROUDHON.

Besançon, 15 octobre 1839.

A M. ACKERMANN

Mon cher Ackermann, votre brusque résolution
me surprend; mais elle ne m'effraie pas. Elle m'afflige par la pensée qu'un Français honnête, laborieux, instruit, ne peut trouver à vivre dans sa patrie et qu'il lui faut aller chercher fortune à Berlin.
Dans les conseils et les encouragements des honnêtes gens que vous avez consultés, j'entrevois plus
de paresse à aider que de véritable prudence à conseiller. Vous n'avez que vous seul, cela est bien
évident, bien avoué; souvenez-vous donc de ce que
c'est que la philanthropie moderne, mais n'en devenez
point trop Alceste. Je suis comme vous; je n'attends
rien de personne, je rentrerai dans ma boutique l'année
prochaine, armé contre la civilisation jusqu'aux dents,
et je vais commencer dès maintenant une guerre qui
ne finira qu'avec ma vie. Je serai à Paris avant votre
départ, comptez-y bien; j'aurais voulu pouvoir remettre au porteur de la présente les 20 francs que je
vous dois, mais le trésorier de l'Académie m'a renvoyé
à samedi prochain : *point de Suisse, point d'argent.*

Crainte de malheur: je vous expédierai cette petite somme la semaine prochaine par l'intermédiaire de Dessirier.

J'accepte l'usufruit et le gardiennage de vos livres si vous ne trouvez pas à les vendre; je suppose, au surplus, que vous ne partez pas pour un exil perpétuel.

Je viens de me remettre au travail; mon Mémoire va s'imprimer; dans huit ou dix jours, vous en recevrez les épreuves que je vous prie encore de ne point garder trop longtemps. Vos remarques portant principalement sur le style et le goût me seront très-précieuses; vous savez quelle importance j'attache à la forme littéraire. Quant au fond des choses, plus j'y pense, plus je m'en applaudis. L'escarmouche sera vive et directe : aussi, ce premier pas une fois fait, il n'y aura plus à revenir et je suis engagé pour jamais. C'est ce que je veux.

Je vais faire, avant mon départ, un article sur Fallot, sur l'ouvrage de M. Pérennès, et sur celui de Bergier, qui dort dans mon magasin. J'ai mis de côté ma réponse à M. Nodier, que l'on n'a pas voulu insérer. J'ai été voir enfin l'abbé Dartois, qui est très-content de Fallot, dans lequel il a trouvé, dit-il, la confirmation de toutes ses idées et plusieurs choses qu'il ignorait; nous avons parlé de la dispute avec M. Nodier, qui paraît à l'abbé Dartois fort ignorant et trop bel esprit.

J'ai fait part à Messieurs de l'Académie de votre résolution; tout ce qu'ils ont dit à cet égard consiste en quelques *hélas!* sur la difficulté pour un jeune homme de se placer aujourd'hui. On me conseille de rester imprimeur.

Je n'ai point encore écrit à Bergmann; j'espère que vous passerez par Strasbourg afin de le revoir; c'est un homme avec qui je voudrais vivre et mourir. Je ne lui

sais pas d'égal ni à Paris, ni ailleurs. Philosophe et
philologue, il réunit à un plus haut degré que personne
aujourd'hui les deux facultés les plus précieuses de
l'esprit humain. Fallot pouvait être tout cela et, de plus,
érudit et bibliographe; une tête si vaste ne pouvait
subsister. Bornons-nous donc à bien tracer notre
sillon et ne cherchons point à égaler notre intelligence
à l'infini de la science.

Quand vous serez en Allemagne, faites une comparaison des idiotismes, de la syntaxe et des formes du
français et de l'allemand; cette comparaison n'existe
pas, car on ne s'en est jamais occupé, je crois, pour
aucune langue ; les philologues se contentent trop aisément des généralités. Mais pour être bien faite, cette
comparaison doit aller au fond des choses et s'éclairer
d'une haute critique et d'une bonne philosophie; ce
sera de l'histoire naturelle, comme dit Bergmann.

Je m'arrête pour cette fois, n'ayant rien à vous dire
et las de vous prêcher; j'espère seulement que nous
aurons encore quatre ou cinq jours l'un pour l'autre,
après quoi notre correspondance nous consolera et
pourra quelque jour intéresser le public.

Je vous souhaite le bonjour et vous embrasse,

P.-J. PROUDHON.

Besançon, 22 octobre 1839.

A M. ACKERMANN

Mon cher Ackermann, de crainte de malheur, j'ai chargé M. Dessirier, par une lettre renfermant un mandat de 180 francs qu'il doit avoir reçue, de vous remettre 120 francs. Si vous le voyez avant que je lui récrive, je vous prie de le charger de ma part d'une petite commission : ce serait de passer dans mon ancien hôtel et de s'informer si je puis y rentrer dans quinze jours aux conditions de l'année dernière, c'est-à-dire la même chambre, au même prix ; sinon, je n'y retourne pas. Il faudrait encore considérer, dans le cas où vous me laisseriez votre bibliothèque en garde, si elle y peut être logée.

Dessirier voudra bien s'occuper de ces détails, j'en suis certain ; j'arriverai du 8 au 11. Qu'il ait donc soin de ne pas se déranger ces jours-là, afin que, le cas échéant, je puisse partager son lit pendant une nuit ou deux.

On ne dit plus, en parlant du journal qui s'imprime ici, que les *Séquanais* ou *Séquanois*. La dispute a fait fortune pour la plaisanterie : chacun en glose sans y rien comprendre.

Demain, je vais mettre en pages mon Mémoire : j'y ai fait d'assez nombreuses corrections de style ; il y avait surabondance et luxe. L'un de mes juges s'était plaint d'un peu de verbosité par endroits : j'ai reconnu qu'il avait raison et je me suis fait justice. Vous verrez. Pour les idées, je maintiens ce que j'avance et je le renforce. Jamais je n'ai cru plus fermement avoir raison. *Amen.*

Je dîne aujourd'hui avec Mauvais chez M. Viancin, à Guillemouton. On espère ici que vous réussirez en Prusse ; on dit que vous avez tout ce qu'il faut pour cela. J'aimerais mieux que dans chaque pays on gardât ses richesses et ses hommes et qu'on n'attendît pas pour servir un homme de cœur qu'il n'eût plus besoin d'assistance.

Adieu, à revoir,

P.-J. PROUDHON.

Besançon, 25 octobre 1839.

A M. ACKERMANN

Je maintiens ce que j'ai dit : votre éloge de d'Olivet est ce que vous avez écrit de mieux ; c'est élégant, simple, ferme et quelquefois spirituel. Il y a vers la fin des répétitions et des retours à des idées précédemment exprimées. Vous apercevrez facilement ces longueurs, sans que je vous les indique.

Je supprimerais les deux derniers alinéas, tout en conservant les traits principaux que je trouverais moyen de faire entrer dans le corps du discours.

Vous attendiez peut-être mieux de ma complaisance ; je vous avoue que c'est tout ce que je trouve à redire dans votre discours. Je vais le faire passer au *Séquanais* dès la semaine prochaine. La biographie de Fallot a beaucoup plu ; on a regretté que M. de Brunet l'eût scindée en deux numéros. A présent que vous êtes parti, on parle quelquefois de vous : l'éloge de d'Olivet augmentera la considération dont vous jouissez. Stérile honneur !

Dans quatre ou cinq jours, vous aurez à votre tour mes épreuves ; ne me faites pas attendre ; de la prompte impression de mon Mémoire dépend mon départ pour Paris.

Les hommes du *Progrès bisontin* menacent de me tamiser, parce que je leur ai laissé voir mon peu d'estime pour leur journal.

Je les ai traités de *menteurs*, d'*imbéciles*, d'*infâmes* et de *cochons*. J'ai appelé leur style *un style de libertins, et qui se sent des lieux hantés par les auteurs*. Qu'ils attaquent mon discours, voire mes idées, rien de mieux ; s'ils vont plus loin, je défie leur générosité d'insérer ma réplique.

Dessirier vous a-t-il remis 20 francs ?

Voici l'adresse d'un petit jeune homme fort connu de Pagnerre, et qui pourrait se charger de lui demander la permission dont je vous ai parlé, de mettre le nom de ce libraire au frontispice de ma brochure :

« Antoine Madrange, typographe, rue des Cordeliers-Sorbonne, 19. »

Vous pourriez lui remettre les épreuves après votre lecture et pendant que je ferais tirer, il aurait le temps de me faire connaître la réponse de Pagnerre. Mais chargez Dessirier de cette commission.

Je vous souhaite le bonjour ; comptez sur moi avant le 10. J'annoncerai votre départ dans le *Séquanais*

P.-J. Proudhon.

Paris, 12 novembre 1839.

A M. PAUTHIER

Monsieur Pauthier, je dépose chez votre concierge, avec la présente, un exemplaire imprimé de mon *Discours sur le Dimanche*, que j'ai fait tirer à deux cents exemplaires, pour mes amis et pour tous les hommes de bonne volonté que je puis connaître. J'ai moins voulu entretenir le public de mes rapsodies que recueillir les observations et les critiques des vrais philosophes et des gens de cœur. L'Académie de Besançon a loué le style de mon Mémoire, ainsi que l'imagination et le talent de l'auteur ; mais elle a blâmé la doctrine. D'autres personnes ont été, sur les deux points, d'un avis tout contraire, admettant les idées et trouvant beaucoup à redire à la forme. J'ai dessein de corriger et de retravailler beaucoup cet *Essai*, que je regarde comme mon programme. Je vous aurais donc une grande obligation si vous consentiez à faire parvenir à M. Tissot, votre ami, un exemplaire de cette brochure et de lui recommander l'auteur et l'ouvrage.

Je n'ai pu me défendre d'un certain mouvement de vanité en apprenant que M. Daudon, couronné par

l'Académie, et dont j'avais l'honneur d'être le concurrent, était M. Tissot, professeur de philosophie à Dijon.
Cependant, je serais fâché que M. Tissot pût croire que
ie mets en comparaison sa science et ma médiocrité, et
que la publication de mon discours vient d'un autre
sentiment que du désir de provoquer l'attention des
hommes éclairés sur des idées que je m'obstine encore
à croire vraies et utiles. M. Tissot est philosophe et de
plus savant et grand érudit, et je ne suis qu'un pauvre
apprenti ; mais nous sommes compatriotes, et j'espère,
comptant sur votre bienveillante intercession, qu'il
daignera me lire et m'envoyer ses critiques.

Je suis logé, provisoirement, rue Jacob, 16. Faites-
moi connaître votre retour.

Votre dévoué,

P.-J. PROUDHON.

Paris, 16 décembre 1839.

A M. PÉRENNÈS

Monsieur Pérennès, votre pensionnaire s'est enfin
remis à l'œuvre. Après quelques jours de fermen-
tation et d'une insupportable inquiétude, mes méditations ont repris leurs cours pour ne plus s'arrêter, je l'espère, qu'au jour où je pourrai vous
revoir, causer et me reposer près de vous. Mes journées se passent entre Reid et Kant; il est nécessaire que je suspende mes études philologiques pendant quelque temps, jusqu'à ce que j'aie terminé mes
travaux sur ces deux personnages, que je compte, dans
l'enivrement de mon orgueil, mettre pour jamais à la
réforme. Cette idée est d'une incroyable audace, j'en
conviens; elle a de quoi soulever tous les mépris et les
anathèmes de nos maîtres en philosophie, qui, jusqu'à
présent, n'ont vécu que de l'Écosse et de l'Allemagne.
Mais si je ne me trompe, ce qui est très-possible d'ailleurs, je crois qu'il n'est pas donné à tout le monde de
se tromper comme moi et, après tout, j'aurai hâté
l'avénement et la démonstration de la vérité.

A propos de Kant, j'ai reçu de Pauthier un nouveau

volume de son traducteur, M. Tissot ; ce volume comprend le discours sur le *Suicide* et un autre ouvrage intitulé : *De l'Esprit de révolte*, etc. Je suis, sur le compte de ce livre, tout à fait de l'avis de M. Droz : *ce n'est pas un livre fait*. A quoi bon imprimer cinq cents pages pour ne rien dire de nouveau et d'intéressant ? pour délayer, dans un style diffus et traînant, quelques aphorismes de métaphysique et de morale qu'on ressasse depuis Salomon ? Pour moi, à cette lecture, je n'ai pu m'empêcher de m'écrier : Mon Dieu, la Franche-Comté a son Damiron ! Cependant il faut tenir compte à l'auteur de ses critiques des saints-simoniens et fouriéristes ; critiques tout à fait en rapport avec celles de l'article *Fourier* de la biographie Feller, mais qui n'empêche pas les fouriéristes de Paris d'imprimer dans leurs journaux que M. Tissot, le célèbre professeur de Dijon, est tout phalanstérien. Si M. Tissot se respecte et tient à ses convictions, je le crois obligé en conscience de désavouer une pareille association et de démasquer l'effronterie de ces messieurs.

M. Tissot, dans son discours sur le suicide, insiste sur l'excellence de sa démonstration de l'immoralité du suicide, fondée sur la théorie de Kant. En cela, je suis encore de l'avis de la commission qui s'en est moquée. En Allemagne, on est moins esclave de Kant et l'on avoue que toute la morale de ce philosophe consiste à dire : Je suis obligé parce que je suis obligé ; ce qui n'a rien de bien démonstratif. M. Tissot est laborieux, de bonne foi et consciencieux ; mais il n'a ni talent, ni génie, et je crains de plus que son esprit ne soit faible ; ç'a encore été l'opinion de M. Droz quand je lui eus raconté l'histoire du pseudonyme de Daudon.

J'ai lu le discours de M. Bousson sur d'Olivet, et,

chose malheureuse pour l'Académie, il se trouve que
ce discours est maintenant meilleur que celui du lau-
réat. Je sais qu'il n'est point tel qu'il a été envoyé,
l'auteur le dit lui-même ; mais Ackermann aussi a
retouché et presque tout refait le sien, en sorte que les
conditions sont égales ; j'aurais voulu que mon jeune
ami, plus modeste et mieux avisé, ne l'imprimât pas.
M. Droz l'a trouvé mauvais et n'y a rien compris.

Je vous parle toujours de l'avis de M. Droz, comme
si je craignais d'avoir une opinion à moi et que je
voulusse lancer mes traits, protégé par son égide. Il
faut achever ma confession. Quoique j'aie aussi fait
imprimer mon discours, je n'ai pas encore osé le lui
montrer. Il m'a blâmé d'avoir concouru, blâmé plus
fort de n'avoir pu l'emporter sur mes concurrents,
parce qu'il veut *que mon coup d'essai soit un coup de
maître ;* enfin, il prétend que de pareils exercices sont
une perte de temps. A quoi dois-je m'attendre si je lui
donne encore la preuve de l'excentricité de mes paradoxes que je me repens d'avoir si mal exposés ?

Oui, j'en conviens de bonne foi et de toute la sincérité de mon cœur, j'ai obtenu plus peut-être que je ne
méritais. Assurément, je ne désavoue aucune de mes
opinions, ni aucun de mes principes; mais je suis un
maladroit, un parfait ignorant dans l'art de présenter
des choses nouvelles. M. Weiss me l'a dit il y a longtemps : je n'ai pas le talent de la forme. Toutes les propositions de mon discours sont aussi vraies que celles
d'Euclide; mais il ne fallait pas leur laisser la couleur
des idées révolutionnaires du jour; mais il fallait les
en séparer radicalement; mais il fallait être plus démonstratif et moins rhéteur.

Fit fabricando faber ; je ne retomberai pas dans les

mêmes fautes. J'ai reconnu, par mes nouvelles études, combien je suis loin de tous les philosophes, moralistes et jurisconsultes ; je connais maintenant toute la valeur, toute la portée de mes idées ; j'en puis donner la défi-nition exacte, précise ; je puis montrer la cause de toutes les incertitudes qui obscurcissent les sciences politiques et législatives, et sans pénétrer jusque dans les derniers détails, j'ai de quoi compléter et remplacer des principes faux ou mal débrouillés. Si je ne suis pas dans la plus déplorable illusion, mon premier ouvrage sera peut-être l'événement le plus remarquable de 1840, y eût-il même une révolution politique ; car les changements sociaux ne sont rien sans le mouve-ment intellectuel.

Jeudi prochain, 19, aura lieu la nomination du nou-veau membre de l'Académie française. C'est la vingt-huitième élection à laquelle aura participé M. Droz. Les intrigues sont incroyables ; les académiciens accou-rent de tous les coins de la France ; ils seront au com-plet. M. Droz prétend qu'il n'y eut jamais plus mau-vaise élection : se voir obligé de choisir entre Berryer, bon orateur, mais qui n'a rien écrit, et dont les discours dépouillés du prestige de l'action n'ont rien de bien remarquable ; Victor Hugo, doué de talent, mais *bri-sant la langue, brisant la morale et le goût ;* Casimir Bon-jour, classique pur, mais *si pâle*, qu'il donne légitime-ment lieu aux romantiques d'attaquer la littérature classique... On ne sait à quoi se décider, dit M. Droz. Je crois qu'il a son parti pris ; je suis certain qu'il ne votera pas pour Berryer qu'il n'estime pas à cause de ses *parjures politiques*, et parce que, de plus, il ne veut pas que l'Académie devienne une succursale de la Chambre des députés. D'un autre côté, si j'ose présu-

mer quelque chose de l'opposition violente qu'a manifestée la famille Michelot lorsque je m'avisai de dire
que je voterais pour Victor Hugo, non parce que je le
jugeais absolument digne, mais parce que cela en écar-
terait d'autres, je crois que le premier vote de M. Droz
sera pour Casimir Bonjour. Son vœu, si ses conseils
avaient été suivis, aurait été que l'on choisit dans
l'Académie des sciences ou des inscriptions, parmi les
Arago, les Letronne, les Burnouf, etc., un homme non-
seulement littérateur, mais savant, afin, dit M. Droz,
de montrer à la jeunesse que le *beau parler* n'est plus
jugé seul un titre suffisant pour prendre place à l'Académie française, mais qu'il faut y joindre les études
fortes, soit dans les langues, l'histoire, la morale, soit
dans les sciences exactes. Cela m'a paru parfaitement
sage; mais les sages n'ont pas raison aujourd'hui. Les
hommes politiques, comme les Dupin et Thiers, dont
les intérêts parlementaires trouvent leur compte à faire
entrer un homme qu'ils se piquent de combattre à la
Chambre, mais de ne l'avoir pas pour ennemi, et les
légitimistes, favorisent l'élection de Berryer. De plus,
affirme M. Droz, il y a des gens qui voteront pour lui,
uniquement parce que M. Berryer attirera la foule à la
séance solennelle où il lira son discours de réception.
Nodier est à la tête du parti Hugo. Les cabales, les
sollicitations, les séductions se croisent; cela fait une
petite guerre qui divertit fort M. Droz. Pour lui, il est
tellement connu pour son indépendance et l'inflexibilité de sa justice, qu'on ne se donne pas même la peine
de lui parler. A peine si on lui fait la visite d'obligation Avoir mérité une pareille réputation c'est assurément un magnifique éloge et bien digne d'envie.

Je vois peu de monde et ne suis guère au courant de

ce qui se passe. Je me trouvai un jour, dînant avec Pauthier, en face de G*** : c'est un fier imbécile que M. G***. Figure ignoble, esprit faux, ignorance à prétentions, suffisance ridicule, air plein de dédain, on dit encore qu'à ces belles qualités M. G*** joint le généreux talent d'exploiter comme un petit s.... ses confrères plus pauvres et plus obscurs que lui. Je l'ai mené dur. Monsieur entretient des maîtresses; monsieur n'aime point à entendre parler de sa famille; monsieur reçoit le samedi ; monsieur se fait moquer de lui et il le mérite. J'ai promis d'aller à ses soirées : je ne sais pas encore si je m'y présenterai une fois.

Tout conspire à la fois contre le gouvernement : il y a eu ces jours derniers gala de bonapartistes; les henriquinquistes vont en Italie; les républicains grincent des dents. Il y a 30,000 tailleurs qui ne font rien; autant à proportion des autres états : on porte à 150,000 le nombre des ouvriers sans ouvrage. Comment vivent-ils? C'est un mystère. Voici l'explication de ce phénomène : Ce ne sont pas toujours les mêmes qui chôment; mais ils travaillent tour à tour, un jour, deux jours par semaine, sans que cette succession ait d'ailleurs rien de fixe. Lorsqu'ils ont gagné 3 fr., 4 fr., 6 fr., le besoin de se restaurer les conduit aux barrières : là ils ne font pas bamboche, ce serait inexact; ils mangent du veau et du pain et boivent un litre de vin à dix sous. Comme ils se réunissent pour faire cette ripaille, ils y passent la journée, n'ayant d'ailleurs rien à faire, chantant des chansons républicaines, et le lendemain se remettent au jeûne. Cinq sous, quatre sous, un sou même de pain leur suffit par jour. L'estomac bientôt délabré par ce régime, ils gagnent une affection de poitrine et vont mourir à l'hôpital.

Leur exaltation révolutionnaire me semble aujourd'hui voisine du désespoir; ils savent que le plan de Paris est tiré par le gouvernement de manière à occuper subitement tous les points de la ville à la première émeute; ils savent qu'ils ne peuvent se soulever aujourd'hui sans être massacrés par milliers. C'est cette impuissance même qui les rend plus terribles. J'en ai vu qui, après la lecture du dernier ouvrage de Lamennais, demandaient des fusils et voulaient marcher à l'instant. La promesse qu'on leur fait de les *employer* bientôt, seule les retient. Du reste, ils n'aiment ni Laffitte, ni Arago, ni tous les réformateurs de journaux et de tribune : ils parlent de massacrer le premier qui, n'ayant pas combattu, leur parlera de modération, d'ordre ou de respect des propriétés. Ils se proposent d'écraser les légitimistes et les bonapartistes : c'est une violence enragée, entretenue par la misère où ils se voient, l'incurie des gouvernants, et les interminables déclamations des hommes qui se disent républicains. Il est indubitable que s'ils étaient les maîtres, leur règne ne durerait pas quinze jours; car ils se disperseraient d'eux-mêmes, par l'effet de leur propre désorganisation; mais ils auraient eu le temps de donner aux hommes publics une effroyable leçon. Jugez de ce qu'ils pourraient faire par ce qu'ils pratiquent aujourd'hui. De temps en temps, il y a parmi eux des *mouchards*, des traîtres. Aussitôt qu'un individu est convaincu par son propre aveu de ce crime, ils prennent leurs mesures, surprennent le malheureux, lui tordent le cou et le jettent à la Seine. Plusieurs y ont déjà passé; la police n'en sait rien. Cela est exécuté de sang-froid par les exécuteurs de cette espèce de *Vehme.* Je crois qu'ils ont des listes de proscription. Ils regardent comme des *aristocrates* ambitieux ceux qui les flattent et leur font des promesses républicaines ; mais il leur manque un O'Connell. Les tailleurs montrent en général beaucoup d'intelligence.

Mes respects et mes amités, s'il vous plaît, à MM. Weiss et Viancin, mes très-humbles hommages à Mme Pérennès. Je suis, mon très-cher et honoré maître, votre fidèle et ancien disciple.

P.-J. Proudhon, rue Jacob, 16.

Paris, 22 décembre 1839.

A M. BERGMANN

Mon cher Bergmann, rien n'est plus aisé que de faire un compte en apparence très-exact, et de le faire monter aussi haut qu'on veut. Lorsque ce compte est composé d'un grand nombre de parties, comme il arrive dans l'impression d'un livre, on n'a rien à faire pour cela qu'à augmenter de quelques francs chacune de ces parties; les additions et multiplications feront le reste. Je commence par transcrire ici littéralement le compte que tu m'envoies, afin d'opérer dessus.

THÈSE FRANÇAISE		THÈSE LATINE		
	la feuille.		la feuille.	
Composition. . . .	18 fr.	Composition . .	15 fr.	»
Corrections	6	Corrections. . .	3	»
Tirage.	4	Tirage	3	50
Étoffes, bénéfice .	21	Étoffes, bénéfice	16	15
Papier		Papier	7	50
	57 fr.		45 fr.	15

Faisons la somme totale : la thèse française à 4 fr. 3/4, les couvertures comptent comme le reste.

Je n'ai pas encore osé présenter mon discours à M. Droz, ni à M. Jouffroy ; je n'attends que de la colère et de l'indignation de l'un ; et de l'autre du mépris. Ma philosophie et ma politique ne sauraient leur plaire. J'apprends de Besançon que le clergé a arrêté la vente de ma brochure, qu'on y prépare des réfutations sévères de mes principes ; qu'en général, si on ne me refuse pas quelque talent, on me trouve beaucoup de paradoxes dans les idées. Les dévots sonnent l'alarme ; et les soi-disant républicains se réjouissent d'un nouveau champion. Personne ne veut me prendre comme j'ai voulu être pris. Les plus sages, mes amis même, doutent, me font des recommandations, et désirent que je laisse la politique de côté. Faites-nous de la métaphysique et de la morale, me dit-on, et laissez la république, la monarchie et les prêtres. On veut, comme tu vois que je sois philosophe, sans qu'il me soit permis de parler de *Dieu*, de la *société* et de la *religion*. Que je fasse de la science à condition que je ne toucherai pas aux matériaux. — Pauthier a été très-content de mon travail, quelques autres encore ; mais, du reste, nul ne sait que me dire. Les hommes du *National* se sont moqués du titre de l'ouvrage ainsi que de l'auteur qu'ils ont presque pris pour un jésuite. Dessirier m'exhorte à laisser là mes idées de religion et de divinité, qui ne sont plus à l'ordre du jour ; cet excellent Dessirier ! Que veux-tu ? Je suis hors de toutes les conditions de succès, je ne plais à personne. Ma chance sera belle mais patience !

Ma lettre est déjà trop longue pour que je puisse t'entretenir de mon nouveau travail ; ce ne sera pas l'œuvre d'un jeune homme qui n'a qu'une demi-conscience de la nouveauté et de la certitude de ses idées.

Je t'en parlerai plus au long une autre fois. Il faut que dans trois mois ce soit fini; c'est le terme que je me donne pour quitter **Paris** où je ne saurais vivre.

Je suis seul, je n'ai plus que Dessirier dont le cœur est parfait, et l'esprit trop peu éclairé. Mon imprimerie va doucement; je soupire après le jour où j'irai reprendre mon bonnet de papier.

Adieu, mon ami, je t'embrasse et te souhaite succès et progrès. Tu ne me dis rien de ton cours.

P.-J. PROUDHON.

Paris, 20 janvier 1840.

A M. MAURICE

Mon cher ex-associé, j'écris à M. Vieux et vous prie de remettre la lettre que vous trouverez ci-jointe pour lui, à M. Tubergue qui la lui fera parvenir à lui ou à Mlle Vieux.

Je viens, sur votre lettre du 10 janvier, de régler mon budget; je vous paierai au 1er avril prochain, pour intérêts de la somme de 8,280 fr. 50 à 2 1/2 p. 100 échus au 1er novembre dernier, plus, pour intérêts de la même somme à 5 p. 100, depuis cette époque au 1er février 1840, intérêts dont je vous dois la moitié, la somme de 180 fr. 80 c. Vous devez comprendre ce qui m'empêche de vous les payer auparavant; ainsi, si vous voulez disposer sur moi au 10 avril, je vous en donne toute liberté. Dans ce cas avertissez-moi avant le 25 mars.

Je n'ai pas un sou à vous donner à compte sur le principal et je m'ôte le pain pour vous payer les intérêts. Si vous aviez en main un moyen quelconque de vendre, au lieu de payer rien ni à vous ni à personne, je me laisserais tranquillement exproprier, après quoi

je prendrais les moyens d'indemniser par la suite mes
créanciers. Si vous avez besoin d'argent, *plus que je ne
puis le croire*, j'ai encore plus besoin de liberté, et si je
tiens à m'acquitter envers vous pour remplir, autant
qu'il est en moi, ma parole, je tiens encore plus à
m'affranchir. Ainsi tout se réunit pour vous prouver
que je ne demande pas mieux que de vous désinté-
resser.

Parent-Desbarres me doit 200 fr.; quand j'ai été pour
me faire payer, il m'a offert des livres, sous prétexte
qu'il perdait déjà lui-même 30,000 francs dans une
entreprise à laquelle il ne fait que prêter son nom, et
quand je me suis présenté pour avoir des livres, il m'a
tourné le dos. J'ai sa procuration dans la famille Perrenot; j'en ai chargé Plumey à qui je vous prie de
recommander, à l'occasion, de n'expédier aucun fonds
à Parent-Desbarres sans m'en donner avis.

Je ne désespère toujours pas de *Foucaut;* il se décidera d'ici au mois de juin, ou bien je ne le reverrai
plus.

Très-certainement, de quelque manière que ce soit,
l'année 1840 verra la fin de mes embarras; je ne demande qu'un répit de trois mois.

Je vous souhaite la bonne année et des débiteurs sol-
vables.

Votre ex-associé,

P.-J. PROUDHON

Paris, 9 février 1840.

A M. BERGMANN

Quoi ! mon cher Bergmann, tu vas jusqu'à t'attendrir sur moi ! Je n'ai pas voulu te faire pleurer et t'émouvoir ; j'ai deviné tes chagrins et j'ai voulu t'en montrer de plus grands. Qui peut donner des consolations, si ce n'est celui qui souffre ? Les paroles de l'homme heureux et content sont amères à l'infortune ; elles sont un poison versé sur une blessure. La vérité est telle en ce qui me touche, que je te l'ai dépeinte ; mais, malgré mon sombre désespoir, ne crois pas que je sois près d'y céder. Non, je n'attends rien, ni du public qui ne me connaîtra jamais, parce que la barrière qui m'en sépare est infranchissable ; ni de mes patrons, parce que ce sont des poltrons, des égoïstes et des corps sans intelligence ; ni des hommes spéciaux qui pourraient m'entendre mais que l'esprit de propriété littéraire et philosophique étouffe ; ni enfin des trompettes de l'opinion publique, parce qu'elles ne comprendront jamais de moi autre chose, sinon que je les hais et les méprise. Mais je compterai toujours quelques âmes pures parmi mes amis, et parmi ces âmes pures, de hautes intelligences. Crois-tu que j'ambi-

tionne davantage? J'accepte avec reconnaissance l'offre
de 50 francs que tu me fais pour la publication de mon
livre; au cas où je ne trouverai pas de libraire, je
frapperai sur tous mes amis et connaissances une contribution; je les prendrai dans un guet-apens, car
il faut que ce que je sais, je le dise. Je te remercie
de la moitié de ton mois, je n'en ai pas besoin présentement, car il est inutile que j'aie de l'avance. Si, vers
la fin de juin, mes finances, alors épuisées, n'ont pu se
renouveler par rien, alors je te promets de m'adresser
à toi; jusque-là, garde je te prie, un argent dont je
puis me passer. Je voudrais t'embrasser en te disant
cela, pour te mieux prouver qu'en différant de t'emprunter, je ne prends pas un détour pour exprimer
mon refus.

S'il est besoin de faire quelques courses et visites
pour tes affaires, tout mauvais solliciteur que je suis,
je te serais obligé de n'en pas charger d'autre; ainsi,
use largement de mon loisir et de mes jambes.

J'aurai à la fin de mars un tiers de mon travail
d'achevé. J'espère que tu en seras content. Je suis un
peu pressé d'en finir, ce qui ne s'accorde guère avec
mon désir de faire bien; mais il est bon toutefois que
je me talonne moi-même et que je me presse de l'aiguillon. Depuis que je n'ai plus Fallot, je n'ai plus que
toi qui puisses me juger, me comprendre, me conseiller,
me redresser. Le peu d'expérience en philosophie de tout
ce qui m'entoure, me laisse sans conversation et sans
contrôle. Comment irais-je m'adresser à un Jouffroy qui
n'a pas foi lui-même à la science qu'il enseigne, qui dit,
avec une impertinence indigne, que la *philosophie est
chose bien creuse*, et qui apparemment trouve que ses
15 à 20,000 francs de traitements accumulés sont

quelque chose de plus solide. Comment un pareil être comprendrait-il que je cherche pour les problèmes de la morale, de la société, de la métaphysique, des méthodes de solution infaillibles, analogues aux méthodes des géomètres? Comment croirait-il à cette vérité, pourtant bien simple, que les lois de l'arithmétique et de l'algèbre président aux mouvements des sociétés comme aux combinaisons chimiques des atomes, que rien dans le monde moral, comme dans le monde mécanique, ne se fait *sine pondere, et numero, et mensurâ?* Comment irait-il concevoir que les *propriétés des nombres* sont le lien qui unit la philosophie pratique à la philosophie organique? Comment, enfin, voudrait-il admettre que la loi ne peut avoir sa source dans aucune volonté, ni du peuple, ni de ses représentants, ni du roi, mais bien dans la découverte et la reconnaissance de la vérité par la raison? Il n'admet pas même que la vérité politique et morale puisse être connue, c'est-à-dire qu'il conçoit qu'on puisse poser une question insoluble, toutes les données nécessaires à la solution étant accordées. Qui comprendra, aujourd'hui, un livre tout de méthode, où l'on ne prétend pas donner d'emblée toutes les solutions désirables, mais où l'on parle avec certitude de choses encore aujourd'hui très-obscures, et jugées d'avance à jamais inexplicables? Tu admets, toi qui as saisi par ses ailes le génie des langues, que l'esprit humain puisse découvrir d'étranges choses, mais le vulgaire (et par vulgaire j'entends tout ce qui est au niveau du savoir *journalistique*), le vulgaire croit-il qu'on puisse en savoir plus que lui?

Voici quelle est la marche sommaire de mon travail : *Sujet de tout l'ouvrage;* déterminer l'idée du juste, son principe, son caractère et sa formule.

Méthode. Détermination de l'idée du juste dans la propriété; et 1° dans le droit d'occupation, je prouve, par l'analyse, que toutes les théories imaginées par les philosophes, les légistes, etc., supposent implicitement *l'égalité*. L'égalité est la loi nécessaire, la forme catégorique, à laquelle tous obéissent à leur insu, même lorsqu'ils s'en écartent, dans toutes les doctrines sur la propriété.

2° Détermination du juste dans la propriété fondée sur le travail. Je prouve, par la même méthode analytique, que le droit du travail, invoqué par les économistes, de *quelque manière qu'ils l'entendent*, et *d'après leurs propres données*, a pour résultat l'égalité. Mais l'égalité n'existe pas; on soutient même qu'elle est *impossible*. Je prouve alors que c'est la propriété elle-même qui est impossible, non *per abusum rei*, mais *in se;* qu'elle est absurdité, néant, qu'elle implique contradiction dans ses termes, qu'elle aboutit à une fourmilière de non-sens et d'impossibilités métaphysiques; en un mot, qu'elle *est de fait*, mais *qu'elle est impossible.*

Ici, exposition, d'après toutes les lumières précédemment acquises, de la sociabilité, de l'égalité, de la liberté, de la justice, et du principe d'autorité.

Suite : Application des lois ou formules métaphysiques obtenues par la méthode, à l'économie politique, au droit civil, à la politique, et critique de ces sciences.

Fin : Considérations sur la philosophie de l'histoire et la marche de l'humanité.

Pour la première fois, une vraie méthode aura été employée en philosophie et aura véritablement *démontré*, par une analyse propre, ce qui par voie d'intuition et de tâtonnement resterait à jamais caché, parce que l'intuition et le tâtonnement ne prouvent rien.

En un mot, je ne mets dans tout cela rien du mien; je cherche, et pour mieux chercher, je me fais un instrument, je me fabrique un guide, j'attache du fil à la porte du labyrinthe où je m'enfonce. Puis, je ne conteste jamais, je ne réfute personne, j'admets toutes les opinions, et je me contente de chercher ce qu'elles contiennent. Or, ce qu'elles contiennent nécessairement toutes, est pour moi un principe vrai, un axiome, dont je cherche définitivement la raison dans un fait physiologique ou naturel, et duquel je pars ensuite avec la même rigueur de déduction pour ma science, que j'en ai d'abord apporté dans mes inductions pour déterminer le principe.

Je ne puis aujourd'hui t'en dire davantage. Réponds-moi si cet exposé suffit déjà à me faire entendre de toi et présente-moi tes scrupules et tes difficultés. Songe qu'il s'agit ici de vérité rigoureusement démontrée et non d'un roman d'imagination.

Quant à la forme, bien que je raisonne de toutes choses, absolument *in abstracto*, le style et les développements ne manqueront ni de verdeur, ni d'originalité, je l'espère. Tout cela, sur une matière brûlante, doit faire un ouvrage singulier.

Je t'embrasse de tout mon cœur, mon cher Bergmann, et suis ton ami,

P.-J. PROUDHON.

Paris, 12 février 1840.

A M. ACKERMANN

Mon cher Ackermann, j'avais déjà reçu quelque nouvelle de vous par le canal de Mme Duvernoy, quand
votre lettre m'est parvenue. Tous les amis étaient
comme moi assez en peine, et nous avions besoin d'un
peu de tranquillité.

Je n'ai point encore fait la plupart de vos commissions, parce que votre travail sur l'accent n'est point
encore tiré, et que je l'attends pour l'offrir ou l'envoyer
de votre part, avec les six exemplaires de l'éloge de
d'Olivet, aux personnes que vous m'indiquez. Pour votre
caisse de livre, M. Reclam m'a dit que MM. Brock-
haus et Avenarius n'avaient reçu de vous qu'une
demande, qu'ils n'avaient vu ni livres ni caisse; par
conséquent qu'ils n'avaient pu vous rien expédier.
M. Reclam se propose, et je l'y ai fortement engagé, de
faire emballer les livres et manuscrits que vous avez
laissés chez lui, puis de les mettre au roulage pour
Berlin. Je ne conçois rien à cette affaire; voyez à cet
égard la lettre de M. Reclam.

Pour mon discours, je ne pourrai en remettre à toutes les personnes que vous me désignez; il ne m'en reste plus qu'une demi-douzaine, déjà destinés; et depuis votre départ, il en a été pour moi de cette brochure comme de mon Mémoire pour le prix de Volney : je n'y pense plus. Ce sera jusqu'au bout mon habitude de laisser mourir de leur belle mort mes rapsodies qui finissent toujours par m'ennuyer autant que personne. Je vous remercie sincèrement de vos bons conseils, et vous dis une fois pour toutes que je n'ai pas si bonne opinion de moi que vous-même; je n'ai pas le loisir de travailler mon style, je suis trop pauvre et trop mal dans mes affaires pour m'amuser à être gent de lettres; je crois d'ailleurs que l'âge d'or de ce qu'on appelle purement littérature est passé pour jamais. Tant que l'homme sait peu, il parle nécessairement beaucoup; moins il raisonne, plus il chante; et quand il n'a rien à dire, il amuse l'oreille par son joli babil. Je suis peu propre à telle besogne, quoique je regrette pourtant de ne pouvoir m'exprimer avec plus de facilité, car j'aurais encore bien des choses à dire. Mais quand elles seraient aussi excellentes que je les suppose, ces choses, quand je les dirais aussi bien que Bossuet ou Voltaire, il me manquerait encore le talent de les faire valoir, car aujourd'hui les portes du Parnasse sont gardées, non par des chérubins, mais par des loups cerviers. Laissons là la littérature et les littérateurs; je suis fait pour l'atelier, d'où j'aurais dû ne jamais sortir, et où je rentrerai aussitôt que je le pourrai. Je suis épuisé, découragé, prosterné. J'ai été pauvre l'année dernière, je suis, celle-ci, indigent. Mon budget tout réglé, il me restera, à dater du 1er avril prochain, 200 francs pour vivre six mois à Paris, au bout des-

quels ma condition sera telle que je désirerais de *vivre
et rester berger*. Je suis comme un lion; si un homme
avait le malheur de me nuire, je le plaindrais de
tomber sous ma main. N'ayant point d'ennemis, je
regarde quelquefois la Seine d'un œil sombre et je
me dis : passons encore aujourd'hui. L'excès du chagrin m'ôte la vigueur de tête et paralyse mes facultés :
je ne puis travailler et pourtant je travaille toujours
pour ne pas mourir d'ennui.

Mon travail sur la propriété est commencé; je vous
en enverrai le titre et le sommaire dans ma prochaine
lettre. J'ai achevé aujourd'hui le premier chapitre
qui forme la dixième partie de l'ouvrage. Je compte
l'imprimer dans le courant de mai prochain, *par
souscription*, n'espérant pas trouver de libraire et
ne pouvant en faire la dépense.

J'ai déjà une cinquantaine de souscripteurs. Deux
volumes in-dix-huit.

Le style en sera rude et âpre; l'ironie et la colère s'y
feront trop sentir; c'est un mal irrémédiable. Quand
le lion a faim, il rugit. Au reste, j'évite le plus que je
peux de tomber dans l'éloquence et le beau style; je
raisonne, je conclus, je distingue, je réfute : je n'ai
plus besoin des secours de la rhétorique, le sujet par
lui-même devant intéresser bon gré mal gré, les plus
ladres. Sous le rapport philosophique, il n'existe rien
de semblable à mon livre. Malheur à la propriété!
Malédiction!

J'ai appris que M. Marquiset, de Besançon, venait
de faire une faillite de 1,400,000 francs. Il a quitté
le pays. C'était un imbécile, honnête homme au demeurant, dont la déconfiture ne surprend personne. A
trente ans, il avait 100,000 francs de patrimoine, un

commerce florissant; il fit un mariage d'amour, épousa une Suissesse jeune, belle et sage, avec un million de dot; mais au lieu de vivre en paix et de faire des enfants à sa femme, il voulut doubler ce million, et le voilà. Vive la propriété!

Il y a eu à Paris, dans le mois de janvier 1840, 70 faillites, dont le passif se monte à 6 millions. Le nombre des faillites, pendant 1839, se monte à 1,014 pour la seule place de Paris, et le passif en dépasse 60 millions. Heureuse propriété!

Le peuple continue à mourir de faim, ou à se faire emprisonner pour vol et vagabondage. On va accorder 500,000 francs de cadeau de noces et autant de rente annuelle au duc de Nemours. Timon a glosé sur ce beau sujet; mais les députés voteront, le peuple paiera et la Cour prendra.

L'autre jour je fus chez M. Cuvier; quelqu'un s'avisa de dire que *quiconque ne travaille pas, devrait perdre ses rentes.* — Je lui dis : Monsieur, où irions-nous avec ce principe? — Et que trouveriez-vous à reprendre? me dit M. Cuvier. — Moi, rien. Mais si l'on supprime les rentes aux rentiers oisifs, il faut les supprimer encore aux rentiers qui travaillent; car, s'ils sont payés pour leur travail, ils sont toujours oisifs par rapport à leurs rentes. — Ce fut un bâillement universel; votre ami Bourette me regarda du coin de l'œil et la conversation finit là.

On parle d'insurrection pour le printemps prochain; les uns y croient, les autres non. Les carlistes conspirent et espèrent plus que jamais. Ils veulent se faire anéantir. Beaucoup de gens diminuent leur domestique, d'autres restent à la campagne; la peur commence à gagner, et dans la masse, l'opinion que le

gouvernement ne tiendra pas, prend de la consistance.
C'est un pronostic très-fâcheux.

Le frère Droz ne comprend toujours rien à mes affaires, et pourtant il espère : on l'a averti dernièrement de Besançon que je devenais fou. Il m'en a félicité, par la raison, a-t-il ajouté, que cela ne se dit que
d'un esprit supérieur. Malheureusement, cette raison
est mauvaise par rapport à moi, et il est vrai que sur
certains passages de mes lettres on doit trembler pour
ma tête. Hé! Dieu de mon âme, c'est que je m'apprête
à faire trembler les autres.

Bergmann m'a écrit ; il goûte mes idées et il m'encourage. Que n'êtes-vous riches tous deux ! Que
Fallot et votre Vernet ne sont-ils là ! j'oublierais mes
angoisses et peut-être ferais-je quelque chose de passable. Mais non, il faut que je tue, dans un duel à
outrance, l'inégalité et la propriété. Ou je m'aveugle,
ou elle ne se relèvera jamais du coup qui lui sera
bientôt porté.

Je remarque en moi un phénomène psychologique
particulier et que je vous prie de vérifier sur vous-
même : le peu que j'ai su de langues anciennes et vi-
vantes s'efface de mon esprit comme un songe ; en
même temps, il me semble que la forme catégorique
de mes idées devient de plus en plus française, à tel
point que, si ce n'était la réflexion et ma propre expérience, je ne concevrais pas que l'on pût parler autrement qu'en français. En rhétorique, je pensais mes nar-
rations en latin ; aujourd'hui je pense les auteurs latins
et grecs que je lis, en français. Les mots français se
concrètent pour ainsi dire dans mon entendement ; les
mots latins, grecs ou hébreux me semblent des hiéro-
glyphes. Je suis désormais hors d'état d'apprendre

une langue. Hâtez-vous donc, apprenez l'allemand : parler deux langues c'est avoir deux âmes et deux esprits. Quand vos idées seront élaborées et fixées, votre esprit ne pourra plus admettre d'autres signes articulés que ceux avec lesquels il les aura conçues et exprimées : c'est ce qui m'arrive aujourd'hui. Dans deux ans, pour me faire apprendre une langue, il faudra me faire tout oublier ou me casser la tête. Voilà aussi pourquoi les langues s'apprennent mieux dans la jeunesse : ce n'est pas seulement parce que la mémoire est plus fraîche, c'est surtout parce que les idées s'acquièrent avec les mots, et qu'un peu plus tard l'étude des langues n'est plus qu'une froide synonymie.

Je vous prie de ne m'écrire, comme je le fais pour vous, que par occasion ; un port de 2 francs me gêne. Quand je serai riche, je vous en préviendrai par une lettre *franco*. Je vous embrasse de tout mon cœur.

Adieu.

P.-J. PROUDHON.

Paris, 22 février 1840.

A M. BERGMANN

Mon cher Bergmann, je t'écris dans l'amertume de mon âme. Tu me demandes si je suis content? Écoute. Tu m'a cru pauvre, l'année dernière; cette année, si tu viens à Paris, tu me verras indigent. Je n'ai pour vivre qu'une pension de 1,500 francs : elle est toujours mangée d'avance pour un cinquième, et du reste les deux tiers sont emportés par mes créanciers et ma famille. J'aurai 250 francs pour vivre du 20 mars prochain au 20 septembre. J'ai beau lire, écrire, étudier, je suis opprimé, consterné, flétri. Tantôt je regarde la Seine en passant sur les ponts; d'autre fois je songe à me faire voleur. Le sentiment de ma misère est tel que si demain j'arrivais à la fortune, le cauchemar qui me poursuit ne me quitterait de deux ans. Je ne travaille que pour recueillir des mépris et des malédictions; mon malheur veut qu'au lieu d'apprendre aux autres des choses qui les amusent et leur plaisent, je n'aurai que de tristes vérités à leur dire, qui me feront haïr et bafouer. Je ne sais rien autre chose pourtant. Faut–il que je me taise? Je ne le puis : je suis entraîné à boire ce calice qui me fait horreur et que toutes les délices ne m'empêcheraient pas d'avaler.

Tu me demandes ce qu'ont pensé les Jouffroy et les Droz de mon discours? Ils ne l'ont vu ni l'un ni l'autre. Je ne vais plus chez M. Jouffroy et je voudrais me dispenser d'aller chez M. Droz. L'air de ces maisons-là ne me convient pas. Je n'ai personne avec qui je puisse m'entretenir de mes études; personne! Si j'étais professeur en Sorbonne, dans six mois je serais un Dieu pour ce sot pays de France; cela est aussi sûr que je te l'écris : je ne suis rien, et avec toutes les mille bouches de la presse, il me sera impossible de faire comprendre au peuple des choses plus claires que l'arithmétique. Je les dirai pourtant : j'y perdrai la bienveillance de ceux qui se font mes protecteurs, j'en deviendrai moi-même plus difficile et plus intraitable et mes douleurs en seront doublées. Que ne suis-je mort, enterré! Car je ne pourrai jamais souhaiter de n'avoir pas plus de pensée qu'une huître ou qu'un gros bourgeois. Plutôt la mort mille fois que la vie sans la réflexion!

Je m'occupe de la rédaction d'un ouvrage qui approchera, pour l'étendue, de tes poëmes islandais. Je suis déjà presque au quart; j'espère que la publication pourra avoir lieu dans le courant de mai. Si je trouve un libraire, ce que je n'ose presque pas espérer, tu recevras des premiers ton exemplaire : si aucun éditeur ne se présente, j'imprimerai moi-même par souscription, et, dans ce cas, je t'impose pour quatre exemplaires à 1 fr. 50 = 6 francs. C'est une contribution forcée en faveur de la liberté et de l'égalité; il faut que tu t'y résignes.

Le sujet de mon livre est le développement des pro-

positions qui m'ont fait perdre le prix de l'Académie
de Besançon. Cette fois je ne chanterai pas des *gloria
patri;* ce sera un véritable tocsin.

Pourtant je m'interdis toute rhétorique, toute hyper-
bole, tout lieu commun : je compte, je suppute, je raisonne, j'examine, voilà tout. Et ce qui ne s'est jamais
vu en philosophie, je crée une méthode d'investigation
pour les problèmes sociaux et psychologiques comme
les géomètres en créent pour les problèmes des mathématiques. Je ne dis rien de trop, en annonçant que rien
de pareil n'a été fait, jusqu'à ce jour, pour la forme et
pour le fond. Malheureusement, ce qui m'aura coûté
bien du travail et bien des efforts de tête, n'est guère
à la portée du vulgaire des lecteurs, qui aime mieux les
diatribes de Lamennais et compagnie. On ne comprend
plus en France que l'invective, la personnalité, l'injure ; on s'abreuve de calomnie, de fiel et de satire : ce
sont les formes de la pensée. Pour les gens qu'on appelle lettrés, le cercle où ils se meuvent est si étroit et
leur arrogance si haute, qu'il n'y a pas moyen de s'entendre avec eux.

Je serais bien aise de recevoir quelque lettre de toi ;
si tu trouves une occasion, tâche d'en profiter, je te
prie, car je t'avoue qu'un port de lettre m'incommode.
Dis-moi si tu t'habitues au professorat ; comment ton
cours est goûté et comment tu vis avec tes confrères?
J'ai cru voir dans ta dernière lettre une teinte de tristesse et de mécontentement. Je serais peiné que tu
eusses des chagrins ; car je pense souvent que tu peux
faire beaucoup pour la science, et je sais combien les
peines de l'âme tuent la pensée, quand elles ne l'em-
pêchent pas de naître. Parle-moi de toi et de tes espérances ; je serais bien aise de savoir ce qui se passe

dans ton esprit, et où te porte le flot de la science? Si
j'avais des confidences à faire, elles seraient pour toi plus
que pour tout autre; si tu étais ici, je te lirais chaque
soir ce que j'ai fait dans le jour : vois un peu comme
je voudrais être avec toi. Au feu de l'épreuve, mon âme
s'épure, et je me détache de tout esprit de propriété
scientifique et littéraire aussi bien qu'industrielle :
savoir avec certitude, le dire avec force, clarté et précision, c'est le seul bien auquel j'aspire, la dernière
grâce que je demande à Dieu, puisqu'il me refuse tous
les autres avantages.

Dans six mois, je serai de retour à Besançon, peut-
être même avant, s'il faut que je m'imprime. Je reprendrai ma vie mi-partie de lecture et méditation et
de travail manuel : je ne suis bien que comme cela.

Et quand l'usure, cette lèpre des sociétés modernes,
m'aura rongé tout entier, alors il ne me restera plus,
comme à tant d'autres, qu'à faire une culbute qui me
délivrera à la fois et de mon état et de mon esclavage.

J'ai reçu une lettre d'Ackermann, qui a dû t'écrire.
J'espère qu'il fera quelque chose, mais je crains aussi
pour son bonheur. Il approche de la trentaine, et j'ai
cru reconnaître dernièrement en lui les qualités d'un
amateur plutôt que celles d'un savant. Ce serait trop
peu pour son ambition, car je ne lui suppose pas plus
de savoir-faire et d'habileté qu'à nous autres.

Voici quel sera le titre de mon nouvel ouvrage, sur
lequel je désire que tu me gardes le secret : *Qu'est-ce
que la propriété? C'est le vol*, ou *Théorie de l'égalité politique, civile et industrielle.* Je le dédierai à l'Académie
de Besançon. Ce titre est effrayant; mais il n'y aura
pas moyen de mordre sur moi; je suis un démons-
trateur, j'expose des faits : on ne punit plus aujour-

d'hui pour dire, sans blesser personne, des réalités même fâcheuses. Mais si le titre est alarmant, ce sera bien pis de l'ouvrage. Si j'ai un éditeur habile et remuant, tu verras bientôt le public dans la consternation. Prends la proposition qui me sert de frontispice à la lettre, et attends-toi à la voir prouver par *raisons mathématiques*, ee qui est autrement concluant pour les hommes d'à présent que des preuves morales et métaphysiques. Nous verrons si ce qu'on a dit est vrai : que les vérités de l'arithmétique deviendraient douteuses si les hommes avaient intérêt à les nier.

Prie Dieu que j'aie un libraire; c'est peut-être le salut de la nation.

Je te parle avec ma franchise accoutumée; tu sais que je n'aime pas la fausse modestie; avec toi, qui es mon ami, tout autre langage me semblerait hypocrisie et mensonge.

Je t'embrasse de tout mon cœur et suis pour la vie ton ami,

P.-J. PROUDHON.

Paris, 23 février 1840.

A M. LE SECRÉTAIRE PERPÉTUEL
DE L'ACADÉMIE DE BESANÇON

Mon cher maître, j'ai appris par un numéro du *Progrès*, que je lis quelquefois, que vous aviez tenu cour plénière à l'Académie. Dans cet article, vous n'êtes pas, vous, personnellement maltraité, au contraire; mais, quoique je ne doute pas le moins du monde que vous n'ayez, selon votre habitude, fort bien fait et fort bien dit, je vous avoue que je ne puis vous féliciter de l'exception. Comment pourriez-vous vous tenir honoré des éloges d'un vrai Mascarille de journal? En vérité, mon cher maître, je crains fort, quand je serai de retour à Besançon, de ne pouvoir m'entendre avec les gens. Quelle langue parle-t-on là où vous êtes? Ce n'est pas du français, ce n'est pas du patois, ce n'est pas encore de l'argot ; je m'y perds, plus j'y pense. Moi qui ne croyais pas que l'homme pût inventer son langage, je me vois forcé de me rétracter.

Ce qui me fait peine aussi, c'est que je voudrais M. Viancin un peu plus sobre de style *canaille*. Le peuple français mérite à cet égard qu'on l'encourage. En 93, on agitait la populace par des feuilles ordurières et barbares; aujourd'hui un journal, écrit en style du Père Duchêne, par b... f..., et j'*ons* ou j'*avions*, ne prendrait plus. C'est un progrès, quoi qu'on dise; or, il n'est pas bon que les chefs de bataille affectent trop souvent de paraître au dernier rang, si ce n'est pour fustiger les traînards. Il me semble que le vrai talent de M. Viancin s'est tout à fait décelé depuis quelques années; ce talent est la satire légère, enjouée, chantée. Quoique l'imitation de la nature me plaise, cependant j'éprouve, en lisant une pièce comme la chanson sur le magnétisme, un sentiment de honte et de malaise, comme quand je regarde un bossu, un nain ou un crétin. Il ne faut pas jouer avec les laideurs de notre nature. Ce n'est pas l'opinion de V. Hugo; mais V. Hugo, avec tout son talent poétique, dont je conviens, se trompe, selon moi, sur l'essence et le but de la poésie. Je crois que tel est aussi votre sentiment, mon cher professeur, car mes idées datent déjà de votre école.

Vous connaissez le résultat du vote de l'Académie française de jeudi dernier : toute la presse s'en est ébranlée. C'est un hourra contre les académiciens. Je vous avais autrefois parlé des sentiments de M. Droz sur les élections en général : il a voté pour M. Flourens. Son aversion pour V. Hugo est invincible. Mais quoique je sois loin de regarder V. Hugo comme un grand poëte, cette aversion me paraît injuste. La famille Droz et Michelot, car c'est tout un, hommes et femmes, s'insurge contre l'auteur du *Roi s'amuse*, principalement parce qu'il a des mœurs légères. J'avoue que c'est plutôt ce motif d'élimination qui me semble léger. S'il s'agissait de faire un chef d'institution, à la bonne heure; mais pourquoi n'en a-t-on pas dit autant lorsqu'on a élu Nodier, Châteaubriand, etc.? — M. Droz prétend encore que les académies sont dans l'origine des corporations libres; par conséquent que pour y entrer il faut avant tout convenir aux membres, et que le public à cet égard a des notions très-fausses. Je me range encore ici du côté du public. Les académies ne sont plus cela; elles sont et doivent être regardées comme quelque chose de plus élevé. La Convention, en décrétant la formation de l'Institut, en assignant des appointements aux membres, voulait certainement créer un corps d'élite, entretenu dans l'intérêt national, et selon le degré de mérite dans chaque spécialité; elle n'entendait pas protéger et salarier des associations libres pour le bon plaisir de leurs membres.

Dans ma précédente lettre, je vous disais que M. Droz repoussait Berryer, parce qu'il ne voulait pas que l'Académie fût transformée en corps politique, en succursale de la Chambre des députés. Pourquoi donc jeudi dernier a-t-il cru devoir nommer M. Molé? Est-ce que M. Molé a plus de titres à l'Académie que M. Berryer?... Je me suis permis de conclure de tout ce que je viens de voir que tel homme peut être incorruptible à l'égard des solliciteurs, qui est séduit à son insu par son jugement et ses sympathies.

Le même jour de l'exclusion de V. Hugo, a été marqué par le rejet de la dotation Nemours. La famille Droz s'est fort récriée en apprenant que les ministres avaient donné leur démission, appelant cette démarche une *bêtise*. Pourquoi faire de cette dotation une question de cabinet? disait-on. Pour moi, il me semble que dans toute cette affaire, le *Journal des Débats* et les ministres sont les seuls qui raisonnent conséquemment. Qu'est-ce qu'une royauté à qui on compte ses revenus, franc par franc, centime par centime? La monarchie sous Louis XIV avait de grandes principautés, d'immenses apanages qui ne se démembraient de la couronne que temporairement et pouvaient toujours y retourner. La révolution de 1789 a détruit tout cela; et, au lieu de vastes domaines, nous payons au roi une liste civile; donc au lieu d'apanager les princes, nous leur payons des pensions. Car qui veut le roi, veut une famille royale, veut une cour, veut des princes du sang, veut tout ce qui s'ensuit. Le *Journal des Débats* dit vrai : les bourgeois conservateurs et dynastiques démembrent et démolissent la royauté dont ils sont envieux comme des crapauds. Si la royauté est chose indispensable, il la faut vouloir avec ses conséquences; si le roi est un fonctionnaire public, pourquoi le fait-on inviolable? pourquoi sa dignité est-elle héréditaire? pourquoi son effigie sur les monnaies? pourquoi n'est-il pas responsable? Il résulte de tout cela, pour moi, deux faits qui me semblent hors de doute : 1° que la royauté est désormais une chose impossible; 2° que si nous ne pouvons vivre sans elle, nous périrons. Et je crois que le terme est plus près qu'on ne s'imagine : *Ecce fiunt omnia nova.*

On a supputé les revenus du roi ; ils m'ont paru mesquins auprès de ce qu'on voyait sous Louis XIV. La *Grande Mademoiselle* faisait, par contrat de mariage, donation au duc ne Lauzun de plus de 28 millions, ce qui en ferait bien 60 d'aujourd'hui. Le duc de Nemours, avec ses 500,000 francs, n'approcherait pas de cela.

Il court toujours quelques bruits, à travers l'atmosphère parisienne, d'une tentative républicaine pour le printemps prochain. Les uns la craignent et n'y croient

pas ; les autres la désirent mais n'y croient pas davantage. La chose me paraîtrait désespérée et funeste. Au
reste, elle n'est pas encore possible par la raison très-
grande que notre dissolution n'est pas achevée. On
n'aime pas encore la République, et on tient encore par
un lambeau de chair vive à la royauté. Les angoisses
des riches bourgeois sont vraiment risibles. Ils invo-
quent tour à tour la royauté qu'ils voudraient museler,
la religion dont ils prétendent bien se passer, les systèmes d'économie qu'ils n'ont pas la force de comprendre ni le courage d'essayer; ils font appel au
désintéressement du fond de leur égoïsme; ils recon-
naissent et proclament la nécessité d'une réforme
morale, mais ils ne veulent quitter ni leurs plaisirs ni
leurs priviléges. Ces gens-là sont les plus odieux de
tous, et je remercie Dieu (je suis le seul au monde qui
lui rende de pareilles actions de grâces) de les rendre si
malheureux et tout à la fois si peu dignes de pitié. Certainement, je pense comme eux que tout est pour le
plus mal dans le monde actuel, à commencer par eux,
et à finir encore par eux. Au reste, j'aurai bientôt
j'espère, quelque chose de plus explicite à vous dire
sur tout cela.

Il serait possible que d'ici à quatre ou cinq mois, je
publiasse un travail assez considérable que je me propose de dédier à l'Académie de Besançon. Pensez-vous,
Monsieur le Secrétaire perpétuel, que je puisse le faire
sans autre demande préalable que l'avertissement que
je vous en donne ici ? Mon sujet consiste en des recherches psychologiques sur le principe du *juste* et sur ses
développements progressifs dans l'humanité. Si vous
désirez de plus amples explications, je vous dirai que
je donnerai dans cet écrit la démonstration par la méta-

physique, le droit, l'économie politique et l'histoire, de
toutes les propositions qui, dans mon discours sur le
Dimanche, ont été censurées par la commission. Je vous
déclare de plus que ma franchise ne sera pas moindre,
mais pourtant tout aussi mesurée. Si je dis vrai, je veux
que l'Académie devienne elle-même mon chef, *peira
mea et robur meum;* si je dis faux, elle n'est compromise
en rien.

Je viens de lire, dans le *Journal des Écoles*, un article
très-vif contre le cours de M. Michelet, qui le mérite
bien. Ces Messieurs, j'en excepte les professeurs des
sciences, font leurs cours par-dessous la jambe. Le
babil de salon a pris la place de l'enseignement. Cela
a plu quelque temps; et puis, voilà que cet intraitable
public redemande du solide, et ne veut plus être amusé
mais instruit. Tellement que vous autres de la province,
qui faites vos cours sérieusement, c'est vous qui êtes
maintenant la tête de colonne. J'ai suivi pendant un
bon mois MM. Michelet, Rossi, Lenormant, Saint-
Marc-Girardin; je vous le répète, ils ont tous de l'esprit, mais ils semblent avoir tous le mot d'ordre pour
vanter les bienfaits du régime constitutionnel et prêcher la centralisation la plus centralisante. Paris est
tout, la tête et le cœur de la France; ajoutons l'estomac.

J'ai reçu le discours imprimé de votre frère et je lui
ai même écrit à ce sujet. Vous pouvez l'assurer en particulier que je le mets au nombre de mes meilleurs
amis, de ceux que je préfère par toutes les sympathies
de cœur et *d'esprit;* que de ces amis-là, je me flatte d'en
compter déjà six, et qu'il est du nombre des six. Mon
amitié est peu de chose dans un temps comme celui-ci,
parce que je ne suis et ne serai jamais rien dans le
monde; mais je ne demande à être remboursé qu'en

même monnaie, et je lui souhaite de dire de moi ce que je dis de lui. J'aurai peut-être occasion de lui prouver qu'une amitié rude, point complaisante, *nec visu facilis, nec dictu affabilis*, est encore la meilleure. Je lui ai témoigné le désir de savoir ce qui se passe en ce moment dans sa tête ; je lui ai donné en même temps l'exemple de la confiance : j'espère qu'il m'entendra.

Adieu, mon cher professeur et maître, croyez-moi votre tout dévoué pensionnaire.

P.-J. PROUDHON.

Paris, 29 février 1840.

A M. J.-B. PROUDHON

Mon cher cousin, il ne faut pas que Jean en remontre
son curé. Fin contre fin ne vaut rien pour doublure.
Pierre qui roule n'amasse pas mousse. Tant va la
cruche à l'eau qu'enfin elle se casse. Là où la chèvre
est attachée il faut qu'elle broute. Qui veut noyer son
chien, l'accuse de la rage. Il n'est pire sourd que celui
qui ne veut pas entendre. A décrasser un Maure on
perd son temps et son savon..... N'est-ce pas ainsi que
parle la sagesse des siècles? Ne sont-ce pas les maximes
du sens commun? Un homme qui les professe, qui les
admet, qui s'en est pénétré, cet homme-là est-il fou?
J'ai appris, mon cher cousin, avec un vrai chagrin,
que vous aviez été souffrant cet hiver; je m'en console,
puisque vous allez mieux; mais ce qui m'a tout à fait
rassuré et réjoui, c'est que votre raison est plus saine
et plus vigoureuse que jamais. Personne ne doute, à
cet égard, de votre parfait jugement, de votre indomma-
geable bon sens; tandis que moi, chétif, j'ai beau faire
et beau dire, on me croit le timbre fêlé, et je suis sûr
que, malgré tout ce que je viens de vous dire pour vous

tranquilliser sur mon compte, vous n'êtes point encore persuadé.

Non, mon cousin, je ne suis pas fou; je crois seulement que les circonstances où je me trouve ne ressemblent point à celles où des hommes d'âge et de grand jugement, que j'aime et révère, ont pu vivre, et par conséquent qu'il leur est difficile d'apprécier ma position; et qu'ils pourraient avoir tort de me condamner lorsque je professe des opinions un peu excentriques et contraires aux leurs.

Je vous répéterai, quand je serai en face vous, que je n'ai guère vu ici que des gens déraisonnables parmi ceux qui devraient être prud'hommes; que les plus jeunes ne sont pas toujours les moins sages, et que pour se tirer d'affaires dans le monde actuel, il faut certains talents et certaines complaisances que je n'ai pas. Je sais ce que je puis y perdre, et j'en fais le sacrifice; je vivrai de ce que je trouverai, j'y suis résolu; je n'ignore pas que je passerai pour un petit esprit, et je m'en console; je m'attends même à ne trouver à tout cela aucun dédommagement, et je me sens le courage de m'en passer. Le seul avantage que j'espère tirer de l'existence sera de la quitter sans regret; je suis déjà trop fatigué des hommes et des choses pour que je m'attache à rien. J'ai quelques vérités à faire connaitre; je les proclamerai autant qu'il sera en moi, malgré tout. Pourvu que j'accomplisse cette tâche, il ne me soucie de ce que je deviendrai.

Je vous embrasse, mon cousin,

P.-J. PROUDHON.

Paris, 4 mars 1840.

A M. MAURICE

Mon cher ex-associé, vos deux dernières lettres m'ont
fait beaucoup de plaisir, surtout celle du 14 février, où
vous me marquez si cordialement la part que vous
prenez à tout ce qui me touche. Mais je voudrais que
vous fussiez un peu plus satisfait du commerce et des
commerçants ; car, entre nous, vous mériteriez de faire
fortune par la plus mauvaise voie qu'on puisse prendre
pour cela, quoi qu'on dise ; j'entends par là, l'hon-
nêteté et la loyauté. Mon cher ex-associé, vous vous
fâchez contre votre étoile : prenez-vous-en plutôt à
votre probité, dont je vous vois une franche dupe.

Vous me faites des compliments sur ma nouvelle position ; ils sont encore prématurés. Je suis sûr de faire un
travail très-bon en soi pour mon embaucheur, mais il
n'est pas aussi sûr que je réussisse à le lui faire accepter, ce qui au reste ne m'épouvante guère, car je
tirerais plus d'argent en exploitant l'ouvrage, que je
n'en recevrais pour ma collaboration. Mais l'argent est
la moindre chose : pendant que je travaille à la gloire
d'autrui, mes affaires personnelles restent là, et vous

savez que l'occasion doit être saisie au bon moment, parce qu'elle est irréparable : voilà ce qui me tracasse.

Je vous sais gré d'avoir terminé promptement l'affaire avec Vieux, non que j'y trouve plus de profit que vous, mais c'est qu'en vérité le bon sens vous disait que vous ne pouviez faire autrement. Ce garçon-là est trop artiste pour convenir dans les affaires : il lui faudrait repos, chasse, promenade, musique, belle nature et jolie femme. Il s'impatientait de voir que je n'étais pas un esprit prodigue, un intrigant exploitant mon titre de pensionnaire par des flagorneries à tout venant : cela ne pouvait me convenir. Je n'aime pas plus les glorieux qui voudraient devenir riches sans travail, que les littérateurs qui veulent être éloquents et profonds sans études. Vieux et sa famille étaient fatigués de l'imprimerie et de moi, avant d'avoir rien entrepris : je voudrais pouvoir prospérer maintenant, uniquement pour leur causer du regret. Beaucoup de gens sont surpris que je ne sois pas encore coulé à fond, bien que j'aie déjà duré plus longtemps que la société L*** et Ce, tant on est accoutumé à ne vouloir que des entreprises toutes roulantes, et toutes de profit. Peut-être qu'après m'avoir beaucoup plaint, beaucoup blâmé, on finira par me louer outre mesure de ma persévérance. J'espère, mon cher ex-associé, que vous ne serez jamais du nombre de ces sots. Écraser l'infortune et applaudir au succès n'est pas, je le sais, votre philosophie.

Huguenet vous soldera pour moi fin courant les intérêts dont vous lui remettrez la note ; j'ai déjà un mois d'appointements échus, mais je ne sais s'il faudra que j'aille tendre la demi-aune. Ça m'ennuierait.

J'achève en ce moment de transcrire mon *Apologie* ; c'est un nouvel écrit qui fait suite à la Propriété. Un libraire m'offre de le tirer à 2,000 et de me donner 25 cent. par exemplaire à fur et mesure de la vente : je veux quelque chose de plus précis que ce terme qui ne signifie rien. Chose singulière ! mon discours sur le Dimanche que j'ai eu peine à laisser réimprimer à ce même libraire, dans la crainte qu'il ne pût le débiter, s'en va comme pain bénit : en six jours 500 exemplaires étaient enlevés. J'en suis bien aise pour le libraire, car pour moi, j'avais renoncé à mes droits.

Aussitôt mon *Apologie* publiée, je réimprime la *Propriété*, ce que je n'ai tant retardé de faire que par prudence et par un sage calcul. Les deux Mémoires réunis se soutiendront et s'expliqueront l'un l'autre, de sorte que je n'aurai plus rien à craindre à l'avenir.

Voilà où j'en suis pour le moment : du reste je travaille beaucoup, et je voudrais déjà aller faire un tour pour Pâques. Mais ce sera retardé jusqu'au mois d'août.

Sans l'Académie, je ne serais pas mercenaire ; quelque profit que j'y puisse trouver, cela ne me va guère.

J'avais reçu avant votre lettre du 14, une lettre de Mme L***, dont je regarde désormais la raison comme désespérée. Si P*** est à Besançon, elle est perdue. Si, au contraire, il n'y est pas encore, je vous prie de joindre vos efforts aux miens, et au besoin de voir, malgré vos répugnances, les J*** et les L***, afin de la sauver de ses folies. Dans ce but, je laisse ouverte la lettre que je lui écris, afin que vous en preniez connaissance : vous la cachetterez après lecture. Rendez ce dernier service à la mémoire de son mari et à ses enfants. Cette femme n'est ni méchante, ni vicieuse, elle a même de bonnes qualités, mais son cœur et ses sens l'égarent ; et l'isolement où elle se renferme achève de lui ôter le jugement. Il ne faut rien épargner pour l'empêcher d'accomplir son malheur, dussiez-vous, ainsi que moi, lui déplaire et vous en faire une ennemie. Regardez sa haine aussi bien que sa reconnaissance comme zéro. Mais souvenez-vous que les effets de sa conduite intéressant des tiers, qui sont ses enfants, vous pouvez, ainsi que moi, vous mêler à titre d'ami du défunt de cette déplorable affaire.

Mme L*** a refusé déjà des propositions de mariage, à ce qu'elle m'a dit, plus avantageuses que celle de P***, et cela par préférence pour lui; depuis deux ans elle nourrit cette pensée de mariage, qu'on lui ôtera difficilement, et dont je prévois que les suites, de façon ou d'autre, seront désastreuses. J'oserais, si j'étais sur les lieux, faire une opposition très-vive, en soulevant les parents, en éveillant l'amour-propre, et travaillant P*** d'un autre côté; ce serait prendre bien de l'intérêt, j'en conviens, aux affaires d'autrui; mais ce serait faire une bonne action. Et je crois que L*** eût été capable d'en faire autant.

Je vois, à travers vos plaintes, que vous êtes aussi peiné que moi de cette intrigue, c'est pourquoi je fais un appel à votre bonne volonté, et que je viole le secret des lettres, en vous donnant communication de celle ci-jointe. On peut être quelquefois perfide pour produire le bien.

Je vous quitte pour aujourd'hui; dans un mois au plus tard, vous recevrez mon imprimé.

Adieu.

Votre dévoué et fidèle ex-collègue,

P.-J. PROUDHON.

Paris, 21 mars 1840.

A M. MAURICE

Mon cher ex-associé, je vous serais obligé de ne tirer
sur moi que pour la somme de 180 francs, n'étant pas
encore sûr d'être payé de Parent-Desbarres, et comptant d'ailleurs avoir une occasion de vous faire parvenir
l'argent qu'il me donnera. J'ai obtenu de lui qu'il me
paierait les quarante-cinq Bergier (26/24 et 22/21) à
raison de 1 fr. 50 net, le tout en un seul règlement, lui
disant que j'abandonnais à ce prix le salaire de mes
articles sur l'Encyclopédie. Il n'a pu s'empêcher de
montrer de la joie de cette proposition. C'est 200 francs
qu'il gagne d'un coup, et dont je lui décharge la conscience. Que voulez-vous que je fasse ? Je ne suis pas
le seul à qui il doive, et de bien plus fortes sommes ; il
a mille intrigues pour esquiver le paiement ; il m'a
offert des livres dont je ne donnerais pas 10 écus ;
encore n'a-t-il fait que me les offrir. De tout cela j'ai
conclu que mieux vaudrait prendre ce qu'il nous
doit que de conserver éternellement deux mauvaises
créances, et j'ai fait le beau marché que vous voyez.
Je compte qu'il me donnera un petit bon ou de l'ar-

gent comptant; vous recevrez le tout dès que je l'aurai.

Je suis très-ennuyé, très-dégoûté : j'ai mille raisons de haïr l'imprimerie, mais j'en ai de plus fortes encore de m'y réfugier, si je peux, contre l'incertitude et le néant de la littérature.

N'oubliez pas, à l'occasion, de parler de Bergier à Baille et à Turbergue. Parent-Desbarres en vend, peu il est vrai, mais toujours quelques-uns. — Une veine pourrait venir qui en ferait écouler un bon nombre; car on me dit toujours que ceux qui en achètent en sont contents.

Je vous souhaite le bonjour.

P.-J. Proudhon.

Paris, 7 avril 1840.

A M. MAURICE

Mon cher ex-associé, j'ai reçu avant-hier la vôtre du 4 courant, et j'y réponds par une occasion sûre.

Je vous ai écrit, il y a plus de quinze jours ; je ne sais si ma lettre vous sera parvenue, ayant été remise à une personne qui devait partir sur-le-champ, et qui a différé de plus d'une semaine son départ ; de plus, je vous ai adressé un petit billet joint à la lettre que j'écrivais à M. Pérennès le 1er courant.

M. Pérennès ne m'a pas encore répondu, et si je n'ai pas les fonds pour le 10 ou le 11 au plus tard, j'en serai quitte, comme vous voyez, pour les frais d'un retour. M. Pérennès a beaucoup de talent comme littérateur, mais c'est le plus mauvais comptable. Si chacun ne voulait faire que son métier, les choses de ce monde n'en iraient que mieux : mais on veut se mêler de ce qu'on ne sait pas, les avocats veulent être généraux, les beaux esprits, députés, et les philosophes, ministres. L'ambition des bavards de toute espèce est le véritable fléau de notre époque.

Je fais de nouvelles instances aujourd'hui pour être

payé, mais je ne compte plus sur rien, si ce n'est de payer les frais de la traite. Vous recevrez du reste les 180 fr. 80 aussitôt que je les aurai, à Besançon, par les mains de M. Huguenet, à qui j'adresserai l'argent.

Je souhaite prospérité à Bintôt; mais je crois qu'il n'avait pas besoin de s'accrocher à cette nouvelle galère, ou pour mieux dire à ce brûlot. Bintôt vit au jour la journée depuis vingt ou trente ans; il a envie de se faire sauter.

J'irai voir MM. Gaume et leur proposerai des *Jeûnes de J.-C.* Je n'en attends pas grand'chose. Cet ouvrage convient particulièrement à Bailly, qui réunit dans son magasin tous les livres de cette couleur, ceux même qui sont défendus, l'*Amour le plus pur*, par exemple. Il faudra s'entendre avec lui. Vendez pour tout ce qu'on vous donnera.

Je compte toujours vous revoir en juin ou juillet. Si l'Académie, fidèle à ses principes de cagotisme et de monarchisme rétroactif, refuse de prendre en considération mes nouvelles recherches, je quitte aussitôt la littérature, que je n'aime pas, et je rentre dans mes occupations bourgeoises, attendant pour écrire que le loisir et le repos me viennent.

Je vous salue.

P.-J. PROUDHON.

Paris, le 19 avril 1840.

A M. MAURICE

Mon cher ex-associé, j'ai reçu de M. Pérennès un bon payable le 5 de mai prochain, ce qui fait que vous serez remboursé le 10 du même mois, au plus tard, par les mains de M. Huguenet. En attendant, je vous remercie de m'avoir évité les frais d'une traite, et je vous envoie encore le bon de Parent-Desbarres, de 69 francs, pour solde de compte.

Je vous ai écrit il y a un mois environ, par occasion; la lettre, d'après ce que j'ai appris depuis, doit vous être parvenue il y a douze ou quinze jours. De pareilles occasions sont de vrais guet-apens; il faut être fou pour s'en servir; mais il faut être sot pour les offrir.

J'ai retrouvé, il y a deux jours, mon ancien amateur d'imprimerie qui doit venir me voir pour causer d'affaires; Dieu l'inspire et me protège et que vous et moi puissions être quittes! Ce jour-là, je vous serrerai la main cordialement.

La librairie dégringole toujours; la confiance et la prospérité ne renaissent pas, malgré le ministère parlementaire, et quand nous aurions Garnier-Pagès, ce serait encore la même chose.

Je vous souhaite le bonjour.

P.-J. PROUDHON.

Paris, 3 mai 1840.

A M. BERGMANN

Mon cher Bergmann, je ne puis m'empêcher d'être touché jusqu'au fond de l'âme des témoignages si vifs de ton amitié ; j'y retrouve toute la chaleur, toute l'effusion de Fallot qui savait comme toi être et se montrer ami. Je ne suis pas heureux sans doute ; mais pas un riche, pas un de ces heureux, du siècle n'aura été aussi bien partagé que je le suis du côté de l'amitié : j'ai pleuré déjà de vrais amis frappés par la mort, j'en conserve de plus nombreux et, s'il est possible, de plus dévoués. Quelqu'un s'est chargé de m'apprendre que je déplais généralement dans ma patrie : cela m'afflige, mais ne me surprend pas. Dans une ville d'argent et d'orgueil, je me flatte de ne pouvoir être connu et de rester indifférent ; il faut m'aimer ou me haïr.

J'accepterai avec plaisir ton billet de 85 francs ; le moment est venu où j'en puis avoir besoin. Je touche après-demain ma pension (750 francs échus au 22 mars)· j'expédie sur-le-champ 500 francs à Besançon, et je dois déjà 70 francs sur la place de Paris : reste 180 francs. Comme je me propose de partir dans six semaines, e.

qu'auparavant je désire publier mon livre, ton argent
pourra m'être nécessaire.

J'ai déjà écrit à un libraire qui n'a pas daigné me
répondre. Les libraires en vogue sont de grands sei-
gneurs qui méprisent singulièrement les auteurs inconnus. Je vais m'adresser à un autre, qui sans doute ne
me répondra pas davantage. Au reste, le ton que je
prends avec ces messieurs est peu engageant ; mais
j'aime mieux leur laisser des témoignages de fierté que
de soumission. Je trouverai toujours quelque malheureux, peu en crédit, pour qui deux ou trois cents francs
à gagner ne seront pas chose à dédaigner. Je puis
m'engager à prendre 200 exemplaires sur 500 que l'on
tirerait ; les frais d'impression étant ainsi payés par un
placement fait d'avance, il me semble que les plus
grandes difficultés sont levées.

Je n'accepte pas la prophétie de martyre que tu me
fais : tu juges trop mal de la rouerie du pouvoir, de
l'ignorance du public et de la tyrannie exercée par les
meneurs de l'opinion. Le premier a intérêt à laisser
mourir la vérité ; le second entend sans comprendre et
regarde sans voir ; les autres ne se soucient guère que
leur charlatanisme soit dévoilé. Non, non, je ne serai
ni martyrisé, ni inquiété, ni même lu ; l'Académie de
Besançon continuera à penser que j'ai de l'originalité
et de l'audace, mais que je suis homme à paradoxes ;
les plus sages me plaindront sincèrement de perdre si
follement mes peines, et tout le monde à la fin me dira .
Te voilà bien avancé, beau réformateur !

Que dis-je ? je ne souffrirai pas le martyre ? En est-il
un plus douloureux que l'oppression des fourbes et des
sots ? Ah ! si mon cœur saigne quelquefois, c'est de
voir mon zèle inutile et tous les efforts de ma raison

vainement dépensés. Ma consolation est grande, j'en
conviens ; le suffrage de quelques hommes de cœur et
d'intelligence, tels que toi, suffit pour me dédommager
de tout. Mais n'est-il pas pénible de voir le malade
refuser le remède, l'aveugle se refuser à l'oculiste, et
l'art ainsi que la vérité devenir inutiles ?

Laissons cela. Mon ouvrage est fini et j'avoue que
j'en suis content. Je ne puis y penser sans un frémis-
sement de terreur. Quand je songe à l'effet qu'il pro-
duirait infailliblement, publié par un Arago, j'éprouve
les mêmes palpitations qu'un Fieschi à la veille de faire
partir une machine infernale. Jusqu'au moment où
j'entrepris de connaître à fond la pierre angulaire de la
politique, je n'en avais réellement aucune idée ; j'étais
à cet égard dans les mêmes ténèbres où sont plongés
tous mes semblables, depuis le chiffonnier jusqu'aux
Merlin et aux Portalis. Depuis plusieurs années, des
doutes, des lueurs incertaines, de fugitives clartés agi-
taient mon esprit ; je me suis mis à l'étude et j'ai vu
mes efforts couronnés de succès. La vérité se montre à
qui la cherche, mais il faut savoir la chercher. Elle
exige des efforts, des soins, de l'opiniâtreté, de la bonne
foi et une grande défiance de notre raison. Combien de
fois j'ai dû me corriger moi-même ! Grâce au ciel, je
crois désormais que, hors le style et quelques points
relatifs à l'érudition, aucune proposition avancée par
moi ne peut être reprise. Nous avons un principe pour
la science sociale : reste à la faire maintenant.

Encore une fois, mon livre passera inaperçu ; on le
signalera peut-être au fond de quelque diatribe dynastique, comme un exemple de la *rage impuissante* des
partis et de la *liberté* dont le pouvoir nous laisse jouir,
mais le lire ! Non, jamais. — Quel est l'auteur ? Un im-

prumier nommé Rodon, ou Prudont, ou Broudon, etc.
Le déférer au parquet ? Ah ! parbleu ! je les attends là.
Tout serait perdu, vois-tu, si l'on me faisait un procès.

Mais qui peut sonder, grand Dieu! ta puissance infinie?
Peut-être que la lumière, contre mon espoir, se communiquera peu à peu, et que nous n'irons pas loin sans
en ressentir les résultats. Maguet m'assure le placement
de 25 à 30 exemplaires, parmi des étudiants ; un de
mes compatriotes a déjà une liste d'une cinquantaine ;
Dessirier compte sur 15 à 20 ; j'ai imposé tous mes *amis*,
qui, malheureusement, ne brûlent pas tous du feu sacré;
l'Académie de Besançon, compromise par ma dédicace,
sera forcée de parler ; quelques annonces faites dans
les journaux éveilleront la curiosité; et qui sait? Que
les journaux viennent à s'occuper du livre, et l'affaire
est bâclée.

Tu dois rire en me voyant cette extraordinaire confiance ; c'est, mon ami, que je ne connais rien dans les
sciences, dont la découverte ait jamais produit un effet
pareil à celui que la lecture de mon ouvrage est capable
de produire. Je ne dis pas : qu'il soit compris ; je dis
seulement: *qu'il soit lu*, et c'est fait de la vieille société.
Il ne se peut rien de plus clair, de plus simple, de plus
démonstratif, de mieux enchaîné que les cinq chapitres
dont se compose mon premier Mémoire, car j'ai résolu
de partager mes publications, et cela tient autant à la
méthode qu'à l'arithmétique dont j'ai fait usage.

J'ai honte de me donner tant d'éloges ; mais un
ami les pardonne. D'ailleurs, pour tout dire, la vérité
une fois connue, comprise et pratiquée, mon livre
devient à jamais inutile, et même trivial et sot. C'es
le sentiment qu'il me fait éprouver à moi-même : je
songe que ce n'est point là réellement de la science,

mais une démonstration digne d'Arlequin ; en sorte que
je regarde mon travail, non comme une *étude*, mais
comme un *sacrifice*. Il faut bien que quelqu'un se dévoue pour que les autres étudient : eh bien ! étudie
pour moi, tandis que je ferai la guerre. Tu me trouveras
un jour bien ignorant ; mais tu te souviendras que mon
ignorance est venue de la bêtise des autres.

Je compte aller te voir cet automne, car je ne revien-
drai pas à Paris.

Ackermann se plaint des difficultés de la langue
allemande, qui lui donne plus de fil à retordre qu'il ne
s'y attendait d'abord. Ses affaires sont assez médiocres.
Tous nos amis te saluent et me chargent de t'exprimer
leur sincère affection.

Marque-moi combien d'exemplaires tu désires que je
t'envoie ; tu les placerais, et pour n'avoir pas l'air d'un
colporteur, tu pourrais dire, ce me semble, que c'est
une *bonne œuvre*, faite par souscription. Au reste, je les
débiterai encore mieux moi-même ; et je ne doute pas
que cette impression, qui m'oblige à t'emprunter, ne
me rapporte de quoi te rendre.

Adieu, je t'embrasse de tout mon cœur ; dans un mois
tu auras de mes nouvelles.

P.-J. PROUDHON.

P. S. J'aurai soin de tes lettres, en cas de malheur.

Paris, 29 mai 1840.

A M. J.-B. PROUDHON

Mon cher cousin, votre dernière lettre m'a causé un
extrème plaisir, malgré les fines railleries que vous m'y
jetez à pleines mains; je sais supporter à merveille la
plaisanterie, je ne crains que la colère des personnes.
Moquez-vous de moi tant que vous voudrez, pourvu
que les reproches n'en soient pas, cela ne me fera point
de mal.

Je ne suis ni saint-simonien, ni fouriériste, ni babou-
viste, ni d'aucune entreprise ou congrégation réformiste.
Je crois seulement qu'en fait d'économie, de politique
et même de morale, comme en chimie et en astronomie,
le dernier venu est toujours celui qui en sait le plus.
Les plus grands esprits ne sont donc pas nécessairement les plus savants, et tel qui, né de notre temps,
eût étonné les Aristote et les Cicéron, s'il eût été leur
contemporain, serait mort dans l'obscurité. Nous ne
valons pas par ce que l'on nous apprend, nous valons
par ce que nous faisons. Or, mon cousin, dussiez-vous
en rire encore, avec ce que je sais, et qui n'est pas
grand'chose, je compte faire un pas de plus que mes
devanciers; c'est fier, j'en conviens, mais cela sera, ou

!e m'y perdrai. Je ne travaille pas pour faire un métier; à travailler pour vivre, je préfère l'atelier à la plume. Or, il m'est acquis désormais que mes études ne me rapporteront jamais un centime, du moins je ne l'espère pas. C'est triste! direz-vous; non, mon cousin, c'est naturel.

Je m'occupe à mettre la dernière main à un manuscrit que je compte imprimer à Paris sous peu. Il me tarde que cette affaire soit bientôt terminée, parce que les détails d'impression et de révision prennent toujours beaucoup de temps, et que je ne voudrais pas n'avoir fait que cette seule étude dans mon année. J'espère, mon cousin, vous embrasser avant peu, étant bien résolu d'assister au congrès scientifique qui doit avoir lieu à Besançon en septembre prochain, et de profiter de ce temps pour faire un bout d'inventaire à mon imprimerie.

Je fais un ouvrage diabolique et qui m'effraie moi-même; j'en sortirai brillant comme un ange, ou brûlé comme un diable; priez Dieu pour moi.

Bonjour, mon cousin.

P.-J. Proudhon.

Paris, 29 juin 1840.

A M. BERGMANN

Mon cher Bergmann, tu recevras dans quelques jours, par la poste, mon ouvrage sur la *Propriété*, volume de deux cent cinquante pages. Je ne t'en envoie pour le moment qu'un exemplaire, parce que j'ai lieu d'espérer que mes deux cents exemplaires seront placés sans que j'aie besoin de te mettre à contribution ; dans tous les cas, si quelqu'un doit supporter les charges de cette impression, c'est moi, ou même c'est l'Académie de Besançon. Je ne l'entends pas autrement.

Les 85 francs que j'ai reçus de toi m'ont été de très-grand secours, et je t'en remercie. Puisque tu n'en as pas besoin, je ne m'inquiéterai pas du remboursement, attendant pour cela que je sois en condition plus favorable.

Je partirai d'ici dans les premiers jours de juillet, avec notre ami Elmérick, qui va à Strasbourg et passera par la Franche-Comté. J'attendrai à Besançon, rue des Chambrettes, 19, ta réponse à celle-ci, et ton jugement ou plutôt tes consolations sur mon livre.

Perdre six mois à prouver des choses plus claires que le jour, et dont l'ignorance fait pourtant seule tous les maux du genre humain, cela est bien fait pour dépiter un esprit curieux d'apprendre, et pour humilier notre orgueil. Encore si l'on tenait compte d'un pareil sacrifice! Mais qu'espérer d'un peuple étourdi par un millier de meneurs et qui en est toujours à admirer celui qui parle le plus? Qu'attendre de journalistes dont les intérêts ne sont pas ceux de la vérité; de politiques et de philosophes sans cœur et sans génie? Je rentre à Besançon; je vais mettre ordre à mes affaires, m'occuper des moyens de vivre, et me préparer lentement à d'autres travaux, car désormais je veux philosopher, étudier et imprimer pour moi et pour mes amis, n'attendant rien de personne. Je recevrai avec plaisir tes observations et tes conseils; j'en sens tout le besoin : j'ai travaillé cette année sans conversation, sans être jamais échauffé par une intelligence. J'ai vécu dans le vide; je crains bien que tu ne t'en aperçoives. Pour fuir l'inanité, je rechercherai désormais la solitude.

Le père Droz est parti depuis le 7 juin et ne rentrera à Paris qu'après mon départ : je ne le reverrai plus. Cet homme est bon, honnête et plein de bienveillance pour moi; mais c'est bien l'esprit le plus antiphilosophique, le génie le moins scientifique qui fût jamais. Nous ne pouvons nous entendre. D'ailleurs. il désespère de moi; je le vois, je le sais, il me le fait entendre assez clairement : il m'est trop pénible de vivre avec des gens qui ne me rendront jamais justice parce qu'ils ne comprendront jamais mes idées.

L'ouvrage que je viens de terminer m'a fait naître quelques idées sur le style et l'art d'écrire que j'ai dessein de mettre une fois en pratique : je commence

à sentir que je pourrais être quelque chose comme
écrivain. Désormais je travaillerai plus lentement et
me déferai de la sotte présomption de croire que mes
idées ne peuvent être retardées dans leur publication
par des soins de forme et d'exposition, sans que la vérité et le bien public soient compromis.

Maguet se livre avec ardeur aux études de son état :
je lui trouve un esprit à la fois simple et sage, et pré-
férable cent fois au brillant des hommes à imagination
et à systèmes. Peu de gens t'aiment et t'estiment autant que Maguet; il m'est agréable de te le dire, mon
cher Bergmann, parce que je t'aime et t'admire plus
que personne, et que, devant vivre assez rapproché de
Maguet, je ne pouvais guère m'entretenir de toi qu'avec
lui.

Elmérick commence à obtenir quelques succès dans
son art et à faire de jolies choses. S'il peut prendre un
peu de consistance, devenir homme, étudier, lire, méditer et faire de la peinture avec autant de sérieux que
d'autres y mettent de légèreté, il pourra devenir un
artiste distingué. Déjà il vise au simple, au naturel, et
il cherche à mettre de l'âme dans ses compositions. Ce
n'est pas le défaut de ses confrères : jamais peut-être
on ne vit un tel matérialisme dans les arts.

Je m'aperçois que je cède au plaisir de la conversation et que je fais dans une lettre un peu de commérage. Écris-moi, je t'en prie : j'en ai besoin; donne-
moi des conseils, nul ne le peut mieux que toi, et de
personne je ne les recevrai plus volontiers. J'ose espérer que mon travail te suggérera plusieurs idées
dont il sera bon que je profite.

S'il te fallait quelques exemplaires de plus, je te les
expédierais de Besançon.

Peut-être les circonstances me ramèneront-elles à Paris l'hiver prochain ; je ne puis rien affirmer à cet égard ; mais, en ce cas, je suis résolu de passer par Strasbourg et d'y séjourner un jour ou deux.

Adieu. Je t'embrasse ; ne me laisse pas languir : je me sens encore quelque feu dans la poitrine, mais j'ai besoin qu'on l'attise.

Tout à toi.

P.-J. Proudhon.

Paris, 2 juillet 1810.

A M. ACKERMANN

Mon cher Ackermann, je pars dans quatre ou cinq
jours, pour rentrer dans mon imprimerie et aviser au
moyen de vivre et de philosopher encore, car je n'ai
pas fini. Mon traité de la Propriété n'est, comme bien
vous pensez, qu'un prélude. Je vous suppose assez
d'intelligence pour comprendre les raisons de ma retraite : un pareil livre ne méritera jamais à son auteur
les récompenses secrètes du ministère, les éloges des
Académies et le suffrage des partis. J'ai cherché la vérité pour la dire, quelle qu'elle fût, et il est arrivé que
je n'ai eu que des choses déplaisantes à formuler. J'ai
écrit à Bergmann que j'attendais de lui des consolations
bien plus que des compliments; je vous en dirais autant, si vous ne m'aviez pas mis absolument de côté.
Voir et savoir est la vie des êtres pensants; mais que
cette vie est dure! Depuis le jour où J.-J. Rousseau
écrivit la profession de foi du *Vicaire savoyard*, aucun
homme peut-être n'a eu une conscience plus forte de
la vérité de ses écrits, aucun n'a été livré à une tristesse plus profonde qu'est la mienne.
Paris est le même qu'à votre départ : bête, immonde,

bavard, égoïste, orgueilleux et dupe. Depuis les mou-
tards jusqu'aux pairs et aux ministres, tout est livré à
la cupidité et au plaisir. On marche sur ceux qui se
pâment de faim : pourvu qu'on braille dans un banquet politique et qu'on se livre au ribaudage, on est
content. Nous sommes au temps de Commode et de
Caracalla.

M. Bounet n'est pas plus content de son sort que
moi; il me disait hier que vous pourriez bien pousser
jusqu'à Saint-Pétersbourg; je vous le conseillerais
volontiers si cela ne vous éloignait pas de plus en plus;
car il me semble que plus on se rapproche des Scythes,
plus on marche vers la civilisation.

Écrivez à Bergmann, à Strasbourg, pour lui et pour
moi; vous recevrez nos lettres en même temps.

J'espère qu'une autre fois je vous en dirai davantage.
Ma pensée est pauvre, comme mon cœur est désolé.
Cependant je vous aime, et si je vous savais content
j'en éprouverais du soulagement.

Votre ami pour la vie.

P.-J. PROUDHON.

P.-S. Tous les amis vont bien ; tous font cause commune avec moi pour la propagation de la vérité. Je
joins à mon travail sur *la Propriété* un discours sur le
Dimanche, pour le premier honnête homme que vous
rencontrerez.

Besançon, 22 juillet 1840.

A M. BERGMANN

Mon cher Bergmann, tu as dû recevoir le 4 du courant un exemplaire grand in-18, broché, sous bande, et par la poste, par conséquent affranchi, de mon ouvrage : *Qu'est-ce que la propriété?* J'espérais trouver ici à mon arrivée une lettre de toi, et je crains que l'exemplaire dont je te parle ne te soit pas parvenu.

Quoi qu'il en soit, l'effet de ce volume, qui aurait pu être gros, s'il était moins compacte, est d'étonner et d'effrayer le lecteur, de le forcer à réfléchir, ce qui est encore mieux. Cependant, comme je te l'avais prédit, bien que des envois aient été faits à différents journalistes et feuilletonnistes, aucune annonce, aucun article n'a encore paru et ne paraîtra; l'éditeur lui-même, un imbécile, refuse de faire les frais de la plus petite annonce ou réclame dans les journaux, et il se plaint ensuite que la vente n'aille pas. Deux cents exemplaires ou même davantage, car j'ignore ce que l'imprimeur a pu vendre, ont été pourtant enlevés en quinze jours, sans publicité, sans recommandation, et par le seul effet des premières lectures. Pour ce qui me concerne, Dessirier me mande qu'il aurait besoin de 70 francs pour compléter les 300 que je me suis obligé de verser entre les mains de l'éditeur : ce qui signifie que, sur

230 exemplaires dont je m'étais chargé, 73 restent encore à placer.

Ainsi, mon cher Bergmann, si les dispositions de ton esprit et l'état de ta bourse étaient encore les mêmes qu'il y a six mois, je te serais obligé de me faire tenir une centaine de francs, que je te rembourserais au plus tard dans les premiers jours d'octobre prochain, après l'écoulement de ce qui me reste d'exemplaires et le solde de ma pension. Je ne te parle pas encore des 85 francs du mois de mai passé : je ne serai pas de sitôt à même de te les rendre; je te les ai demandés pour vivre; je te demande ces 100 francs pour une opération de commerce : par conséquent, je dois t'en rembourser de la même manière.

L'effet de mon livre sur l'Académie a été terrible pour moi : on a crié au scandale, à l'ingratitude; le père Droz, qui se trouvait à Besançon dans le temps de la réception de l'ouvrage, a fait une larmoyante homélie qui a indigné tout le monde. Je suis un ogre, un loup, un serpent; tous mes amis et bienfaiteurs s'éloignent de moi et m'abandonnent à mon sens réprouvé. Désormais tout est fini ; j'ai rompu mes liens; je suis sans espérance. On voudrait presque m'obliger à une espèce de rétractation; on ne me lit pas, on me condamne. Jamais je n'ai vu tant d'animosité contre un auteur, et jamais en même temps tant de bêtise académique; les choses qu'on me reproche le plus feraient rire si elles ne prouvaient l'égoïsme et l'amour-propre des propriétaires attaqués dans leur fort.

Je vais fermer bientôt mon atelier d'imprimerie, qui ne sert qu'à m'endetter de plus en plus, et que mes derniers clients fuiront bientôt, à la suite du clergé et des cagots de l'Académie. Désormais je n'ai pas un

morceau de pain à gagner à Besançon, et comme mes
dernières ressources sont épuisées, il faudra que je
retourne à Paris ou en Suisse pour m'y faire correcteur
ou compositeur. Crois-tu que Strasbourg offre quelque
ressource à un typographe exilé de son pays, pour avoir
dit trop vrai? Toutes les carrières me sont désormais
fermées; on croirait se compromettre en me protégeant;
il y a même ici des gens qui lisent mon livre en secret
et ne veulent pas qu'on le sache.

J'aurai bientôt peut-être à te dire pis que tout cela;
en attendant, je désire que tu m'écrives, quand même
tu ne pourrais rien pour les 100 francs que je te
demande, et que je trouverai ailleurs. C'est une préférence dont tu te passerais bien, mais que ma condition
de patron imprimeur m'a forcé de te réserver.

J'ose croire que tu auras reconnu dans mon ouvrage
la même philosophie que tu as mise dans ta thèse
latine; mais t'aurais-je mécontenté en mettant ton nom
dans une note? J'avoue que, si j'avais écouté mon cœur,
je t'aurais appelé mon ami, et qu'il m'a été pénible de
ne parler de toi que comme d'un étranger. Du reste,
cette citation n'est pas le moins du monde compro-
mettante pour toi; l'Académie de Besançon, qui sous
ce rapport aurait bien plus à se plaindre, n'a fait que
rire de ma prétention de l'associer à mes idées. Ce
qu'elle me reproche n'est pas de l'avoir voulu rendre
complice, mais bien d'attaquer la propriété et l'Église.

Écris-moi, je t'en prie, ne fût-ce que pour me dire
qu'il ne te convient plus que nos relations continuent...
Mais il me semble que je viens de prononcer un blas-
phème, et je t'en demande pardon.

Je t'embrasse; tout à toi,

P.-J. PROUDHON.

Besançon, le 3 août 1840.

A MM. LES MEMBRES DE L'ACADÉMIE
DE BESANÇON

Messieurs, j'ai appris par les confidences de quelques-uns de mes amis que la publication de mon Mémoire sur la *Propriété*, et surtout la préface adressée à l'Académie de Besançon, qui se lit en tête de ce Mémoire, ont soulevé contre moi votre mécontentement, pour ne pas dire votre indignation. C'est le motif qui m'engage à vous expliquer ici, en peu de mots et dans toute leur simplicité, ma conduite et mes intentions.

D'abord, ce que l'on a pris pour une dédicace n'est qu'un simple compte rendu, que ma condition de pensionnaire Suard et l'obligation qui m'est imposée de faire connaître chaque année le progrès de mes études me semblaient expliquer suffisamment. Je savais qu'une dédicace est une attestation de patronage de la personne ou du corps à qui l'on dédie, partant qu'elle doit être consentie ou même concertée entre les intéressés; je n'ai pas voulu m'affranchir de cette règle de convenance. D'autre part, un compte rendu est nécessairement déterminé pour le fond et pour la forme par

l'œuvre dont on rend compte; c'est là, Messieurs, ce
qui explique le silence que j'ai gardé envers vous, et
sur l'ouvrage, et sur l'adresse qui le précède.

Quant au livre en lui-même, je ne soutiendrai pas
ici la cause que j'ai embrassée; je n'ai nulle envie de
me poser devant vous en adversaire, non plus qu'en
accusé; ma conviction, que dis-je? la certitude où je
suis des vérités que j'ai développées est invincible, et
je respecte trop votre opinion, Messieurs, pour la combattre jamais directement. Mais, si j'avance des paradoxes inouïs sur la Propriété, cette base de notre état
politique actuel, s'ensuit-il que je sois un révolutionnaire implacable, un conspirateur secret, un ennemi de
la société? Non, Messieurs; en admettant sans réserve
mes doctrines, tout ce que l'on en pourrait conclure et
tout ce que j'en conclus moi-même, c'est qu'il existe
un droit naturel, inaliénable, de *possession* et de travail,
à la jouissance duquel le prolétaire doit être préparé,
tout comme le *noir* des colonies, avant de recevoir la
liberté dont personne aujourd'hui ne conteste le droit,
doit être préparé à la liberté. Cette éducation du prolétaire est la mission aujourd'hui confiée à tous les
hommes puissants par l'intelligence et la fortune, sous
peine d'être écrasés tôt ou tard par une inondation de
ces barbares auxquels nous sommes convenus de donner
le nom de *prolétaires*.

Répondrai-je à une autre espèce d'accusation? On
a vu dans ma conduite avec mon tuteur académique,
auquel je n'ai jamais fait aucune communication, une
sorte d'ingratitude.

Ma conduite à l'égard de M. Droz m'a été dictée par
un sentiment de convenance; pouvais-je entrer avec ce
vénérable écrivain dans des conférences sur la morale

et l'économie politique, lorsque ces conférences devaient avoir, selon moi, pour résultat de mettre en doute la valeur des écrits moraux et économiques de M. Droz? Devais-je me mettre en un état de contradiction et pour ainsi dire de désobéissance permanente avec lui? Personne plus que moi n'aime et n'admire le talent de M. Droz; personne n'éprouva jamais une vénération plus profonde pour son caractère. Or, ces sentiments étaient précisément autant de raisons qui m'interdisaient une polémique délicate et pour moi trop périlleuse.

Messieurs, la publication de cet écrit m'a été commandée par l'ordre de mes études philosophiques. C'est ce que l'avenir vous démontrera. Un dernier Mémoire me reste à composer sur la question de la Propriété; ce travail exécuté, je poursuivrai, sans me détourner de ma route, mes études de philologie, de métaphysique et de morale.

Messieurs, je n'appartiens à aucun parti, à aucune coterie; je suis sans prôneurs, sans compères, sans associés. Je ne fais point de secte, je repousserais le rôle de tribun, quand même on me l'offrirait, par l'unique raison que je ne veux pas m'asservir! Je n'ai que vous, Messieurs, je n'espère qu'en vous, je n'attends de faveur et de réputation solide que de vous. Je sais que vous vous proposez de condamner ce que vous appelez mes *opinions*, et de repousser toute solidarité de mes idées. Je n'en persiste pas moins à croire que le temps viendra où vous me rendrez autant d'éloge que je vous ai causé d'irritation. Votre première émotion passera, le trouble qu'a dû faire naître en vous l'expression hardie d'une vérité physique et économique encore inaperçue se calmera, et avec le temps et la réflexion, j'en suis sûr, vous arriverez à la conscience éclairée de vos propres sentiments que vous ne connaissez pas, que vous combattez, et que je défends.

Je suis, Messieurs, avec la plus parfaite confiance en vos lumières et en votre justice, votre très-humble et dévoué pensionnaire.

P.-J. PROUDHON.

Besançon, 10 août 1840.

A M. TISSOT

Monsieur Tissot, j'ai été agréablement surpris, si
jamais je le fus, de recevoir les nouveaux ouvrages que
vous me faites l'honneur de m'adresser. Je commence
m'estimer moi-même, à mesure que je vois des
nommes, en la moralité et les lumières desquels j'ai
toute confiance, me témoigner tant d'amitié et d'estime.
Pardonnez ces sentiments à un homme qui fut trop
longtemps sauvage, et qui s'étonne encore quelquefois
de rencontrer des hommes simples, sociables et bons,
surtout quand ils sont philosophes. Vous savez mieux
que moi combien de réflexions critiques soulève aujour-
d'hui le nom le plus beau que la raison humaine ait
jamais imaginé, le plus difficile à mériter et à porter
dignement. J'ai rencontré ici un de vos confrères en
professorat (je ne dis pas en philosophie, car je commencé à douter qu'il ait foi en la philosophie), lequel,
après m'avoir donné beaucoup d'éloges et m'avoir un
peu séduit, tant l'amour-propre est crédule ! a fini par
m'inspirer de la défiance et des doutes sur la sincérité
de ses paroles. Il m'est revenu qu'il disait ailleurs tout

le contraire de ce qu'il me disait à moi-même... Je
vous avoue que j'ai trouvé cela très-peu philosophique ;
car je pensais que la crainte, le respect humain ou
l'intérêt sont des passions tout à fait étrangères au
philosophe.

Or, le philosophe dont je vous parle, homme d'esprit
au demeurant, est la plus forte tête de l'Académie
bisontine. *Ab uno disce omnes.* Tout ceci entre nous.

Le *Franc-Comtois* s'imprime chez M. Deis : je n'ai
reçu ni *prospectus*, ni avis du journal, ni..., etc. Cette
publication périodique est destinée, dans l'intention du
fondateur, *à exciter et à développer l'esprit patriotique en
Franche-Comté*, ce qui est très-beau assurément ; mais
voici comment l'on entend cette excitation patriotique :
le journal ne traitera jamais aucune question de *politique générale*, ni de *religion ;* notez ces deux points : il
ne s'occupera que de sujets d'*intérêt local* et des *innom-
brables besoins matériels, intellectuels et moraux de notre
belle et chère province.* Ceci est ou absurde ou contradictoire. Je n'insiste pas avec vous sur la démonstration. Tout ce qui est d'intelligence, de morale et d'intérêt,
est de religion et de politique générale. Cela se conçoit
d'emblée.

En un mot, le *Franc-Comtois* a pour objet de réduire
l'intelligence, le cœur et l'imagination des Francs-
Comtois aux proportions du *moi* provincial, ce qui, au
point où la civilisation est parvenue, est un pas rétrograde et une prétention monstrueuse.

Le *Franc-Comtois* est essentiellement l'organe de
l'Académie ; son premier numéro contient un article
de M. Perron, un autre de M. Pérennès, etc. C'est une
faute... Une Académie littéraire et morale doit éviter,
selon moi, d'entrer dans le journalisme et de se livrer

à la polémique quotidienne ; il lui en arrivera mal, je le lui promets.

Enfin, les *Francs-Comtois* du nouveau journal l'annoncent comme exempt de *préjugés*, de toute *influence*, de tout *intérêt particulier :* ce mensonge est le premier dont leur feuille sera l'inépuisable semoir.

J'ai lu, il y a quelques jours, un article de la *Revue des deux Bourgognes*, dont le titre m'intéressait vivement, et qui vous concerne personnellement, monsieur le philosophe. Je n'ai jamais rien vu de plus pitoyable, de plus inique, de plus *bête*, que cet article de l'abbé Doney sur la méthode philosophique et la méthode catholique. J'en ai exprimé hardiment ma pensée, ce qui a paru scandaliser les gens ; je me suis fâché et j'ai voulu argumenter ; on ne me comprenait plus. Courage, philosophe ; vous frappez fort, et vous frappez juste, puisque les théologiens se fâchent; la démonstration de votre dire est tout entière dans leur barbouillage.

Pour moi, je n'ai pas lieu de me louer ; je suis vu de mauvais œil ici ; l'irritation a été portée au comble ; on pense à me retirer la pension ; on n'espère plus rien de moi, dans le temps même où j'ose dire que l'on devrait espérer le plus ; on m'abandonnera au moment de ma force et de ma fécondité. La colère s'accumule et s'empile dans mon âme; si jamais le fils se révolte contre la mère, s'il ose une fois révéler la turpitude de celle qui lui donna le jour, malheur, malheur à elle ! Jusqu'ici, je n'ai fait que mes exercices ; je regarde ce que j'ai publié comme des *juvenilia* ; mais le conscrit deviendra vétéran, et, encore une fois, malheur aux *crânes!*

Je ne puis avoir aucune explication avec vous sur mon ouvrage, dont vous vous contentez de me dire que

vous acceptez quelques parties, et que vous en repoussez d'autres; je vous serais pourtant obligé de me formuler d'une manière plus précise vos critiques. C'est
ce qu'a fait Bergmann, de Strasbourg. Je me propose
d'écrire un second Mémoire sur la Propriété, plus intéressant que le premier ; et ce serait pour moi un
triomphe d'avoir quelques assertions à redresser dans
mon propre ouvrage, afin de mieux faire comprendre
au public que la philosophie est une science d'observation, déduite ou plutôt induite d'une multitude de
faits, et que la métaphysique est fondée sur une espèce
d'opération intellectuelle plus difficile encore que l'algèbre, et tout aussi certaine. Voilà ce que je voudrais
faire dans mon second Mémoire, et ce que vos observations me permettraient sans doute d'exécuter.

Je n'accepte pas l'épithète de *cynique* que vous me
décernez, et qui n'est juste que pour un auteur qui
raisonnerait au point de vue d'une société différente de
celle que je me fais par anticipation. L'égalité supporte
la vivacité et la brusquerie des formes ; elle amène
même l'invective et le sarcasme, lorsqu'un des conten-
dants élève ses prétentions au delà de son droit. Cette
seule remarque justifie tout mon style, que je modé-
rerai davantage une autre fois, mais que je ne pourrais
changer sans mentir à moi-même et sans commettre
un contre-sens.

J'écrirai incessamment à Bergmann pour lui demander ses thèses et lui faire parvenir votre ouvrage.

Je suis absorbé par le travail mécanique de l'imprimerie ; j'ignore quand je reprendrai des études sans
lesquelles je ne puis plus vivre, et je m'occupe en ce
moment de m'assurer du travail et du pain.

Je n'ai pas lu entièrement votre philosophie élémen-

taire ; on vous accuse d'obscurité : je n'ai pas trouvé
en vous ce défaut. C'est sûrement la faute de mon esprit
obscurant et opaque.

En général, mon très-digne philosophe, j'ai regret de
vous le dire, je ne suis pas fâché de pouvoir donner la
main à un homme tel que vous ; vous êtes aussi peu
prisé en *Franche-Comté* que votre serviteur ; on vous
dédaigne et je déplais.

Je serais honoré d'être votre imprimeur. Mais
comptez peu sur le *Franc-Comtois ; la franc-comtoiserie*
n'est ni la vôtre ni la mienne.

Je vous souhaite le bonjour.

P.-J. PROUDHON.

Besançon, 19 août 1840.

A M. BERGMANN

Mon cher Bergmann, j'ai reçu ta lettre du 25 juillet, et j'ai encaissé les 200 francs. Mes obligations envers toi s'accumulent et je le vois avec un vif sentiment de plaisir ; quant à l'argent, c'est une affaire de rembour- sement qui pourrait être faite plutôt que je ne l'espère aujourd'hui. J'ai envoyé à Dessirier 70 francs, et j'ai déjà vendu pour 50 ; ma brochure prend dans le public bisontin, et, si j'avais eu plus d'habileté ou de charla- tanisme, j'aurais vendu pour 150 francs.

Dessirier m'a envoyé, pour l'approuver, un marché conclu entre lui et un libraire de Paris, M. Prevost, rue Bourbon-Villeneuve ; ce libraire m'engage à rééditer mon livre, au nombre de 3,500 exemplaires, m'accordant le quart du bénéfice, et promettant de faire tout ce qui est de sa compétence pour donner à mon ouvrage de la publicité. En même temps, il me demande mon *Discours sur le Dimanche* pour le débiter.

La *Revue du Progrès*, de Louis Blanc, et quelques autres publications ont déjà fait mention de mon tra- vail ; pour les grands journaux , ils ne diront mot, jusqu'à ce que la clameur publique les y oblige. Armand Marrast partage, dit-on, mes idées ; mais il ne les préconisera pas dans le *National*, de peur d'effaroucher ses lecteurs.

Que l'entreprise du libraire Prevost arrive à bonne fin, et le second Mémoire auquel je vais travailler mettra le comble à mes efforts ; la Propriété, attaquée de toutes parts, poursuivie, sera obligée de faire voir ses raisons , et l'on verra un beau tapage.

Tu sens, d'après cela, mon cher ami, combien quelques observations plus détaillées de ta part me seraient précieuses ; tes réflexions sur mon cinquième chapitre sont justes ; ce chapitre exigerait à lui seul un volume, et je n'en ai fait qu'un sommaire. Il y a des morceaux que je conserverai dans leur entier; d'autres ont besoin d'être refondus; la seule question est de savoir comment je pourrais raccommoder tout cela pour une seconde édition, sans aller trop au delà des bornes de la première. Le professeur de philosophie de Besançon pense comme toi que ce chapitre cinquième devrait être au commencement; cependant, il faut bien faire attention que mon ouvrage n'est point un traité de philosophie sociale, mais seulement un examen de la Propriété. Il suit de là que le chapitre cinquième arrive à la suite des autres pour répondre à cette question : *La propriété étant impossible et injuste, comment et pourquoi existe-t-elle?* Voilà le lien de transition qui unit cette dissertation toute psychologique au reste de l'ouvrage.

Du reste, à part cette considération, je donne les mains à tes critiques ; mais je pense que toi seul les pouvais faire. Elles me prouvent une chose à laquelle tu n'as pas pensé : c'est que tu sais mieux ma propre philosophie que je ne la sais moi-même. Oui, les idées présentées dans ce chapitre cinquième demandent d'autres développements et une autre rédaction ; elles ne veulent point être traitées par-dessous la jambe ; mais est-ce bien là que je dois placer ce grand travail ? L'homme s'étant trompé dans la science sociale de la même manière qu'il s'est trompé sur tant d'autres choses, ne suffit-il pas que je montre brièvement l'analogie de son erreur, relativement à la propriété, avec toutes les erreurs qu'il a commises ? Mon chapitre cinquième, en un mot, ne suppose-t-il pas toute une philosophie extérieure au traité sur la Propriété, plutôt qu'il n'appelle dans ce traité de nouveaux développements psychologiques ?

Voilà quelles réflexions je devais te soumettre avant de passer à des corrections ; car si tu conçois mon ouvrage sur la Propriété comme partie d'un grand tout qui l'expliquera et le complétera, il me semble que tu sentiras comme moi la nécessité de donner un autre tour et un autre caractère aux corrections que tu me proposes.

Je vais incessamment travailler à mon second Mémoire sur la Propriété, qui sera divisé comme suit :

Chap. Ier, *adressé à l'Académie de Besançon* : sur les obligations des corps savants envers les auteurs et le public ; sur la forme et le ton général des ouvrages : réflexions littéraires et philosophiques à ce sujet.

Chap. II, *adressé à un directeur de notre séminaire :* sur les doctrines de l'Église touchant le prêt à intérêt ; du rôle qu'a joué le clergé et de celui qu'il peut jouer aujourd'hui dans la société.

Je mettrai, dans ce chapitre, l'Église en demeure de se prononcer contre la Propriété et d'abjurer sa vieille casuistique, ou de défendre la Propriété et l'usure contrairement à la justice et à l'évidence. Opposition de la doctrine évangélique et de celle des casuistiques.

Chap. III, *adressé à M. Droz*. Après avoir examiné la question religieuse, je soulève ici la question de morale. — Influence de la Propriété sur les mœurs, etc., etc.

Chap. IV. Critique du Code ; une provinciale contre les jurisconsultes.

Chap. V. Critique de la Charte constitutionnelle. Abomination de la Charte.

Chap. VI. Projet d'une révolution et d'une réorganisation politique.

Dans ce second Mémoire, je parlerai plus souvent au sentiment et à l'imagination ; je revêtirai de couleurs, de chair et de sang cette dialectique décharnée qui fatigue et que peu d'esprits peuvent supporter. Je ferai ressortir cette pensée fondamentale de mon premier Mémoire, que tous les maux de l'humanité viennent primitivement d'une simple *erreur de compte* (soit de l'inégalité de répartition des biens, d'après l'inégalité des facultés, soit surtout de *l'appropriation du produit collectif par un seul individu*) ; je m'efforcerai de répandre plus de charme et d'éloquence dans ma diction : en un mot, je tâcherai de prendre les hommes par la persuasion après les avoir ébranlés par le raisonnement. Il y aura peu de choses nouvelles ; mais tu sais, mon cher Bergmann, que le difficile est moins de concevoir et de démontrer la vérité que de la faire admettre ; et que, d'un autre côté, c'est peine perdue que d'exposer des vérités qui tiennent à une première, tant que cette première n'est pas irrévocablement admise.

La rage académique n'a fait que s'accroître contre moi : deux séances très-orageuses ont déjà eu lieu à

mon sujet ; diverses motions ont été faites, ou de me
retirer la pension, ou de la donner à mon père, ou simplement de me blâmer publiquement ; enfin, l'on a
résolu de ne prendre aucun parti avant de m'avoir
entendu, et je suis assigné à comparaître par-devant
notre sénat académique, dans le courant de novembre
prochain, pour faire valoir mes moyens justificatifs et
m'entendre reprocher d'avoir écrit un livre *antisocial,
contraire à toutes les convenances pour la forme comme
pour le fond.* — On a exigé de moi que je ne publierais
rien d'ici à la fin de l'année scolaire de 1840-1841 ; j'ai
donné ma parole par écrit signé de moi. A peine mon
second Mémoire sera-t-il prêt pour ce temps-là. D'ailleurs, si l'Académie me traitait avec fureur, je serais
par là même délié de mon serment.

Parmi les académiciens, ceux qui avaient été mes
plus dévoués m'ont tourné le dos ; d'autres, qui ne me
connaissaient pas, me sont favorables. Le préfet du
département est du nombre de ces derniers. En général,
les dévots, les avocats et les littérateurs purs m'en
veulent ; les commerçants, banquiers, usuriers, gens
de négoce et de commerce, m'applaudissent ; l'aurais-tu
deviné? Déjà, au temps de Jésus-Christ, les publicains
se trouvaient plus près du royaume de Dieu que les
pharisiens et les docteurs.

Notre congrès scientifique durera huit jours ; on ne
m'a pas fait l'honneur de m'y inviter. J'aurais voulu y
lire un compte rendu de tes thèses ; mais que ton
amour-propre ne regrette pas trop cette occasion de
parler de toi. Encore une fois, mes Mémoires sur la
Propriété ne sont rien à mes yeux ; je songe surtout à
une psychologie, à une logique et à une métaphysique
nouvelles. C'est là que je te placerai comme il convient,

d'autant plus qu'il faudra que nous convenions de plusieurs choses avant que je publie. Laisse-moi seulement acquérir un peu de réputation avec des bribes politiques, et tu verras.

M. Tissot, de Dijon, m'a chargé de t'offrir un volume in-8° sur *le Suicide et la Révolte;* je te l'enverrai par une occasion qu'un libraire m'a promise. En même temps, M. Tissot, qui a cherché partout tes deux thèses, me charge de te les demander pour lui. M. Tissot est un honnête homme, travailleur, savant, kantiste dévot et dévoué, trop tenace dans ses opinions, par conséquent trop lent à saisir les idées d'autrui. J'ai eu le plaisir de faire récemment sa connaissance, par l'obligeance de Pauthier ; c'est alors que nous avons parlé de toi, et que M. Tissot a tremblé de tous ses membres en apprenant le sujet et la valeur de tes ouvrages. Tu m'enverras ces deux thèses à Besançon ; M. Tissot y passera dans une quinzaine.

Je désire que tu ne m'affranchisses plus tes lettres ; permets qu'au moins cette égalité soit entre nous.

Tout à toi.

P.-J. PROUDHON.

P.-S. Je compte aller à Paris travailler et imprimer mon second Mémoire. Pour mon imprimerie, le travail y vient ; mais j'aurais besoin d'un associé qui m'ôtât tout souci. Si l'imprimerie et les autres ressources me manquent, mes amis les banquiers et négociants me procureront bientôt un emploi lucratif, soit dans une usine, soit ailleurs.

Sois donc sans inquiétude sur ma position ; je pourrai bientôt peut-être, à mon tour, être utile à nos amis en souffrance.

Le sort d'Ackermann m'a toujours plus inquiété que le mien propre. Pour Elmerick, c'est une tête sans cervelle, qui afflige trop souvent Maguet.

Besançon, 30 septembre 1840.

A M. BERGMANN

Mon cher Bergmann, je partirai dimanche, 11 octobre, sans faute, et, quoique à pied, je ferai toute la
diligence pour arriver à Paris samedi 17, au plus tard.
Tâche donc de prolonger ton séjour du 15 au 20, afin
que je puisse te voir. Il ne m'est pas possible de faire
mieux.

Je reçois à l'instant une lettre d'Ackermann, et je
vois, par ce qu'il me mande, qu'il a été, ainsi que moi,
fort heureux de trouver en toi une providence. Je t'en
adresse de nouveau mes remercîments et mes félicita-
tions.

Je profiterai de tes observations, tu peux y compter,
quoique je ne promette pas encore d'en user de la manière que tu m'indiques; mais quand un homme doué
de raison critique une chose, il lui échappe toujours
des pensées, des expressions qui sont des traits de lumière pour un auteur attentif. C'est surtout par là
que toutes tes remarques me sont précieuses; c'est ce
qui fait que je voudrais t'entendre. Dessirier me mande
que tout est prêt pour une seconde édition; avant de

rien faire, je voudrais donc une conversation avec toi.

Pour les inélégances et les brutalités de détail, je ne m'en effraie pas : avant d'être forgeron, il faut qu'un apprenti brûle bien des kilogrammes de fer. Il est des choses dont je ne me corrigeai que par l'habitude du métier; seulement il est malheureux que je débute par des questions si importantes.

Je reçois à l'instant la visite d'un phalanstérien de mérite, qui vient, avec la plus aimable politesse, m'annoncer qu'il s'apprête à me donner des coups de crosse. Je lui ai promis en échange des coups de lance, et, après avoir causé, nous nous sommes quittés très-bons amis. Ces gens-là comprennent que le redressement des griefs sociaux exige un simple arbitrage, une expertise, et qu'il n'est besoin pour cela ni de guerre ni de révolution. Je leur souhaiterais moins de dévotion à leur Saint Fourier, moyennant quoi on pourrait s'entendre.

Mon imprimerie s'attache à moi, malgré moi, et je songe enfin à l'exploiter sérieusement, faute de pouvoir faire mieux.

La question n'est plus désormais pour moi de me faire exclusivement homme de lettres ou savant; il faut que je trouve, au contraire, dans mon industrie des moyens de poursuivre à l'avenir mes études. C'est à quoi je donnerai désormais toute mon attention. Ce but me semble facile à atteindre, si quelque publication de moi, plus heureuse que la précédente, venait cette année me frayer le chemin. Je commence à m'ennuyer de mes querelles politiques. L'amour de la science, d'un côté, me séduit et me commande de passer à autre chose. me faisant croire que j'ai fait assez sur la matière de la Propriété ; de l'autre, le sentiment de l'injustice et l'ar-

deur du tempérament m'entraînent à une guerre nouvelle, et la question sociale m'offre une si riche matière à traiter, que je ne puis renoncer à ce sujet où je
vois l'occasion de déployer toutes les richesses du style
et toutes les forces de l'éloquence. La raison pure est
ma divinité; mais je voudrais m'essayer encore une
fois dans l'art. Tu me conseilleras.

Je compte donc te voir ; c'est pour toi que je pars un
mois plus tôt que je n'eusse voulu; c'est pour toi que
je vais me briser les jambes.

Adieu, je t'embrasse; salue pour moi mon ami
Reclam.

P.-J. Proudhon.

Paris, 10 novembre 1840.

A M. BERGMANN

Mon cher Bergmann, je t'écris, bien que je n'aie rien
à t'apprendre, mais pour n'être pas si longtemps sans
causer avec toi. J'ai reçu dernièrement une lettre
d'Ackermann, pleine de bonnes critiques et de témoignages d'amitié. Sa fortune est encore tout à faire, et
je vois avec regret qu'il n'est pas plus avancé que moi.
Je lui répondrai incessamment ; mais je serai bien aise
de trouver une occasion.

La réimpression de mon livre est retardée par suite
des craintes qu'inspire le nouveau ministère. Je persiste à croire que je suis hors d'atteinte ; mais le libraire
raisonne autrement. Voyant en moi un *patriote*, et
nullement un savant, il se dit : Tôt ou tard celui-là
sera poursuivi. Il a été question dans un conseil d'État
ou de ministres, il y a quelques semaines, de me faire
saisir en même temps que Lamennais et autres ; cependant on a jugé à propos de passer outre en ce qui me
concerne. Mais cette proposition a été cause que le
Constitutionnel a annoncé que l'ouvrage de M. Proudhon

sur la Propriété avait été saisi, ce qui a causé quelque rumeur à Besançon. Voilà pour mes affaires; voici pour mes études.

Je commence le *Compulsoire* de mon deuxième volume. Je viens pour la première fois de me relire, et j'avoue que je me trouve plus savant que je ne le soupçonnais lorsque j'étais dans le travail de la composition. Il y a de belles parties, des morceaux bien frappés dans ce volume; mais en somme je le compare à un volume d'algèbre. Képler travailla dix-sept ans pour arriver à la formule de ses trois fameuses lois, et Dieu sait la masse énorme de calculs et de chiffres qu'il lui fallut faire pour cette magnifique découverte; eh bien! pour comprendre quelque chose au mouvement social, il faut pareillement passer par une série d'opérations, non algébriques, mais métaphysiques. Ce que j'ai fait me convainc que tout est à faire encore dans cette science si décriée sous le nom de métaphysique, et me persuade aussi que je suis dans la bonne voie; mais le public, où est-il? J'ai quelques travaux commencés sur le droit matrimonial et sur les délits et les peines, travaux que je poursuis d'après une méthode tout à fait semblable à celle de la *Propriété;* il est étrange à quels paradoxes cela conduit. Mon travail sur la *Pénalité* surtout est tellement en dehors des idées reçues, que je ne crois pas que *cent* hommes en France puissent m'entendre. 'C'est une matière, en vérité, où nul jusqu'à ce moment n'a vu goutte; et moi qui t'en parle je n'y découvre guère que la profonde ignorance et les effrayantes contradictions des docteurs. Mais pour mettre au jour mes idées il me faut une autorité acquise; il faut surtout que l'on soit un peu familiarisé vec mes mét hodes.

J'ai fait ici une conquête illustre, un jeune homme de vingt-cinq ans, mon compatriote, très-fort métaphysicien, savant en histoire, auteur d'une histoire philosophique de la Révolution française, en deux volumes in-8°. Cet ouvrage est encore manuscrit ; l'auteur y détermine la part que chaque province a prise au mouvement de 1789 à 1800. L'exposé sommaire qui m'en a été fait promet un ouvrage méthodique, profond, exempt de bavardage et de vaines imaginations ; partant un ouvrage qui fera tort à nos célébrités historiques, et conséquemment enfin qui sera peu loué. La propriété est dans la science ; tu le sais mieux que personne.

Je désire donner à mon second Mémoire autant d'aménité, de politesse, de grâces insinuantes qu'il y a de colère et de rudesse dans le premier. Je sens aujourd'hui que je me suis fait tort par ma violence, et je veux tâcher de le réparer. Je déplore ce malheur d'autant plus qu'en vérité je me trouve, après lecture, trop fort pour avoir de gros mots. Néanmoins, à part quelques phrases choquantes, je laisserai subsister mon Mémoire tel qu'il est, parce que ce sera pour moi une matière de critique et d'examen. Mais je suis las de ne parler que de moi.

Maguet, Haag, Dessirier et jusqu'à M. Villars, le commensal du dernier, me prient de te faire leurs amitiés, et de te présenter leurs salutations. Réclam, que j'ai vu aujourd'hui, m'a répété combien tu avais été peiné de n'avoir pu m'attendre. Mon cher Bergmann, tu as ici de vrais amis et des admirateurs intelligents et sincères. On m'a parlé d'un article de la *Revue de Paris*, dans lequel un roquet littéraire avait essayé de te mordre ; je ne pense pas que tu ttendes, à cet égard, des consolations. Qu'est-ce que de pareils aboiements te peuvent faire? As-tu vu M. Burnouf?

Je voudrais savoir en quelques mots ton jugement sur la philosophie allemande, notamment sur celle de Schelling et Hegel, mais principalement sur Kant, que je lis tous les jours. Je me suis mis en tête de refaire une métaphysique; je t'en ai déjà parlé. Mais, comme là aussi je me sens tout à fait excentrique, j'aurais besoin d'être fortifié de quelques opinions un peu hardies, qui me donnassent courage. Je trouve Kant d'une sublimité qui m'effraie; j'ai peine à le suivre; cependant je crois qu'il a pris un mauvais chemin, qu'il y en a un plus simple et plus court. Je ne voudrais point d'un éclectisme qui rassemblait tant bien que mal Kant et ses trois fameux continuateurs, mais je suis persuadé qu'un jour la philosophie, devenue science exacte, prouvera que ces quatre Allemands se sont approchés du vrai système des choses plus qu'on n'a fait. Mais je pense en même temps qu'il ne faut plus commencer la philosophie par de hautes abstractions, qu'il faut au contraire la *finir* par ces abstractions. Or, c'est à chercher la méthode métaphysique que je suis surtout occupé, sans m'inquiéter, du reste, d'aucune question particulière, certain qu'une fois la méthode trouvée tout s'en suivra aisément. C'est ainsi qu'avec un système de dix chiffres, méthodiquement combinés, on s'est élevé à des calculs qui auparavant épouvantaient l'imagination, et que le plus subtil entendement ne pouvait faire.

J'exclus de la métaphysique la psychologie, la morale, l'esthétique, en un mot toutes les sciences; selon moi, les matériaux de la métaphysique lui sont donnés par les autres sciences, en sorte que pour être métaphysicien, il faut commencer par savoir quelque chose, et que celui qui prétend faire de la métaphysique en dehors de toute science est un homme, comme dit saint Paul, *velut aes sonnans aut cymbalum tiniens*.

Je bannis la logique, telle qu'on l'enseigne depuis Aristote, de tout enseignement; j'attribuerai volontiers à cette logique tous les maux et toutes les erreurs du genre humain. La logique syllogistique est la première forme de raisonnement, que la raison, se débarrassant de sa spontanéité, emploie; Aristote n'a fait que la réduire en art et en préceptes; mais c'est une source d'erreurs. Or, si cette logique est fausse jusque dans son procédé, ce que je prouverai aisément, par les *syllogismes* les plus parfaits que les logiciens citent en exemple, une bonne partie de la philosophie de Kant s'évanouit. Pour tout dire enfin, Kant aussi bien que les autres, dans sa logique, dans sa raison pratique et dans sa raison pure, me semble avoir commencé par où j'eusse voulu finir.

Elmerick doit être encore à Strasbourg; il doit 80 francs à Ackermann. Haag de son côté lui en doit au moins autant. Ackermann avait compté que ces deux messieurs s'acquitteraient envers lui en payant les dettes qu'il a laissées chez son tailleur et son bottier; ils n'en n'ont rien fait. Deux mémoires de fournitures ont été présentés, je crois, à M. Bourret, qui les a présentés à M. Cuvier, qui me les a renvoyés à Besançon par M. Cucuel. J'ai réprimandé Haag de sa négligence; fais en autant à Elmerick si tu le rencontres.

Je t'embrasse de tout mon cœur, et je te prie d'excuser mes longues causeries. Je me propose de t'écrire encore une fois avant le nouvel an. Ma petite imprimerie marche doucement; si je ne puis la soutenir, je tomberai plus bas que je n'étais en 1837.

Ton ami,

P.-J. PROUDHON.

P.-S. Je suis rue Jacob, 16. J'ai été obligé de quitter Dessirier parce que j'étais trop éloigné du centre de mes études, et que d'ailleurs la vie commune m'est une cause perpétuelle de dissipation.

Paris, 15 novembre 1840.

A M. ACKERMANN

Mon cher Ackermann, vos critiques sont judicieuses ;
tout le monde me les a faites, et je ne puis avoir raison
contre tout le monde. J'ai d'autant plus tort dans la
forme de mon argumentation, que ma dialectique est
invincible et que deux éléments omis jusqu'à ce jour
par les économistes dans leurs spéculations politiques
et industrielles, et rétablis par moi, renversent de fond
en comble toute notre jurisprudence et notre police
administrative. Je n'ai qu'une excuse : quand un
homme, à près de trente-deux ans, est dans un état
voisin de l'indigence sans qu'il y ait de sa faute ; quand
il vient à découvrir tout à coup, par ses méditations,
que la cause de tant de crimes et de misères est tout
entière dans une *erreur de compte*, dans une mauvaise
comptabilité ; quand en même temps il croit remarquer
chez les avocats du privilége plus d'impudence et de
mauvaise foi que d'incapacité et de bêtise, il est bien
difficile que sa bile ne s'allume et que son style ne se
ressente des fureurs de son âme. Vous en parlez à votre
aise, vous, artiste, pour qui tout ce qui s'écrit ne semble

être que matière d'exercice et sujet de rhétorique; tandis que je souffre, que je bouillonne, que je tempête, vous mesurez mes phrases, vous passez à l'étamine quelques expressions un peu dures; vous vous étonnez de me trouver moins poli qu'un Voltaire, un Hamilton, un Suard, etc. Hé! laissez un peu vos littérateurs courtisans et millionnaires, et regardez au-dessous de vous; regardez-vous vous-même, et dites-moi si votre propre condition ne m'est pas une suffisante excuse.

Quoi qu'il en soit, je vais changer de batterie; désormais, au lieu de tremper mes flèches dans le vinaigre, je les tremperai dans l'huile; la blessure sera moins cuisante, mais plus sûrement mortelle. Le père Weiss me disait comme vous: « Mon cher ami, vous faites tort à votre cause par votre manière de la défendre; avez-vous oublié le mot de Henri IV : « On prend plus de mouches avec une cuillerée de miel qu'avec cent tonneaux de vinaigre. » Il ne s'agit pas de prendre des mouches, lui dis-je, il s'agit de les tuer. Cette boutade fit rire notre excellent bibliothécaire, qui vaut à lui seul dix fois son académie. Enfin, cela est dit, je vais me réformer.

Je viens, après trois mois, de me relire pour la première fois, et voici ce que j'ai remarqué dans mon ouvrage. Il est beaucoup plus savant que je ne croyais le faire lorsque j'y travaillais; c'est proprement un traité *d'algèbre métaphysique*, comme il n'en a peut-être pas encore paru. Il y a là une si grande masse d'idées faisant corps et si bien enchaînées, qu'il ne faut pas peu d'attention pour en suivre le fil et en saisir l'unité. Par-ci, par-là, des morceaux assez bien écrits, quelquefois de l'éloquence, en général une grande précision métaphysique et une méthode invulnérable. Je trouve,

avec Bergmann, le cinquième chapitre moins travaillé,
quoique renfermant plus de faits nouveaux que les
autres ; enfin, l'auteur me semble assez fort pour pouvoir se passer désormais de l'ironie, du sarcasme, de
l'invective, et, en général, de toute la mitraille décla-
matoire.

Ma seconde édition n'est pas encore commencée ;
nous avons un ministère Soult-Guizot qui fait mine de
poursuivre les écrivains, et c'est la peur qui arrête mon
libraire. En attendant, je travaille au second volume ;
ayant moins à faire pour la démonstration, je pourrai
donner plus de temps à la forme et au style. Je compte
le rendre de tout point plus intéressant que le premier.
Il faut absolument culbuter les propriétaires.

J'ai déjà fait de précieuses conquêtes, mais en même
temps je me suis attiré beaucoup d'ennemis, dont le
premier et le plus implacable est M. X***. C'est lui qui
m'a dénoncé à l'Académie comme un homme séditieux,
ingrat et perfide ; c'est lui qui a fait la motion de
m'ôter ma pension, et il n'a pas tenu à lui que cet avis
ne prévalût. Je me propose de lui adresser le deuxième
chapitre de mon prochain Mémoire, chapitre qui traitera de l'influence du principe de propriété sur les
mœurs. J'y ferai le portrait du littérateur avide, affamé
d'argent, souillé des dons secrets de la corruption
ministérielle, et il ne tiendra qu'à mon honoré tuteur
de s'y reconnaître. Vous avez sûrement appris que
M. X***, lors de la découverte du pot aux roses, s'est
trouvé inscrit pour 15,000 francs parmi les gens de
lettres que le ministère gratifie de ses secours. Le
pauvre homme ! Croiriez-vous qu'en demandant ma
spoliation cette vieille femme feignait de pleurer sur
mon égarement ? A l'en croire, il m'avait ménagé une

belle place ! Oh ! tartufe, menteur, carcasse sans entrailles ! On m'a rapporté que, le voyant pleurer et larmoyer, toute notre Académie s'était mise à larmoyer et pleurer aussi; et quand j'arrivai à Besançon, on ne savait si l'on devait me rendre mon salut. Une nouvelle préface me vengera !... Mais laissons mes petites affaires.

Nous sommes dans un pétrin politique dont presque tout le monde s'effraie, et que le *National* exploite merveilleusement. Grâce à ses soins et à ses déclamations, l'on s'est remis depuis deux mois à chanter la *Marseillaise;* la population est en défiance, la Chambre sans vigueur, les partis politiques plus aveugles et plus égoïstes que jamais. Les journaux ne discutent plus; ils s'injurient, se couvrent de boue, s'avilissent. Du reste, pas plus d'intelligence chez eux que de dignité et de bonne foi, Il y a un an, l'on pouvait croire que nous marchions à une réforme; aujourd'hui nous marchons à une révolution. La conduite du parti républicain a été, comme toujours, stupide depuis deux ou trois mois; et si une réaction formidable ne vient à bout de l'écraser encore une fois, le salut de la France et de la liberté me semble compromis. Je ne vois partout que dangers extrêmes. Le gouvernement est sans générosité, sans nobles sentiments, sans la moindre intelligence; les démocrates n'ont pour eux que leurs frénésies démagogiques et leurs grands mots, le tout accompagné de la soif du pouvoir, de l'or et des jouissances. Jamais nation ne fut tant bavarde et moutonnière que la nôtre. L'arbitraire seul peut sauver le gouvernement; mais que deviendrons-nous s'il triomphe par l'arbitraire ? D'un autre côté, s'il est vaincu, une dictature peut-être plus dangereuse encore me semble toute prête, et avec elle une guerre européenne où nous succomberions infailliblement. Avant le combat, la France serait démoralisée. Le *National* et ses pareils pourraient bien avoir leur large part pour parler; mais ils n'auraient pas la même puissance pour faire croire et espérer, encore moins pour rallier les intérêts. Je vois clairement que nous approchons d'une crise sociale dont l'issue sera pour l'Europe un mieux universel; mais il ne m'est pas prouvé que la France n'y périra pas comme puissance de premier ordre. Puis-je donc considérer avec un flegme philosophique l'humiliation de ma patrie?

Point de publications littéraires; plus de grandeur et d'inspiration chez nos écrivains; rien que de petites idées, de petites phrases, de la philosophie miniature, un papillottage continuel. Je lis et relis Bossuet, Montesquieu, etc. Je n'en supporte pas d'autres. Lamennais va faire paraître une grande Philosophie en trois volumes in-8°; cela ne vaudra pas mieux que l'*Esprit d'Helvétius*, ou le *Système de la nature* de Holbach; mais il faut au parti un philosophe tel quel et vous pouvez croire que les abstractions robespierristes de Lamennais seront prônées.

Trois ou quatre hommes sont à mes yeux les fléaux de la France; et je souscrirais volontiers pour une couronne civique à celui qui par le fer, le feu ou le poison, nous en délivrerait; ce sont Lamennais, Cormenin et A. Marrast. Ce dernier est rentré au *National*, et ce journal, sous sa direction, n'a pas tardé à nous ramener l'ancienne *Tribune*. Je me console en pensant qu'il y a une providence pour les ambitieux, les charlatans et les sots.

J'ai fait connaissance avec M. Tissot, qui a remporté

deux prix cette année, un à Besançon, l'autre à Châ-
tillon-sur-Marne. M. Tissot court les prix académiques,
c'est puéril ; M. Tissot publie beaucoup de livres, c'est
pauvreté d'idées ; M. Tissot affiche un mépris peu philosophique pour le mérite littéraire, c'est faiblesse
intellectuelle ; M. Tissot a abjuré son *moi* pour se faire
l'évangéliste de Kant ; c'est monomanie. C'est un digne
homme, un noble cœur, une âme pure que M. Tissot,
rien ne manque à son éloge ; mais il était dans sa destinée d'être toujours le fanatique de quelqu'un ou de
quelque chose. Je lui ai envoyé les thèses de Bergmann,
ce qui a dû lui faire un vif plaisir.

Je suis maintenant presque sans société, n'allant
plus chez M. Droz ; craignant d'aller chez M. Cuvier,
de peur d'y rencontrer des habitués de mon ex-tuteur
académique ; à cent lieues de Bergmann, à quatre cents
de vous, veuf de Fallot, dont le souvenir ne me fut
jamais plus cuisant ; je tombe par moment dans un
délaissement inexprimable. Mon imprimerie me reste
toujours sur les bras, et je ne puis ni en vivre, ni m'en
débarrasser. Plus dénué que jamais, je n'ai d'espoir
qu'en l'extrême nécessité où doit me jeter la cessation
prochaine de ma pension.

Mauvais, mon prédécesseur, est allé dire quelque
part, à propos de mon livre : « *Il a fait trop de bien
pour en dire du mal ; il a fait trop de mal pour en dire du
bien.* » Et l'on s'est moqué de lui.

Reclam est un bon et honnête Allemand ; il loge
maintenant rue La Harpe, hôtel du Luxembourg.

Maguet a payé pour vous 15 ou 30 francs (je ne sais
plus lequel) à votre bottier ; Émile Haag et Elmerick ne
se sont pas remués le moins du monde ; quand vous serez
de retour, vous retrouverez vos créances et vos dettes

dans le même état où vous les avez laissées. J'ai blâmé
Haag, et j'ai chargé Bergmann de réprimander Elmerick,
s'il le voyait. Je n'ai pas encore revu Torzuelo. Dessirier
vous fait ses amitiés bien sincères.

Mon cher Ackermann, vous allez publier un volume
de vers ; c'est fort bien et je vous félicite d'avoir
conservé assez de liberté d'esprit pour vous occuper
d'hémistiches et de césure; mais j'aurais appris avec
plus de plaisir que vous eussiez fait paraître quelque
petite traduction, allemande ou française, quelque
étude linguistique ou pyschologique, ou tout autre ouvrage plus digne de vous et du temps où nous vivons.
Je pense que le nombre de tous vers qui peuvent être
faits dans chaque langue est en général assez borné;
et, pour la langue française, en particulier, je crois que
ce nombre de vers était atteint dès avant Voltaire. C'est
une opinion que vous trouverez peut-être singulière;
elle vous le paraîtra moins si vous y réfléchissez. De
cette masse de mots que renferment nos énormes voca-
bulaires, il n'y a guère que les termes usuels, les mots
classiques qui soient poétiques; or, pensez-vous que le
nombre des combinaisons qui peuvent amener de beaux
vers, sur trois ou quatre mille mots, soit fort grand? Il
y a là, selon moi, une cause matérielle de décadence
pour toute poésie, cause dont nos rimeurs ne s'aperçoivent pas et contre laquelle ils se raidissent d'une
manière risible. Non, je n'ai jamais cru qu'une nation
ne pouvait produire qu'un Corneille, un Racine, un
Molière; mais ce qui fait un Molière et un Corneille ne peut pas servir pour deux. Souvenez-vous
que les derniers poètes de la Grèce et de Rome, avec
autant de science et de génie peut-être qu'Homère et
Virgile, n'étaient plus que des collecteurs de centons;

et pourquoi ? parce que, encore une fois, tout était à peu près fait quand ils parurent.

Un beau vers à placer ne mérite pas deux cents vers médiocres d'encadrement. Soignez plutôt votre santé, devenez riche d'allemand, travaillez la grammaire, faites de la psychologie comparée, et revenez nous voir au plus tôt. Je compte que vous me pardonnerez mes remontrances ; je reçois vos critiques, je vous dis ce que je pense, mais oubliez-le si je me trompe.

Votre ami fidèle,

P.-J. PROUDHON, rue Jacob, 16

P. S. Il y a eu cette année un congrès scientifique à Besançon. M. Pérennès a lu en séance solennelle un rapport sur l'état de la littérature et des sciences en Franche-Comté, dans lequel vous avez été mentionné honorablement à côté de Fallot, Dartois et, devinez qui ? Francis Wey. L'Académie s'est mise à faire un journal qui la couvre de ridicule ; on y fait mousser les jeunes gens qui sont sages. On a proposé au concours l'éloge de Suard. J'ai annoncé que je m'en occupais ; mais, après quinze jours de recherches et de lecture, je m'en suis dégoûté. J'aurais des choses intéressantes à dire, mais je n'aurais pas le talent de les rendre agréables. Que n'êtes-vous ici ! je vous communiquerais mes idées, et je crois que vous feriez une bonne composition.

Pauthier ne veut plus être que Chinois ; son esprit se promène entre quelques idées tellement exclusives, intolérantes et intéressées, que je ne le comprends plus.

L'Académie de Besançon et celle des sciences morales

et politiques de Paris ont repoussé l'hommage de mon livre. Toutefois, le rapport très-long qui a été fait par M. Blanqui, et que le *Moniteur* du 7 septembre a reproduit en partie, m'est tout à fait honorable. On ne peut repousser un ouvrage avec plus d'égards et même d'éloges pour l'auteur. C'est une leçon pour moi. Il a été question dans le conseil des ministres de me saisir; cependant on n'en a rien fait, grâce probablement à la couleur toute scientifique de mon travail. La *Revue du progrès* m'a loué; du reste, il n'y a encore eu ni annonce, ni véritable publicité. Comme tant d'autres, j'ai des enthousiastes, et de mortels ennemis, même des jaloux. Les uns me nomment *sauveur;* les autres veulent qu'on me pende, probablement pour continuer la métaphore.

Paris, 1er janvier 1841.

A M. BERGMANN

Mon cher Bergmann, je regrette que tes amours
n'aient pas été suivies d'un plus heureux succès, d'abord
parce que je voudrais te savoir heureux et content, et
qu'une femme sied mieux à un savant qu'à un bourgeois épais d'intelligence, grossier par le cœur, et dis-
sipé. Toutefois, je m'en console par une réflexion que,
sans doute, tu n'aurais pas faite: c'est que les premières
amours, qui dans les âmes chastes laissent des traces si
profondes, ont souvent le mérite de préparer un bonheur
plus solide pour un second attachement. En général,
mon cher ami, les jeunes amants ne savent pas être
heureux de leur amour et jouir convenablement d'eux-
mêmes ; ils s'adorent assez niaisement ; mais leur âme
a plus de vivacité et de flamme que de vraie chaleur ;
souvent ils s'ignorent et ne savent pas tout ce qu'ils
valent réciproquement; en un mot, l'art, le savoir,
manquent à leur passion. Ce n'est point le raffinement
de la volupté que j'entends te prêcher ici, c'est tout simplement la science d'aimer et d'être aimé. Ce que tu
me dis de la jeune personne me prouve qu'elle devait

être bien novice, et ce que je sais de toi me fait croire
qu'elle n'aurait pas trouvé un instituteur fort habile.
Allons, mon ami ! courage : rien n'est plus doux et plus
beau que les prémices d'une vierge; mais cela peut se
concilier avec la raison et l'intelligence. Tu auras mieux
que ce qui t'échappe, si tu ne renonces pas sottement à
ce qui t'est dû. — D'où suis-je si savant, demanderas-
tu, moi qui n'ai point de femme ? C'est d'avoir eu très-
jeune un amour honnête, et d'avoir vieilli par-dessus.
Dans quelque temps tu en sauras autant que moi.

Je te remercie de l'intérêt que tu prends toujours à
moi, et je vais, pour te satisfaire, te dire en peu de mots
ce qui me regarde. Mon libraire a voulu réimprimer
mon *Discours sur le Dimanche*, que j'ai revu, corrigé, et
diminué de la longue et fade histoire qui est au commencement de la préface, et de la note sur la religion
qui est à la fin. Je n'ai pas encore vu d'épreuves, mais
on m'assure que tout est composé. On promet de faire
suivre la réimpression de *la Propriété*, dont j'attends
4 ou 500 francs. J'y joindrai quelques notes et un
examen critique des doctrines qui ont paru depuis six
mois sur *la Propriété*, et que j'adresserai à Blanqui.
Cet examen est destiné à marquer définitivement ma
position de savant, non de démagogue. J'attends le
meilleur effet des explications que je donnerai sur mes
intentions pacifiques, et la ligne que je veux suivre.
Au reste, tu en jugeras.

Mes amis, qui connaissent le délabrement de mes
affaires et l'urgence de mes besoins, voudraient me
voir posté quelque part, dût la publication de mon
second Mémoire en être retardée. J'ai d'abord partagé
leur avis. Un libraire m'a offert 2,000 francs pour travailler à une *Encyclopédie catholique*. Mais il demandait

huit feuilles in-4º à deux colonnes par mois, plus la révision de tous les manuscrits et la lecture des épreuves, ce qui supposait une science universelle toute acquise, et quinze heures de travail par jour. J'ai refusé. D'ailleurs, l'homme m'a déjà trompé une fois, et ne m'inspire aucune confiance.

Récemment, on m'a proposé d'entrer chez un juge auteur en qualité de secrétaire: 1,800 à 2,000 francs, six heures de travail par jour. J'ai d'abord accepté; puis, considérant qu'il ne me reste réellement plus que six mois de disponibles, sentant l'avantage d'en profiter sur-le-champ pour l'achèvement de mon éducation philosophique, ayant d'ailleurs conçu quelques soupçons fâcheux sur l'homme en question, j'ai remercié. Six mois de lecture et de méditation, mon ami ! quand puis-je espérer de les retrouver?

Je venais de faire cet héroïque sacrifice à la science, quand je reçus une lettre du secrétaire de l'Académie de Besançon, qui me prévient en substance que je suis attendu le 15 janvier prochain pour répondre aux questions qui me seront adressées sur mon livre, et, si je ne puis comparaître en personne, que j'aie à faire connaître au plus tôt mes moyens de défense. Le secrétaire ajoute que l'indignation est au comble, que mes amis n'osent plus me défendre de peur de tomber en suspicion, que tout le monde est, ou plein d'horreur, ou consterné de ma *détestable brochure*, de mes *déclamations enragées*, etc., etc. La lettre est officielle et confidentielle tout à la fois. On m'exhorte à me rétracter, seul parti raisonnable et digne ; on m'avertit qu'il n'y a qu'une espérance de salut pour moi, c'est qu'il faut les deux tiers des voix pour ma condamnation ; enfin les injures, les menaces, les flatteries, les conjurations, rien n'est

oublié pour me remettre dans le bon chemin et me
rappeler à la raison.

Juge si ma surprise a été grande en lisant cette mis-
sive académique, moi qui croyais cette affaire terminée.
— Je vais répondre à l'Académie ; mais quoique je ne
sois pas le moins du monde ému, je n'attends aucun
succès de ma lettre. Je ne puis ni m'excuser ni demander grâce ; protester de la droiture de mes intentions ne peut suffire à des hommes qui me lisent sans
m'entendre, et qui trouveront toujours des armes contre
moi dans la franchise de mes explications. Que faire ?
J'écris pour l'acquit de ma conscience, pour obéir au
désir de l'Académie ; mais j'écris de manière aussi à
pouvoir rendre ma lettre publique : car je ne suis pas
d'humeur à me laisser déshonorer sans rien dire. Or,
si je publiais un factum après coup, ce serait un libelle
qui manquerait son effet ; tandis que, en publiant textuellement une défense destinée d'abord à rester se-
crète, elle sera d'une immense autorité aux yeux du
public. Dans trois semaines, je connaîtrai tout le mystère et le dénouement de cette intrigue, et je t'en aver-
tirai.

J'ai reçu des nouvelles satisfaisantes de mon imprimerie ; mais on n'y gagne encore rien pour moi.

J'ai saisi parfaitement tes idées sur la logique ; sous
un langage et une manière de concevoir très-différents,
le système que tu suis est le mien ; seulement le point
de départ pourrait être opposé, ce qui, en dernière analyse, ne fait rien à l'affaire, les mêmes preuves, les
mêmes raisonnements amenant toujours la même conclusion. Tu mets en déduction ce que j'arrange moi sous
une forme inductive qui m'est particulière. Je reconnais
successivement, puisqu'autrement faire ne se peut, tous

les éléments d'une idée, d'un principe, d'une loi; je les analyse, je les compare; à fur et mesure que je les classe, je pose des généralités sur lesquelles j'opère ensuite de la même manière, et j'arrive, d'échelon en échelon, à l'expression la plus générique, la plus compréhensive, qui est celle par où tu commences ta revue *intuitive*, mais, eu égard aux nécessités de l'exposition, également *successive*. Ta marche est enseignante, la mienne est d'un éclaireur et d'un aventurier. On a beaucoup disputé sur l'excellence de chacune de ces méthodes : c'est une de ces inutilités scolastiques sur lesquelles un esprit bien fait ne prend pas même de parti. *Trahit sua quemque voluptas.*

Mais, tandis que l'induction ordinaire conclut toujours au delà des faits qu'elle a reconnus, de même que le syllogisme part de généralités hypothétiques ou mal définies, je ne donne jamais à mes conclusions rien de plus que ce que l'observation me fournit. Par exemple, on disait : Il est juste que celui qui travaille jouisse du produit de ce travail; il est juste que le marchand soit payé de ses peines; il est juste que le meilleur produit reçoive la meilleure récompense; tout cela était vrai. Mais, au lieu de discuter minutieusement tous les cas analogues jusqu'à ce qu'ils fussent tous épuisés, on faisait sauter l'induction et l'on concluait : donc celui qui fait bâtir une maison, après avoir payé les ouvriers, est propriétaire légitime; donc le bénéfice du marchand est honnête; donc le général doit être plus grassement payé que le soldat, etc. Dans le premier cas, on ne tenait pas compte d'un nouvel élément, la force collective; dans le second, on violait le principe de l'échange; dans le troisième on outrageait la liberté, en niant l'équivalence des personnes et des fonctions.

Tu sens aussi bien que moi comment tout cela pourrait être soumis à un autre arrangement : cela dépend du tour d'esprit propre à chacun de nous. L'essentiel est, quand on part de l'idée-mère, de la loi absolue, de voir bien tous les faits de détail, et, quand on raisonne sur des exemples, de ne jamais conclure d'un ordre de faits à un autre ordre.

Or, appliquant en grand sur la philosophie, la morale, la théodicée, ces principes, dont je crois avoir établi la communauté entre nous, on reconnaît bientôt le vice radical d'une foule de théories et de systèmes, dont quelques-uns sont encore en vogue, sans que personne paraisse en soupçonner la vanité. J'ai lu depuis un mois Lamennais, P. Leroux et Buchez, et je ne te saurais dire combien ces hommes, avec des talents réels et des connaissances, sont médiocres de métaphysique. J'ai à ce sujet le projet de rendre mes *essais de métaphysique* critiques, et de faire une revue de toutes les célébrités françaises depuis Descartes jusqu'à Georges Sand. Ce serait un livre extrêmement curieux. On juge d'emblée, aujourd'hui, mais sans démonstration. Descartes est tout aussi peu ébranlé par les critiques modernes que Platon ou Kant, qu'on a pris pour patron. Il serait bon de montrer en quoi, comment et pourquoi tel ou tel philosophe se trompe. Je suis déjà à même de fournir une partie de cette tâche, mais ce qui me reste à faire est effrayant.

Nous pousserons plus loin, une autre fois, sur cet article, si tu veux.

Ackermann m'a écrit ; il imprime un volume de

poésies. Je lui avais exprimé en quelques lignes mes inquiétudes sur les vers et mon peu de foi sur la poésie française à compter d'à présent. Il m'a répondu par quatre pages pour me convaincre de l'utilité de ses vers. Il renonce aujourd'hui à la philosophie, à la philologie; il n'a pas, dit-il, la pensée assez vigoureuse pour la première, et la mémoire assez vaste pour l'autre. Il se contente d'être littérateur et *métricien*. Si je le tenais ici, je ne serais pas aussi lâche avec lui qu'il y a deux ans, et j'oserais lui dire que, s'il ne se fait professeur de cinquième, quatrième ou n'importe quoi dans un collége, il est un sot.

J'ai quitté Dessirier pour deux raisons : parce que je travaillais mal et avec gêne, et parce que je dépensais 20 francs de plus par mois que je n'ai besoin.

Mes affaires paraissant se gâter avec l'Académie; il est à croire que je serai de retour à Besançon au commencement du printemps. Dans ce cas, je passerai l'hiver à lire et compiler, compiler, compiler.

J'ai cru un moment, sur les flatteuses espérances de mes amis, que j'allais gagner de l'or comme un Crésus; je songeais déjà à te rembourser, car le remboursement d'un prêteur qui sait si bien obliger est pour moi chose sacrée. Je me fais force de garder ton argent.

Je t'embrasse de tout mon cœur.

P. J. PROUDHON,

Paris, 6 janvier 1841

A M. LE SECRÉTAIRE PERPÉTUEL
DE L'ACADÉMIE DE BESANÇON

Monsieur le secrétaire perpétuel, votre communication du 27 décembre m'a tout à fait surpris et peiné, et je vous confesse que j'ai quelque temps délibéré en moi-même si j'y répondrais. Ce ne sont plus, en effet, des opinions que l'on me reproche, c'est presque un crime de haute trahison. Mais considérant que votre Académie renferme en son sein des hommes dont l'amitié pour moi, j'en ai la très-grande confiance, ne mourra pas ; que, de plus, cette même Académie a toujours été à mes yeux la tête d'un pays qui m'est plus cher que la vie, j'ai peu à peu surmonté mon chagrin et banni de mon esprit toute pensée de vindication. Je connais le précepte : *Turpitudinem patris tui et matris tuæ non revelabis.* Je ne l'oublierai qu'à mon honneur défendant.

Je serais fâché que qui que ce fût tombât à cause de moi en suspicion ; si donc parmi vos confrères il s'en rencontre qu'un vote selon leur cœur puisse compromettre, dites-leur que je ne veux point de sacrifices, et que je les prie de voter selon leur intérêt.

Je concevais pour l'avenir le sérieux projet d'associer l'Académie à toutes les publications que je prépare, et dont l'âge et l'expérience amélioreront l'exécution ; je ne désespérais pas même de voir un jour à ce corps savant les yeux dessillés sur ma *Propriété*. Aujourd'hui, je reconnais qu'après m'avoir abandonné l'on se prépare à me flétrir, et comme si l'on se souciait réellement de m'amener à un changement d'idées, on me fait passer des ordres et des menaces. A une résolution prise d'avance, je réponds par une inébranlable résolution ; je désobéis aux ordres et je brave les menaces.

Pour vous, Monsieur le secrétaire perpétuel, j'ai toujours cru à votre amitié ; j'y crois bien fermement aujourd'hui, je vous le jure, quand je songe que vos étranges idées sur une matière qui n'est point de votre ressort n'ont pas altéré vos sentiments pour moi, et que ce que vous appelez ma faute ne vous arrache que des plaintes et pas un reproche. Vous me rappelez un propos que j'aurais tenu, et vous gémissez que je l'aie sitôt oublié. Il faut méditer, disais-je, dix ans avant d'écrire. Je médite, Monsieur, depuis mon année de troisième en 1825, et j'ai commencé d'écrire en 1840. J'ai triplé les épreuves d'un pythagoricien.

Mais que pourrais-je vous dire qui ne vous parût point dicté par un orgueil obstiné, par la folle gloire de me créer des embarras ? J'allais gager que la moitié du siècle ne serait pas écoulée que quelqu'un réclamerait pour la Franche-Comté la priorité de la théorie du droit *de possession*. C'est un sujet sur lequel nous ne pouvons plus nous entendre.

Vous verrez par la lettre ci-jointe comment je sais distinguer d'une société les hommes qui la composent ; je crois devoir ici vous rappeler que je ne sais pas

moins bien distinguer entre les hommes eux-mêmes.
Cet avertissement, Monsieur le secrétaire perpétuel,
vous assure à jamais mon affection.

Je suis votre dévoué et fidèle

P.-J. PROUDHON.

Paris, 6 janvier 1841.

A MM. LES MEMBRES DE L'ACADÉMIE
DE BESANÇON

Messieurs, au moment où votre lettre officielle en date du 24 décembre dernier m'est parvenue, je me disposais à écrire à M. le secrétaire perpétuel de votre compagnie pour lui faire part de la prochaine réimpression de mon ouvrage sur *la Propriété*, et, à cette occasion, lui exposer avec franchise toute ma pensée. Je m'estime donc heureux d'avoir à m'expliquer aujourd'hui devant vous et de pouvoir rendre communes à l'Académie des confidences que je ne destinais d'abord qu'à son digne et fidèle organe.

Tous les griefs que l'on accumule contre moi se réduisent à un seul. J'ai fait un livre, ou pour mieux dire une déclaration de guerre a la propriété ; j'ai attaqué l'ordre social dans sa base actuelle ; j'ai nié, avec une rare préméditation et un acharnement sans exemple, la légitimité de tous les pouvoirs ; j'ai ébranlé toutes les existences ; je suis en un mot un révolutionnaire. Tout cela est vrai ; mais en même temps, et pour la première fois peut-être, tout cela est parfaitement moral et plus digne d'éloge que de blâme. Ce que j'ai à dire ici ne devant recevoir aucune publicité, l'on ne saurait sans injustice me prêter l'orgueil de la contradiction ou la fatuité de me poser, comme sur un théâtre, en victime de mes opinions. Qu'il me soit donc permis de me défendre en toute liberté et simplicité.

Oui, j'ai attaqué la propriété ; mais, Messieurs, daignez jeter les yeux autour de vous. Considérez vos députés, vos magistrats, vos philosophes, vos ministres, vos professeurs, vos publicistes ; comptez avec moi les restrictions que le besoin de chaque jour, au nom de l'intérêt général, apporte à la propriété ; mesurez les brèches déjà faites ; évaluez celles que la société tout entière médite de faire encore ; ajoutez ce que renferment de commun, sur la propriété, toutes les théories ; interrogez-vous vous-mêmes, et puis dites-moi ce qui restera dans un demi-siècle de ce vieux droit de propriété? et tout à l'heure, en me découvrant tant de complices, vous me trouverez moins coupable.

Qu'est-ce que la loi d'expropriation pour cause d'utilité publique à laquelle tout le monde a applaudi, et que l'on ne juge pas encore assez expéditive? Une violation flagrante du droit de propriété. La société indemnise le propriétaire dépossédé, mais lui rend-elle ces souvenirs traditionnels, ce charme poétique, cet orgueil de famille qui s'attache à la propriété ? Naboth et le meunier de Sans-Souci eussent protesté contre la loi française, comme contre le caprice de nos rois : « C'est l'héritage de nos pères ! se fussent-ils écriés, nous ne le vendrons pas. » Chez les anciens, le refus du particulier arrêtait la puissance de l'État ; la loi romaine fléchissait devant l'obstination du citoyen, et un empereur, Commode, si je ne me trompe, abandonna le dessein d'élargir le Forum, par respect pour des droits qui refusaient de s'abdiquer. L'homme imprime sa trace, son caractère, sa volonté sur la matière façonnée de ses mains ! Cette force plastique de l'homme est, au dire des modernes jurisconsultes, le sceau qui fait de la matière une chose inviolable et sacrée. Et cependant, lorsqu'il a plu à une commission administrative de déclarer qu'il y a utilité publique, la propriété doit céder à la volonté générale.

Ce n'est là, dira-t-on, qu'une exception qui confirme le principe et dépose en faveur du droit. Je le veux ; mais de cette exception nous allons passer à une autre, de celle-ci à une troisième, et d'exceptions en exceptions nous réduisons la règle à une pure entité.

Combien pensez-vous, Messieurs, que le projet de conversion des rentes compte en France de partisans ? J'ose dire tout le monde, excepté les rentiers. Or, cette prétendue conversion est une vaste expropriation, et cette fois sans indemnité aucune. Une inscription de rente est un véritable immeuble, sur le revenu duquel le propriétaire compte en toute sécurité ; son droit, c'est la promesse tacite du gouvernement emprunteur de servir l'intérêt au taux convenu, aussi longtemps que le rentier ne demandera pas son remboursement. Qui obligerait celui-ci, en effet, de placer son argent sur l'État, plutôt que d'acheter des maisons ou des terres ? Lors donc que vous forcez le capitaliste de supporter une diminution d'intérêt, vous lui faites banqueroute de toute la différence, et comme, par la généralité et le retentissement de la mesure, un placement aussi avantageux lui devient impossible, vous avilissez sa propriété.

Ce n'est point assez de pouvoir déposséder un citoyen

pour cause d'*utilité publique*, on veut encore le déposséder pour cause d'*utilité privée*. De toutes parts on réclame une révision de la loi sur les hypothèques ; on demande, dans l'intérêt même des débiteurs et au bénéfice de toute espèce de créance, une procédure qui rende l'expropriation d'immeubles aussi prompte, aussi facile, aussi efficace que celle du protêt de commerce. Or, savez-vous, Messieurs, où aboutit une pareille transformation du régime hypothécaire? A monétiser, si j'ose ainsi dire, les propriétés immobilières ; à les accumuler dans des portefeuilles, à extirper du cœur de l'homme jusqu'au dernier sentiment de famille, de nationalité, de patrie ; à rendre sa personnalité de plus en plus solitaire, indifférente à tout ce qui lui est extérieur, concentrée dans un seul amour, celui de l'argent et des billets de banque.

Certes, ce n'est pas ainsi que j'entends, moi, l'abolition de la propriété.

Que faisaient ces jours derniers nos représentants occupés dans leurs bureaux d'une loi sur le travail des enfants dans les manufactures? Messieurs, ils conspiraient contre la propriété. Car leur règlement pourra bien empêcher le fabricant de faire travailler un enfant au delà de tant d'heures par jour, mais il ne le forcera pas d'augmenter le salaire de cet enfant ni celui de son père. Aujourd'hui, dans un intérêt hygiénique, on diminue la subsistance du pauvre. Demain, il faudra l'assurer par un minimum d'appointements. Mais établir un minimum d'appointements, c'est forcer la main du propriétaire, c'est contraindre le maître d'accepter son ouvrier comme associé, ce qui répugne au droit de libre industrie et rend obligatoire l'assurance mutuelle. Une fois entré dans cette voie, on ne s'arrête plus : peu à peu, le gouvernement se fera manufacturier, commissionnaire, débitant ; lui seul aura la propriété. Pourquoi, à toutes les époques, les ministres d'État ont-ils si fort redouté de toucher à la question des salaires ? Pourquoi se sont-ils toujours abstenus d'intervenir entre le maître et l'ouvrier ? C'est qu'ils savaient combien la propriété est chatouilleuse et jalouse, et que, la regardant comme le principe de toute civilisation, ils savaient qu'y porter la main c'était ébranler la société jusque dons ses fondements.

Et, Messieurs, cette inévitable conséquence où la nécessité entraîne le pouvoir n'est pas de ma part une vaine imagination ! Voilà qu'on demande à la puissance législative, non plus seulement de régler la police des manufactures, mais de créer elle-même des manufactures. Entendez-vous ces millions de voix qui crient de tous côtés : *à l'organisation du travail ; à la création d'ateliers nationaux ?* Toute la classe travailleuse est émue ; elle a ses journaux, ses organes, ses écoles, ses représentants. Pour garantir le travail à l'ouvrier, pour équilibrer la production avec la vente, pour mettre d'accord les propriétaires industriels, on invoque aujourd'hui, comme remède souverain, une maîtrise unique, une seule jurande, une seule fabrication, car tout cela, Messieurs, est renfermé dans l'idée d'ateliers nationaux. Je veux à ce sujet vous dire les vues d'un illustre économiste, au demeurant zélé défenseur du droit de propriété.

L'honorable professeur du Conservatoire proposerait donc entre autres : — 1° *De réprimer l'émigration des travailleurs de la campagne dans les villes.* Or, pour retenir le paysan dans son village, il faut lui en rendre le séjour supportable ; voilà donc l'agriculture comme l'industrie mise en train de réforme ; où s'arrêtera le mouvement ? — 2° *De fixer pour chaque métier une unité moyenne de salaire, variable selon les temps et les lieux, et d'après des données certaines.* C'est-à-dire qu'afin de garantir aux propriétaires leurs bénéfices, on leur en ôtera une part pour la donner aux travailleurs. Or, je dis, moi, que cette part à la longue s'enflera si bien qu'il y aura égalité de revenu entre le prolétaire et le propriétaire. — 3° *Les ateliers nationaux ne devraient marcher que pendant les moments de stagnation de l'industrie ordinaire.* Dans ces cas, ils s'ouvriraient comme de vastes déversoirs au flot de la population ouvrière. Mais, Messieurs, quand l'industrie privée se repose, c'est qu'il y a chez elle surabondance de produits, et qu'elle manque de débouchés : si donc la production se continue dans les ateliers nationaux, comment la crise finira-t-elle ? D'un autre côté, il faudra au gouvernement des capitaux pour payer les ouvriers ; or, ces capitaux, qui les fournira ? L'impôt. Et l'impôt, qui est-ce qui le paye ? La propriété. Voilà donc l'industrie propriétaire soutenant contre elle-même, et à ses frais, une invincible concurrence. Que pensez-vous que devienne dans ce cercle fatal le droit de propriété ?

La tendance à faire payer aux propriétaires le budget des ateliers nationaux et des manufactures publiques est si profonde et si forte, que, depuis plusieurs années, sous le nom de RÉFORME ÉLECTORALE, elle possède exclusivement l'opinion.

En effet, qu'est-ce, en dernière analyse, que cette réforme électorale, que plus d'un parmi vous, Messieurs, j'en suis sûr, appelle de ses vœux secrets ? C'est l'intervention des masses populaires dans le vote de l'impôt et dans la confection des lois, lesquelles lois,

ayant presque toujours pour objet des intérêts matériels, touchent toutes, de près ou de loin, à des questions
d'impôt ou de salaires. Or, le peuple, instruit de longue
main par ses journaux, par ses spectacles, par ses
chansons, par ses économistes, sait aujourd'hui que
l'impôt, pour être équitablement réparti, doit être progressif et s'attaquer surtout aux riches ; qu'il doit
porter sur les objets de luxe, etc., etc. Et comptez que
le peuple, une fois en majorité dans la Chambre, ne se
fera pas faute d'appliquer ces leçons ; déjà nous avons
un ministère des TRAVAUX PUBLICS ; viennent les ateliers
nationaux et, par une savante dérivation, l'excédant du
revenu du propriétaire sur le salaire moyen de l'ouvrier, emporté par la taxe du percepteur, ira s'engouf-
frer dans la caisse des travailleurs de l'État. Voyez-
vous d'ici, Messieurs, la propriété réduite peu à peu,
comme la noblesse d'autrefois, à n'être plus qu'un titre
nominal, une distinction honorifique ?

Pas une école aujourd'hui, pas une opinion, pas une
secte qui ne rêve de museler la propriété. Nul ne
l'avoue, parce que nul encore n'en a conscience ; trop
peu d'intelligences sont capables de saisir spontané-
ment et de plein saut cet ensemble de causes et d'effets,
de principes et de conséquences, par lequel j'essaie de
vous démontrer la disparition prochaine du droit de
propriété ; d'autre part, les idées qu'on s'en forme sont
trop divergentes et mal déterminées. Ainsi, dans la
région moyenne et basse de la littérature et de la philosophie, aussi bien que dans le vulgaire, on s'imagine
que, la propriété abolie, nul ne jouira du fruit de son
travail ; que personne n'aura rien en propre ; qu'une
communauté tyrannique s'établira sur les ruines de la
famille et de la liberté. Chimères, qui soutiennent

pour quelques moments encore la cause du privilége.

La notion la plus exacte de la propriété nous est donnée par le droit romain, en cela suivi fidèlement par les anciens jurisconsultes ; c'est le domaine absolu, exclusif, autocratique, de l'homme sur la chose, domaine qui commence par l'usurpation , se continue par la possession et reçoit enfin sa sanction de la loi civile ; domaine qui identifie l'homme et la chose, de telle sorte que le propriétaire peut dire : « Celui qui exploite mon champ est comme celui qui me ferait travailler moi-même ; donc il me doit récompense. » Aussi Pothier disait-il : « *le domaine de propriété,* » et non pas simplement *la propriété;* et les plus savants jurisconsultes, à l'instar du droit romain, qui reconnaissait *un droit de propriété* et *un droit de possession*, ont distingué soigneusement entre *le domaine* et *le droit d'usufruit, d'usage* et *d'habitation*, que je regarde comme devant supplanter le premier et finalement constituer toute la jurisprudence.

Mais admirez, Messieurs, la maladresse des systèmes, ou plutôt la fatalité de la logique : tandis que le droit romain et tous les savants qui se sont inspirés de ses textes enseignent que la propriété est un droit de *premier occupant*, consacré par la loi, de nouveaux légistes, mécontents de cette définition brutale, se sont avisés que la propriété avait pour base *le travail*. Aussitôt on a tiré cette irréfragable conséquence, que celui qui ne travaille plus et qui fait travailler un autre à sa place perd son droit, au bénéfice de celui-ci. Dès lors, plus de propriété. C'est ce qu'ont parfaitement compris les anciens de la robe, qui n'ont pas manqué de se récrier contre ces nouveautés, tandis que la jeune école huait de son côté l'absurdité du premier occupant. D'autres se sont présentés, qui ont prétendu concilier les deux opinions en les syncrétisant ; ils ont échoué comme tous les juste-milieux du monde, et l'on s'est moqué de leur éclectisme. Maintenant, l'alarme est au camp de la vieille doctrine ; de tous côtés il pleut des *Défenses de la propriété*, des *Études sur la propriété*, des *Théories de la propriété*, dont chacune donnant le démenti aux autres peut être regardée comme une plaie faite à la propriété.

Les ressources ordinaires du droit ne suffisant plus, on a consulté la philosophie, l'économie politique, les faiseurs d'hypothèses ; tous les oracles obtenus ont été désespérants. Les philosophes ne sont pas plus clairs aujourd'hui que du temps de l'efflorescence éclectique ; toutefois, après leurs mystiques apophthegmes, on distingue les mots de *progrès*, d'*unité*, d'*association*, de *communion*, de *solidarité*, de *fraternité*, qui certes n'ont rien de rassurant pour les propriétaires. L'un de ces philosophes a même fait deux gros livres où il démontre par toutes les religions, les législations et les philosophies, que *l'égalité des conditions* est la loi de la société. Il est vrai que cet écrivain admet la propriété ; mais, comme il ne s'est point embarrassé de dire ce qu'est la propriété dans l'égalité, on peut hardiment le ranger parmi les antagonistes du droit du domaine. Les philosophes auront toujours le privilége de faire naître les difficultés et de ne jamais les résoudre.

Les économistes conseillent d'associer le capital et le travail. Allant au fond de leur doctrine, on ne tarde pas à s'apercevoir qu'il s'y agit d'absorber la propriété non plus dans une association, mais dans une communauté universelle et indissoluble. En sorte que la condition du propriétaire ne différerait plus de celle de l'ouvrier que par un plus gros traitement. Ce système, avec des accessoires particuliers et quelques embellissements, est la pensée même du phalanstère; mais il est évident que, si l'inégalité est un des attributs de la propriété, elle n'est pas toute la propriété; car ce qui rend la propriété chose *délectable*, comme disait je ne sais plus quel philosophe, c'est la faculté de disposer à volonté non pas seulement de la valeur de son bien, mais de sa nature spécifique, de l'exploiter selon son plaisir, de s'y fortifier et de s'y clore, d'en faire tel usage que l'intérêt, la passion et le caprice même suggèrent. Qu'est-ce qu'une jouissance en numéraire, une action sur une entreprise agricole ou industrielle, un coupon de grand-livre, à côté du charme infini d'être maître dans sa maison et dans son champ, sous sa vigne et sous son figuier? Plaisant projet de réforme! On ne cesse de déclamer contre la soif de l'or et contre l'individualisme croissant du siècle, et puis, par la plus inconcevable contradiction, on s'apprête à transformer toutes les espèces de propriétés en une seule : la propriété des écus!

Ce résumé rapide est loin d'embrasser tous les éléments politiques, tous les accidents de législation, toutes les institutions et les tendances qui menacent l'avenir de la propriété; mais il doit suffire pour quiconque sait généraliser des faits et en dégager la loi, l'idée, qui les domine. La société semble maintenant abandonnée au démon du mensonge et de la discorde, et cette triste apparence est ce qui désole si profondément nombre d'esprits distingués, mais qui ont trop vécu dans un autre âge pour avoir l'intelligence du nôtre. Or, tandis que le spectateur à courte vue se prend à désespérer de l'humanité et se jette, en blasphémant ce qu'il ignore, dans la fatalité ou dans le scepticisme, le véritable observateur, certain de l'esprit qui gouverne le monde, cherche à comprendre et à deviner la Providence. Le Mémoire *sur la Propriété*, publié l'année dernière par le pensionnaire de l'Académie de Besançon, n'est pas autre chose qu'une étude de ce genre.

Qu'ai-je fait, Messieurs, dans cet essai déféré à votre justice par je ne sais quelles ignorantes et malignes instigations? Cherchant un axiome inébranlable à nos certitudes sociales, j'ai d'abord ramené à une question unique et fondamentale toutes les questions secondaires, si vivement et si diversement controversées de nos jours; cette question a été pour moi le droit de propriété. Puis j'ai cherché par l'analyse et par une sorte d'expérimentation métaphysique, comparant les unes aux autres toutes les doctrines et en dégageant les éléments communs, ce qui, dans l'idée de propriété, était nécessaire, immuable, absolu; et j'ai affirmé que cette idée se réduisait à celle de *Possession individuelle, transmissible, susceptible non d'aliénation, mais d'échange, ayant pour condition le travail, non une occupation fictive ou une oisive volonté.* J'ai dit de plus que cette idée était la résultante de nos mouvements révolutionnaires, le point culminant vers lequel convergent, en se dépouillant peu à peu de ce qu'elles ont de contradictoire, toutes les opinions nouvelles, et je me suis efforcé d'en donner la démonstration par l'esprit des lois, par la psychologie, par l'économie politique et par l'histoire.

Si je me suis trompé dans mes inductions, il faut le montrer et me tirer d'erreur; j'ai fait assez pour cela, et la chose en vaut assurément la peine; il n'y a pas lieu à châtiment. Car, comme le disait un conventionnel que la guillotine ennuyait : *Tuer n'est pas répondre.*

Jusque-là, je persiste à regarder mon œuvre comme utile, sociale, digne de récompense et d'encouragement. Mais ce n'est pas ici le lieu d'indiquer les lumières que les hommes chargés du gouvernement pourraient en tirer pour l'administration de la chose publique.

Pour moi, je sais une chose : les peuples vivent d'idées absolues, non de conceptions approximatives et partielles ; donc il faut des écrivains qui définissent les principes ou qui, du moins, les épurent au feu de la controverse. Telle est la règle : l'idée d'abord, l'idée pure, l'intelligence des lois de Dieu, la théorie ; la pratique suit à pas lents, circonspecte, attentive à la succession des événements et fidèle à saisir, sur le méridien éternel, les indications de la Raison suprême.

Ainsi, fort de mes intentions, certain d'avoir contribué à la connaissance du vrai, j'attends sans impatience, du temps, la justice qui m'est due, et je dédaigne cette hypocrite et calomnieuse accusation d'avoir, par un écrit incendiaire, provoqué... Quoi ! seriez-vous donc institués pour juger les délits de presse, Messieurs?... Vous pouvez vous déshonorer par un abus de pouvoir, mais je ne contribuerai pas à votre honte en reconnaissant votre compétence. Proscrivez ma personne et mon livre ; un jour peut-être le pouvoir, quel qu'il soit, m'honorera. Mon caractère connu me recommandera seul ; je n'aurai pas besoin de changer de conduite ni de maximes.

Je veux maintenant répondre brièvement à quelques reproches secondaires qui m'ont été adressés.

I. On a censuré amèrement le ton de mon livre. A cet égard, je ne me repens que d'une chose, et je n'ai pas attendu les observations de l'Académie pour faire amende honorable à qui de droit : c'est d'avoir montré

contre le privilége de propriété une irritation trop vive,
et par là d'avoir laissé croire aux simples que j'étais,
moi aussi, l'un de ces conspirateurs forcenés qui s'en
prennent à la société des maux qu'ils ne doivent qu'à
leurs vices, et dont les haines ténébreuses menacent
tous les gouvernements, comme leur immoralité repousse
toute discipline. Ma diatribe, *ab irato* sans doute, aura
manqué son effet sur quelques intelligences paisibles ;
quelque pauvre ouvrier, plus ému de mes sarcasmes
passionnés que frappé de mes arguments, aura conclu
que la propriété est le fait d'un éternel machiavélisme
des gouvernements contre les gouvernés. Déplorable
erreur, dont mon livre est lui-même la meilleure réfu-
tation ! Tel est le seul regret que me laisse une indignation qui, si elle n'est pas sainte dans son objet, du
moins fut excusable dans sa source. Quand un homme,
après trente ans d'une vie laborieuse, se voit encore
à la veille de manquer de pain, et que tout à coup il
découvre dans une équivoque de langage, dans une
erreur de comptabilité, la cause du mal qui le tourmente, lui et tant de millions de ses semblables, il est
bien difficile qu'il ne lui échappe un cri de douleur et
d'épouvante. Ces réflexions, vous les regarderez peut-
être comme le fruit d'une imagination malade ; mais,
Messieurs, souffrez que je le dise, quelque chose vous
manque pour en sentir la justesse : vous n'êtes pas préparés par des études spéciales, suffisantes, à prononcer
sur une théorie de la Propriété.

II. Autre grief. J'ai accusé audacieusement non-seulement l'autorité de l'Église chrétienne, mais sa fidélité
dans la justice et la morale. Ma réponse sera simple et
catégorique : je l'ai fait à dessein et pour la gloire de la
religion ; j'ai voulu ménager au christianisme l'éclat

d'un triomphe au milieu des attaques sans nombre dont il est devenu l'objet; c'est ce que j'expliquerai dans mon deuxième Mémoire.

III. On me reproche d'avoir associé l'Académie à ma pensé, et, par là, de l'avoir compromise. Il y a dans ce grief encore plus de niaiserie que de malveillance. Je relis ma Préface, et je n'y vois que l'hommage, de ma part fort naturel, de ce qui m'a semblé la vérité, à ceux à qui je devrais certainement de l'avoir découverte. Je trouve même ce vœu formellement exprimé : *Puissiez-vous vouloir l'égalité comme je la veux moi-même*, etc... Est-ce vous supposer égalitaires que de vous souhaiter *l'amour de l'égalité*?

IV. Enfin on s'est plaint que j'eusse dédié mon ouvrage à l'Académie sans sa permission. J'ai eu, une première fois déjà, l'honneur de représenter à l'Acamie que ma Préface était un *compte rendu*, et nullement une *dédicace*. Une dédicace, Messieurs, c'est une espèce de dithyrambe en prose traînante et à plis flottants sur les qualités vraies ou supposées de celui qui l'accepte. Ici on le complimente sur sa noblesse, là on vante sa fortune, on loue sa beauté, on exalte son génie, on préconise ses vertus, surtout on encense le goût qu'il déploie dans le genre auquel appartient l'ouvrage placé sous sa protection. Mais dans quelle dédicace vit-on jamais un auteur parler de ses études, de ses progrès, des causes qui ont amené le choix de sa thèse; raconter ses inspirations, ses antipathies, ses espérances? Voilà, Messieurs, tout ce que j'ai fait; et il serait difficile de dire comment, ayant à traiter avec vous de l'emploi de mon temps et de la direction de mes travaux, je pouvais le faire d'une manière plus respectueuse.

Mais, dit-on, pourquoi imprimer ce compte rendu?

pourquoi mêler à vos élucubrations privées le nom inviolable de l'Académie?

Messieurs, en adressant mon travail à l'Académie, je n'ai pas entendu parler aux hommes qui, dans un moment donné, la composent. Ce n'est point à M. Alviset, le premier président, ni à M. Monnot, le président, ni à M. Guillaume, le juge, ni à M. Clerc, l'ancien avocat général, ni à M. Curasson, le praticien, ni à M. Doney, le philosophe, ni à M. Ruellet, le succursaliste, ni à personne enfin. Ce n'est point aux quarante citoyens dont les honorables individualités représentent phénoménalement les sciences, belles-lettres et arts, en Franche-Comté que j'ai fait hommage de mon livre; c'est en eux, à l'Académie, à son unité collective, permanente, indivisible, non infaillible, mais capable d'acquérir tous les jours des lumières nouvelles et de revenir d'une erreur passagère. Or, cet hommage volontaire, absolu, sans arrière-pensée, j'avais le droit de le faire et je ne puis le rétracter, et vous, Messieurs, vous ne pouvez m'en faire un crime. Repoussez la solidarité de ma doctrine, c'est votre droit, ce peut être votre devoir; comme citoyens, en effet, vous pouvez adhérer à mes opinions, mais comme membres d'un corps savant une semblable adhésion serait, je le suppose, prématurée, partant imprudente et blâmable. Il n'est pas bon en général qu'une Académie prenne l'initiative du mouvement intellectuel, non plus que des réformes politiques. Sa règle est d'observer, d'attendre et de laisser au temps à éprouver les idées; mais là s'arrête votre prérogative. Craignez pour votre gloire une méprise funeste; les hommes passent, la pensée demeure; quand vous m'aurez blâmé à la pluralité des suffrages, le temps, ce changeur de formes, me refera une majorité. La même Académie qui aujourd'hui m'incrimine peut dans dix ans me récompenser. Je connais quelques-uns de vos successeurs. Eh bien ! Messieurs, si vous me condamnez, déjà ils se promettent de casser votre jugement.

Je dois à l'Académie de Besançon le peu que je sais, je me plais à le reconnaître, et mon habituelle pensée est de lui devoir toujours davantage; rien, jamais, ne saurait altérer les liens de vénération et d'amour qui m'attachent à cette illustre compagnie, et par elle à la Franche-Comté.

Je vous dois aussi beaucoup, à vous, hommes académiciens, et, si je ne l'oublie pas, pouvez-vous sérieusement songer à éteindre en mon cœur ce souvenir? Car enfin, Messieurs, me retirer le titre que je tiens de votre élection, c'est me donner acquit de reconnaissance.

Mais non, non, vous n'userez point envers moi d'une rigueur dont le scandale, n'en doutez pas, Messieurs, retomberait sur vous seuls ; vous ne flétrirez pas d'un blâme public un homme que sa conscience aurait déjà consolé d'une absurde punition. Vous, me punir! et de quoi? De mon incapacité? Ce motif me serait nouveau, je l'avoue. — De mes mœurs? Je vis à Paris avec moins de huit cents francs par an ; ma moralité vaut mieux que la pension Suard.—D'avoir négligé ma fortune pour faire un livre que je n'ose qualifier devant vous, puisqu'il a le malheur de vous déplaire? Alors, Messieurs, vous pensez qu'une vie comme la mienne n'a pas été suffisamment éprouvée et qu'elle manque de quelque chose. Ne pouvant étouffer le passé, vous m'ôterez six mois de vie, vous étoufferez autant qu'il est en vous ma pensée, vous donnerez à mon œuvre la consécration de l'injustice... Je fuis, je repousse un honneur brigué par tant d'autres ; je ne m'estime point assez pur pour souffrir la persécution, et ne connais personne, au temps où nous vivons, qui me semble digne du martyre. Ne profanez pas, Messieurs, cette palme sacrée. Mais j'affirme l'égalité des conditions, et, ce faisant, je renverse la société existante? Messieurs, je ne renverse rien ; comme tout le monde aujourd'hui, je fais de la *réforme*. Quiconque en douterait prouverait par là seulement qu'il ne conçoit rien aux agitations de la France, et qu'il ne comprend ni son siècle, ni l'esprit humain, ni l'histoire.

Je suis, en attendant votre décision, Messieurs, votre pensionnaire,

P.-J. PROUDHON.

Paris, 10 janvier 1841.

A M. GUILLEMIN

Monsieur Guillemin, depuis ma lettre à Micaud, lettre
par laquelle je le priais de me faire cette petite avance,
j'ai reçu de singulières nouvelles de l'Académie. On
s'est enflammé de nouveau d'un beau zèle contre moi,
et ce que l'on me fait craindre est tout justement ce qui
m'a empêché, mon cher monsieur Guillemin, de vous
assigner un jour fixe de remboursement. Je ne mourrai
pas de cette vilenie académique ; mais j'en éprouverai
un peu d'embarras. Comptant sur mon dernier semestre
comme sur les précédents, je m'étais arrangé en conséquence pour travailler encore six mois au moins à mes
uniques affaires de philosophie et de Droit; j'avais
même refusé la proposition qui m'avait été faite d'un
travail littéraire pour le compte d'un homme qui veut
devenir auteur, et qui n'en a pas le temps; mais la
lettre de M. Pérennès et ses sinistres révélations m'ont
fait changer d'avis. J'ai dîné hier et avant-hier avec un
juge du tribunal de la Seine, qui a besoin d'une espèce
de collaborateur pour un ouvrage sur la *prison préven-
tive*, et il est à peu près convenu que j'irai demeurer

chez lui, que je mangerai avec lui le plus souvent,
et qu'il me donnera 150 francs par mois pour mes com-
pilations et mes recherches. C'est un homme d'esprit,
mais point du tout raisonneur ni métaphysicien ; il des-
tine son livre surtout au grand monde ; mais, comme il
y voudrait, avec les grâces légères, une teinte de philosophie et de profondeur, il lui faut un philosophe qui
pense pour lui. Il a connaissance de mes idées d'égalité ;
mais, bien qu'il m'ait déclaré qu'il était opposé à toute
idée d'égalité et qu'il se tuerait si l'égalité devait être
établie, il ne s'effraie pas de mes principes et conçoit
parfaitement qu'un honnête homme puisse soutenir ma
thèse. Du reste, c'est un esprit indépendant, libéral et
probe. La conduite de l'Académie envers moi l'a révolté,
et il m'a exprimé tout le mépris qu'elle lui inspirait. Il
croit que je n'ai rien à espérer.

J'ai répondu à l'Académie, comme je suppose qu'elle
le désire, j'entends pour la forme seulement ; car je
suis sûr qu'on ne se soucie pas plus de me voir changer
d'idées que de savoir que je persiste. Ce qu'on veut,
c'est une spoliation brutale et une flétrissure. L'exemple
des tribunaux de la Seine a donné du courage à nos
quarante ; ils ont senti combien il serait honteux pour
eux de rester en arrière en présence de si beaux exemples. J'ai quelque lieu de soupçonner que M. Tourangin, qui, au mois d'août dernier, m'était favorable,
aura changé d'opinion. Nous avions alors pour ministre
M. Thiers, et nous avons aujourd'hui Guizot : cela fait
une différence. Puis, la cabale est excitée par les partisans de mon concurrent de 1838, par un abbé Péher-
not, etc. Je sais que ce jeune homme, actuellement à
Paris, compte sur la pension, non pour le mois d'août,
mais pour le mois de mars prochain. Quoi qu'il arrive,

je suis en mesure, et l'Académie ne me prendra pas au
dépourvu. Tout en me tenant dans les termes les plus
respectueux, j'ai fait ma défense de manière à pouvoir
l'imprimer et à la soumettre au jugement du public ;
c'est un pamphlet plutôt qu'une lettre de confidences.
J'y joindrai deux autres pièces pour édifier les curieux.
Vous sentez que, si j'eusse après condamnation écrit *un
factum* plein de fiel et de colère, cela n'eût rien valu du
tout, tandis que ma défense, textuellement publiée, est
une pièce irréprochable. Nous verrons donc qui sortira
d'ici le plus maltraité, de l'Académie ou de moi. C'est
le 15 du courant que l'affaire doit être vidée ; je vous
serais donc obligé de dire à Micaud de me prévenir dès
le jour même par un billet qu'il remettrait à Huguenet,
à l'imprimerie, celui-ci ayant à m'écrire en même temps.
J'enverrai aussitôt la copie de mes lettres, et on les im-
primerait sur-le-champ, pour les répandre gratis. Je
ne suis pas d'humeur à me laisser déshonorer sans rien
dire.

Au milieu de tout cela, je me vois forcé de différer la
réimpression de mon livre que tout le monde semble
avoir désigné à l'animadversion du parquet. Il n'y a
pas jusqu'à ce cagot repenti de Lamennais qui, pour se
défendre, ne m'ait dénoncé d'une manière indirecte. Je
me propose de lui en témoigner incessamment ma
reconnaissance d'une façon qui fera baisser un peu sa
gloire.

Pour préparer les voies à une seconde édition, je vais
commencer par publier une lettre critique sur les théories nouvelles de la Propriété, lettre qui devait d'abord
entrer dans le volume, mais qui paraîtra à part, pour
apprivoiser le parquet. Mon juge m'a déclaré qu'aujourd'hui, le jury étant en train de sévir, je serais sûr

d'aller en prison si je réimprimais mon ouvrage. Nous
allons donc prendre un biais, et, puisque nous ne pouvons passer par la porte, nous tâcherons d'escalader la
fenêtre.

Je vous demande pardon de vous parler si longtemps
de mes affaires; mais, depuis que vous êtes pour la
seconde fois mon créancier, elles vous touchent nécessairement, et j'ai tout le monde contre moi. Ma *Propriété*
a fait ici du vacarme; il pleut des Défenses du droit de
propriété qui sont à mourir de rire; je vous en donnerai le divertissement dans ma prochaine brochure, que
je compte vous envoyer d'ici à un mois. Il faut frapper
ferme, mais en riant; c'est le seul moyen de ne rien
craindre. Je vais donc faire un peu la comédie.

Vous savez que le pourvoi de Mme Lafarge a été rejeté.
Son défenseur Raspail, l'adversaire d'Orfila, est aujour-
d'hui un homme coulé dans l'opinion publique; Orfila
l'a convaincu, dans un Mémoire que j'ai lu, plus de quarante ou cinquante fois de *mensonges*, item de *calomnie*,
item d'*ignorance des faits du procès*, item d'ignorance en
chimie. Le bruit court ici, et une personne de Limoges
qui se prétend bien informée l'a affirmé à quelqu'un
de ma connaissance, que la Lafarge était *grosse*. C'est
comme la duchesse de Berri. Ne dites pas cela à Micaud.
Ce qui est sûr, et tout le monde le sait à Paris, c'est
qu'étant jeune fille elle avait des rendez-vous galants.
Fiez-vous aux têtes romantiques.

Je ne sais pas si l'on croit à Besançon à la guerre, à
la révolution, etc. Ici l'on ne croit plus à rien, et l'on
agit en conséquence. On danse, on jouit, on fait l'amour.
J'ai exprimé à Micaud dans deux lettres que je ne
croyais plus à la proximité d'un changement dans
l'ordre des choses; j'ai bien peur qu'il n'ait pris cela

pour une approbation du système actuel et pour une
espèce de rétractation de mes pensées. Juger le présent
et l'avenir est très-différent d'approuver ou de blâmer.
Je pense donc, en somme, que la France est déchue,
qu'elle glisse doucement sur la pente de sa déchéance,
que personne n'a la volonté de remédier au mal, et que
les moyens de salut du *National,* la dictature, la violence, la guerre, sont faits pour nous achever. Placés
entre des Marrast et des Girardin, divisés en une classe
bourgeoise supérieure, corrompue et épicurienne, et des
masses quasi-lettrées, tout est danger, tout est germe
de mort pour nous. Si une guerre avec l'Europe écla-
tait, nul doute que l'issue n'en fût la ruine et le démem-
brement de la France. L'Alsace rentrerait dans la Confédération germanique; les Pays-Bas retourneraient à
la Hollande ou à la Belgique; la Franche-Comté formerait un canton suisse, et nous laisserions faire, mon
cher monsieur Guillemin. Quand les opinions sont divi-
sées et que les intérêts en dépendent, il doit arriver
que les uns ne veulent point pâtir des conseils des
autres, et c'est ce qui déterminerait promptement la
résignation d'une partie du peuple.

Appréciant les choses de ce point de vue, que puis-je
espérer, direz-vous, de ma philosophie? Je tâche d'abord
de dire vrai; peut-être en restera-t-il quelque chose.

Bonjour, monsieur Guillemin.

P.-J. PROUDHON.

Paris, 18 janvier 1841.

A M. LE SECRÉTAIRE PERPÉTUEL
DE L'ACADÉMIE DE BESANÇON

Monsieur le Secrétaire perpétuel, je me hâte de répondre à votre lettre du 16 courant et de vous remercier de votre empressement à me tirer de peine. Je
vous supplie de présenter à l'Académie mes humbles
remercîments. J'étais comme un lion furieux il y a
trois jours, je suis aujourd'hui plus docile qu'un
agneau. Il n'est rien que je ne fasse pour plaire à des
hommes intelligents, bienveillants, sachant sacrifier
leur conviction à une œuvre de tolérance et de charité.
Trois semaines de douleur et d'une inexprimable
angoisse m'ont abattu; j'avais beau prêcher ma raison,
exalter mon courage, la réprobation de l'Académie était
pour moi comme la malédiction de mon père. La vivacité de ma douleur doit vous prouver combien intime-
ment je tiens à l'Académie, à mon pays, à l'opinion de
mes concitoyens; les succès, la fortune, la gloire sans
leur amour ne me tentent pas. Je ne fais pas un projet
dans lequel mon imagination ne vous mêle et ne vous
embrasse. Jamais incapacité d'arriver à la fortune

n'égala la mienne ; je puis dire que la cause en est tout entière à cette habitude de ne voir en mes efforts d'autre fin que le bonheur de plaire aux Francs-Comtois, comme les ascètes ne faisaient rien qu'en vue de Dieu. De là ma confiance qu'il me suffit de bien faire, et que l'Académie s'occupera de mes intérêts ; de là cet esprit d'imprudence et d'inhabileté que vous avez relevé dans ma défense, et que vous eûtes autrefois tant de peine à faire disparaître de mon Mémoire de candidature. En tout cela, Monsieur le Secrétaire perpétuel, je vous dois plus qu'à personne, et je ne puis plus vous remercier, car vos bontés dépassent toute reconnaissance.

Il est vrai que l'appréhension de me voir retirer la pension et la bienveillance de l'Académie m'ont fait renouer une négociation entamée précédemment avec moi de la part d'un magistrat de la Seine, et que j'avais d'abord écartée, préférant six mois de travail libre à six mois de profit ; d'économiste que j'étais, je suis devenu criminaliste. M. X***, gendre de M. le pair de France S***, m'a fait des propositions honorables. Le sujet de l'ouvrage qu'il médite m'ayant agréé et rentrant dans mes études, je les ai acceptées. M. X*** connaît mes opinions, ne les partage pas, mais ne s'en effraie pas ; il ne voit en moi que l'honnête homme, l'homme de travail et de méditations. Je compte remplir ses vues au delà de son espérance ; mais cependant, Monsieur le Secrétaire perpétuel, ce n'est pas pour moi que je travaille, puisque ce n'est que pour mon intérêt, et c'est l'Académie qui en est cause. Tout cela me contrarie, m'exténue, me ferait mourir, si une pareille tourmente se prolongeait. Il ne sera question de réimprimer mon livre qu'après que j'aurai présenté au public une explication, devenue nécessaire, et à laquelle je travaille. Puisque je me suis engagé à ne rien publier que du consentement de l'Académie, je vous serai obligé de m'envoyer au plus tôt son adhésion. Il ne s'agit point d'un Mémoire nouveau ni d'une défense, mais d'une explication qui détruise le mauvais effet produit par la forme de mon livre, sans me présenter comme un étourdi; qui m'honore sans que je me rétracte; qui (et je n'en doute pas) me concilie jusqu'au pouvoir, sans aucun sacrifice de principes; qui, enfin, offre des moyens d'ordre et de pacification, tout en réservant ce que je regarde comme les droits inaliénables du peuple. L'Académie est intéressée à cette démarche qui me fera honneur, j'ose vous le promettre, et qui la satisfera pleinement. Les plus honnêtes gens que je vois ici, mes meilleurs amis, Mauvais, entre autres, et Pauthier, approuvant ce projet, m'y engagent et souhaitent ardemment de me voir séparé des factieux et de la mauvaise presse. Mes idées, disent-ils, peuvent produire du bien; mais il faut que je me dessine pour ce que je suis. Je crois donc, Monsieur le Secrétaire perpétuel, que l'Académie se ferait un très-grand tort et nuirait essentiellement à la vérité et à la justice, si elle me défendait d'entrer en compte avec le public qui m'a lu et qui est très-nombreux à Paris. Je le répète donc, je ne fais ici ni polémique nouvelle, ni dogmatisme; je m'explique, je me juge moi-même; je me blâme dans tout ce que mes formes ont de blâmable; et enfin, dans des considérations philosophiques très-élevées, je m'efforce d'apprécier ce qu'il est aujourd'hui possible de réaliser des espérances et des prétentions populaires, sans blesser les intérêts acquis.

Je serais désespéré que l'Académie m'ôtât un moyen

de succès, de faveur gouvernementale, non moins que populaire, et qui est d'accord avec mes convictions, avec les convictions contraires aux miennes et avec la justice. Je ne veux flatter personne, mais je veux être aimé et estimé de tout le monde.

Mes amitiés bien sincères, s'il vous plaît, à MM. Weiss et Viancin. Je vous supplie aussi de me permettre d'offrir mes hommages respectueux et mes compliments de bonne année à Mme Pérennès, et de l'assurer que son digne époux n'eut jamais de disciple plus dévoué et plus fidèle.

Pardon, Monsieur le Secrétaire perpétuel, de tous les maux que je vous cause; je vous aurai prouvé, hélas! combien il est pénible d'obliger et de faire du bien.

Votre pensionnaire,

P.-J. PROUDHON.

Paris, 31 janvier 1841.

A M. BERGMANN

Mon cher Bergmann, puisque M. Reclam me remet sa lettre tout ouverte, je prends la liberté de m'en servir pour t'écrire, afin de ne pas charger le paquet.

Mon affaire avec l'Académie s'est terminée heureusement pour moi; il s'agit maintenant de n'en avoir pas une troisième. M. le Préfet du département, M. Brocard, le supérieur du séminaire, MM. Weiss, bibliothécaire, et Pérennès, secrétaire perpétuel, m'ont soutenu contre la cabale. Mais on me mande que ma défense a fait plus de scandale encore que mon livre; cela signifie simplement que j'ai jeté la division entre les membres et fait rire les uns aux dépens des autres, en trouvant moyen de désigner mes adversaires d'une manière qui les a rendus pleinement ridicules. Tu conçois que ceux qui n'étaient point blessés ont dû feindre de prendre à cœur l'injure de leurs confrères; mais le coup est porté, j'ai maintenant des amis et des ennemis. Je présume du reste qu'en écoutant ma lettre mon intention aura été devinée; il n'en fallait pas plus pour arrêter les colères. Misérables humains! ils ne craignent pas de faire le mal, et ils ont peur du ridicule!

Dans la crainte où j'étais du dénouement, j'avais renoué la négociation dont je t'ai parlé, et c'est une chose

conclue. D'économiste que j'étais, me voilà devenu criminaliste. Je vais travailler de chambrée avec un magistrat de Paris, qui a envie d'être député, et qui désire
se recommander par un bon ouvrage ; la philosophie
va encore agir sur les esprits d'une manière nouvelle.
J'ai affaire à un brave homme, qui a pleine confiance
en moi, et qui, sauf quelques misères auxquelles il attache beaucoup d'importance, me laissera exposer une
partie de mes idées. J'apprendrai donc ici des choses
nouvelles, un peu de pratique ; je me frotterai un peu
plus au monde et je gagnerai quelque argent. A dater
du 8 février, je serai installé chez mon patron, rue Saint-
Benoît (derrière la rue Saint-Germain-des-Prés) nº 18.

J'achève en ce moment ma lettre à Blanqui sur la
Propriété ; elle s'imprimera à part et formera un deuxième
Mémoire, d'environ 100 à 120 pages. Désormais, je publierai par brochures mes nouvelles élucubrations ;
autrement, je paraîtrais à de trop longs intervalles.
J'attends le plus heureux effet de cette lettre, sur le
public et sur les hommes du pouvoir ; j'y rends compte
de ma conduite, de mes sentiments, j'avoue mes torts
(*si quæ sunt*) ; puis je reprends la question d'un point
de vue tout nouveau. Sous le rapport de la logique, je
crois que je n'aurai encore rien fait d'aussi bien ; dans
un mois tu en jugeras. J'ai tellement confiance dans la
certitude de mes principes et dans la droiture de mes
intentions, que je ne désespère pas d'obtenir un jour
une mission quelconque du pouvoir, *serva servandis*
bien entendu.

Tous nos amis te saluent et reçoivent avec plaisir de
tes nouvelles.

Je t'embrasse.

P.-J. Proudhon.

Paris, 14 février 1841.

A M. MAURICE

Mon cher ex-associé, je vous avais promis, du moins mon amitié me le fait croire, de vous écrire un peu plus que je ne fais; et cependant vous avez bien quelque raison de penser que les affaires seules ont le pouvoir de me rappeler à votre souvenir. Au lieu de m'excuser avec vous, je vous dirai simplement que, si je voulais n'être en retard avec personne, la moitié de ma vie se passerait à écrire. Au point où nous en sommes, croyez-en donc plus mes paroles que mon exactitude; c'est la seule explication qui soit entre nous raisonnable et permise.

Comme le temps approche où je vous devrai les intérêts de votre capital d'imprimerie, il est nécessaire que je vous prévienne du nouvel arrangement. que nous avons projeté de faire, M. Vieux et moi, et dans lequel vous êtes intéressé. M. Vieux, placé à Arcier, désire sortir de l'association qu'il avait contractée, et remettre la part du capital social, qu'il avait acquise de vous, conjointement avec moi. Depuis longtemps il m'avait prévenu qu'il n'avait pas le sou, qu'il ne pourrait payer

même les intérêts de ce qu'il vous doit; qu'il abandon-
nerait tout, que vous feriez ce qu'il vous plairait. Dans
cet état de choses, j'ai cru devoir lui proposer de me
céder sa part d'acquisition, sauf à lui de payer encore
cette année les intérêts échus à son compte; il a accepté
avec empressement, annonçant toutefois qu'il *emprun-
terait* les fonds nécessaires.

Or, comme je pense, mon cher ex-associé, que vous
devez me trouver moins solide tout seul que réuni à
M. Vieux, et que cette mutation de propriété peut vous
très-peu sourire, je désirerais vous faire bien comprendre la nécessité et peut-être l'utilité pour vous de donner les mains à la décharge de l'un de vos débiteurs
sur l'autre.

M. Vieux n'a pas plus de fortune que moi-même,
vous le savez, n'ayant sous le soleil que ses appointements, disposé à se laisser poursuivre et exproprier par
vous, plutôt que de conserver une propriété onéreuse.
Ce serait tôt ou tard un débiteur plus coûteux qu'accommodant.

Quant à moi, si je ne puis vous promettre de remboursement pour cette année, du moins j'ai la certitude
de satisfaire aux intérêts de 1841 et de 42; avant de
quitter Paris et de sortir des mains de l'Académie, ces
intérêts auront été gagnés. Ma position nouvelle, de
collaborateur d'un magistrat de Paris pour un ouvrage
de législation, me permet de vous donner cette assurance. Puis, l'espoir légitime de toucher quelque chose
de mes propres écrits, aujourd'hui très-recherchés,
confirme à cet égard mes prévisions. Ainsi, j'aurais,
sauf votre bon plaisir, *deux ans entiers*, 1841 et 1842,
pour aviser aux moyens de me décharger, soit de l'imprimerie, soit de mes obligations. Voilà, mon cher ex-

associé, sur quelles bases nouvelles je fonde mes calculs.

Vous me connaissez suffisamment ; le désir de satis-faire mes créanciers me tourmente plus que le soin de ma propre subsistance ; je fais tout ce que je peux, j'espère encore vous payer intégralement, et tout au moins de ne pas laisser détériorer la propriété. Dans un an vous serez affranchi, grâce à ma persévérance, de la solidarité d'un loyer onéreux ; je compte sur l'in-fluence de ces considérations pour vous déterminer à soutenir votre confiance en ma moralité et en mes efforts. Pour donner plus de stabilité à ma petite industrie, je me suis associé définitivement Huguenet, non pour la propriété de la chose, il n'a pas d'argent, mais pour le travail et les bénéfices, s'il y en a jamais.

Je chargerai Huguenet de vous payer, fin mars pro-chain, les intérêts des 3,000 et des 100 francs que je vous dois.

Je vous prie, mon cher ex-associé, de croire toujours à mon amitié bien sincère et de me faire part de vos observations, si vous en avez d'essentielles à me sou-mettre.

Je vous souhaite bonjour et bon an.

P.-J^e. PROUDHON

Paris, 15 mars 1841.

A M. MAURICE

Mon cher ex-associé, je crois comme vous que la
déplorable veuve L*** est perdue, et que nous verrons
misère et déshonneur s'épouser, ou ce qui revient au
même s'associer pour leur perte, pour le malheur et la
honte de leurs enfants. Je n'espère plus rien de mes
conseils; toutefois, je désire que ma lettre soit remise,
bien que je vous sache infiniment gré de votre prudence.
Mᵐᵉ L*** ne la communiquera pas, je la connais trop
pour cela; on ne communique pas volontiers les choses
qui intéressent l'amour-propre, et surtout l'amour-
propre d'un objet chéri. Mais, dût-elle pousser à ce
point la faiblesse et la bêtise, cela ne m'arrêterait pas.
P*** n'a pas droit de se fâcher de ce que je dis de lui,
car, après tout, j'ai usé de ménagements en ce qui le
concerne. Remettez-la donc hardiment à Mᵐᵉ L***,
seule, je souhaiterais même, s'il y avait lieu, que P***
fût absent de Besançon dans le moment, afin qu'elle
eût quelques heures de méditation. On voit des malades
revenir quelquefois d'un état désespéré.

Je connaissais comme vous les liaisons intimes de nos

tristes amants; vous pensez bien que *treize* jours passés
à courir les bois, les sapins, à cueillir la noisette, faire
des parties en char, en bateau et toujours en tête-à-tête,
supposent des entretiens bien doux, Quand j'en ai fait
l'observation, on n'a pas pu dissimuler ni se défendre.
Quand j'ai dit que le pas était franchi depuis longtemps, on en est convenu; bref, je tirais le rideau,
parce que j'espérais sur le Bélieu, et que le *conjungo*
couvre tout. Que faire? que dire à présent? Leur malheur est très-grand, plus grand que je ne l'ai exposé
dans ma lettre; car bien loin d'avoir exagéré les choses,
j'en ai dissimulé une partie. J'ai voulu être vrai sans
offenser ni avilir. Pour la première fois, je me trouve
heureux d'être loin de mon pays, de ma famille, de nos
affaires, de mes amis; je serais, je l'avoue, dans un
continuel embarras au milieu de cette communauté de
lâcheté et d'ignominie. Mon départ de Paris est fixé au
1er août; j'y dois aller prendre deux mois de repos et
revenir à mon chantier; j'espère qu'alors tout sera fini
ou par le mariage ou par une bonne rupture entre ces
deux personnes que j'ai aimées l'une et l'autre, que j'ai
obligées tant que j'ai pu, que j'ai conseillées, défendues,
excusées mille fois, et qu'il faut que je méprise. J'ai
mes défauts et mes vices; mais il est un degré auquel
je ne crois pas que je descende jamais.

Je me suis toujours défié de Mme L***, et je ne crois
pas l'avoir jamais bien connue. Elle le sentait, et ses
attentions à jouer la naïveté et la franchise avec moi
avaient été infinies. Elle m'a même fait une partie de ses
confessions, mais tout en me prenant pour confident,
elle me mentait encore; et, dans ses deux dernières
lettres, elle m'a déguisé une partie de la vérité. C'est
ce que j'ai vu par les vôtres. Cette femme-là a pu être

voluptueuse; elle n'a jamais rien aimé sincèrement et
avec un plein abandon. Je l'ai vue aigre, impérieuse,
volontaire avec son mari, ses enfants et d'autres; je
l'ai vue d'autres fois avoir des complaisances qui me
paraissaient des faiblesses impardonnables et qu'elle
rejetait sur la bonté de son cœur, sur la facilité de son
caractère; encore une fois, je ne l'ai jamais comprise.
Sa morale, j'entends sa morale pratique, car elle ne
raisonne guère, sa morale a été de se faire le centre de
tout, de n'aimer que soi en tout, de se moquer de
tout au fond de son cœur, excepté de son plaisir; elle
devait rester petite-maîtresse et ne jamais se marier.
Cependant la voilà éprise d'un dévouement héroïque
pour P***; dévouement qui ressemblerait à de la vertu
s'il n'était pas entretenu aux dépens des enfants d'un
premier lit. Encore une fois, je m'y perds plus j'y pense.
Ou plutôt je n'y penserai plus. Remettez-lui le billet
ci-inclus dont vous pouvez prendre lecture. Je vous
demande grâce pour le second que j'adresse à votre
voisin M. Bordy.

Tout à vous.

P.-J. PROUDHON.

P.-S. J'ai traité avec un libraire pour mon deuxième
Mémoire, moyennant 500 francs. On imprime. Cet
écrit me fera des amis parmi les honnêtes gens, et
beaucoup d'ennemis.

Paris, 28 mars 1841.

A M. LE SECRÉTAIRE PERPÉTUEL
DE L'ACADÉMIE DE BESANÇON

Monsieur le Secrétaire perpétuel, comme je crois ma subsistance désormais assurée à Paris, au moins pour un an, et qu'il est parfaitement inutile pour mes intérêts que j'y encaisse le montant du dernier semestre de la pension Suard, je vous aurais beaucoup d'obligations si vous vouliez me faire payer ce terme échu dans les mains, soit de M. Proudhon, du chapitre, que vous connaissez, soit plutôt de M. Huguenet, prote à mon imprimerie et maintenant mon associé. Je l'ai même chargé de recevoir pour moi cet argent et d'en faire tel usage que je lui désigne. J'ai pris la liberté de vous parler de cela, Monsieur le Secrétaire perpétuel, afin de vous épargner l'envoi d'une correspondance, et à moi celui de payer un change au banquier.

L'impression de mon apologie à Blanqui est depuis très-longtemps commencée et ne sera pas finie avant les vacances de Pâques, en sorte que ma brochure ne pourra paraître que dans le second semestre de cette année, et lorsque je ne dépendrai pour ainsi dire plus de l'Académie. Mes nouvelles occupations ont été cause de ce retard; il m'a fallu travailler pour autrui, travailler pour moi-même, et entendre encore à mes affaires domestiques. L'ennui, la peine d'esprit et les tracasseries se multiplient pour moi avec les années; joignez à tout cela le travail, et vous ne serez pas surpris si vous entendez dire jamais que j'ai par moment l'air hébété et comme fou. Mes maux de tête deviennent plus fréquents, ma faiblesse organique augmente dans la même proportion. Si je travaille cinq ans encore comme les deux qui viennent de s'écouler, je suis un homme enterré. Le mal de Fallot me gagne.

L'Académie est un peu la cause de mes maux, bien que je lui doive tout ce que j'ai appris; et je ne sais encore sur quel ton je devrai la remercier au mois d'août prochain. C'est elle qui m'a poussé à l'esclavage où je me trouve, et qui m'a préparé la plus rude épreuve qu'une vertu humaine puisse soutenir. Jamais homme ne prit tant de peine pour s'assurer un peu d'indépendance et ne fut si constamment et si fatalement tenu dans la servitude. J'ai écrit contre la propriété; mais je crois qu'il me manquait quelque chose pour la bien connaître, et que la Providence, par le ministère de l'Académie, m'a mis où je suis.

Je ne me plains pas de l'homme avec qui je travaille; assurément c'est un homme de cœur, d'honneur, de bonne foi. Malheureusement, il n'y a rien de plus de commun entre nous. Doué d'un esprit brillant, léger, voltairien, vaudevilliste, mon *propriétaire exploiteur* n'a pas plus de réflexion que son chat, n'entend rien aux choses sérieuses, et ne saurait me comprendre. Nous faisons un livre ensemble, mais il faut que j'en fasse, pour ma part, le fond, la philosophie, l'histoire, la dogmatique, l'application et le style. Il faut que je donne des idées à un homme qui n'en a pas, et un corps à ces idées.

Puis, n'étant pas maître de mon sujet et de ma pensée, il faut que j'écrive des ébauches informes que j'entends critiquer avec beaucoup de franchise, c'est-à-dire de vivacité, quelquefois d'incompétence, ce qui me fatigue et me lasse. Cependant je dois dire, à la louange de mon *maître* et de ses conseils, qu'ils ont trouvé ingénieuses, excellentes même, certaines idées capitales sur la philosophie de l'histoire, la judiciaire et la psychologie, et que maintenant on est à me pousser pour que j'y donne suite et que j'y ramène tout l'ouvrage. J'ai d'abord regretté (ce sentiment est de l'amour-propre, mais il est bien naturel) d'avoir livré de belles choses qui me pouvaient faire beaucoup d'honneur; mais j'en ai bientôt pris mon parti. Je me suis d'abord reproché ce mouvement d'égoïsme, en me disant que les vérités à découvrir étaient infinies, et que je n'avais qu'à travailler pour moi comme je faisais pour les autres; puis je me suis promis d'exploiter plus tard le livre que je fais, et qui ne peut paraître sous mon nom. Voici comment :

Les doctrines historico-politiques qu'il renferme ne présentent rien au premier coup d'œil que de grand, de beau, de providentiel, si j'ose ainsi dire, mais elles font partie d'une vaste étude sur les législations, étude qui aura pour but la démonstration, sous des formes neuves, des principes que je défends.

Or, l'ouvrage dont je vous parle, publié, prôné comme il le sera, admis pour la plupart des choses, je regarde le public comme engagé, et je me représenterai à mon tour pour donner le dernier mot de ce que mes juges ne voient qu'à demi.

En un mot, je pose ici une prémisse que l'autorité de magistrat et la nouveauté de la chose feront admettre, j'en suis sûr; je me réserve plus tard d'en tirer la conséquence. Je puis le prédire hardiment, cela s'accomplira comme je le dis; et c'est ce qui me console de voir mes enfants légitimes porter le nom d'un père adoptif. Puisse la vérité gagner à ce sacrifice, mais puissé-je être bientôt délivré de ce calice d'amertume !

Je vous prie de saluer MM. Weiss et Vianais, ainsi que votre frère, que je croyais voir au mois de mars qui s'achève, d'après ce que m'avait annoncé cet hiver M. Parent-Desbarres.

Je ne pourrai travailler à l'éloge de Suard; mais, comme j'en médite le sujet et que j'ai quelque chose à en tirer, je le publierai un jour. Je vous prie de m'excuser si, bien malgré moi, je ne puis faire partie de votre concours. Ce serait me tuer.

Je suis, Monsieur le Secrétaire perpétuel, avec l'affection la plus vive,

Votre ancien élève,

P.-J. PROUDHON.

Paris, 24 avril 1841.

A M. BERGMANN

Mon cher Bergmann, si la poste fait bien son service, tu recevras avec cette lettre un exemplaire de mon nouveau Mémoire. Je suis en ce moment, comme il arrive à tout auteur, fort inquiet du sort de ce nouvel écrit ; j'ai déjà la certitude qu'il me fera beaucoup d'ennemis, point de prôneurs ; Dieu veuille qu'il ne me rende pas ridicule! Le commencement est sec et austère ; le milieu un peu plus intéressant, à cause de la partie historique ; j'ai tâché de rendre la fin, composée de controverses, la moins insupportable qu'il m'a été possible. Ce qui m'ennuie le plus du métier d'auteur, c'est d'être obligé d'amuser le lecteur, quand il devrait lui suffire que je raisonne juste.

Tu trouveras peut-être le style de cette brochure encore trop guindé, et le ton que j'affecte de prendre trop fanfaron et trop *crâne :* c'est un tic d'originalité que je ne recherche pas, dont il me sera très-difficile de me dépouiller tout à fait, et que je tâche de rendre aussi tolérable que je puis. D'ailleurs, il semble qu'aujourd'hui il suffise de crier et de menacer pour avoir raison : cela sert avec les sots ; les sages aperçoivent le motif et pardonnent à l'auteur.

Laissons ce discours et parlons de mes études, puisque tu ne me dis rien des tiennes. Te rendre compte de mes pensées, de mes découvertes, ce n'est point parler de moi-même, c'est causer avec toi de ce qui nous occupe tous les deux : la science de l'homme et de la nature.

Or, il me semble que mes idées se précisent de plus en plus, et que je marche directement à la restauration — si toutefois nous ne devons pas dire : à la création — de la philosophie comme *science*. M. Jouffroy l'a très-bien dit, et tout ce qu'il a fait en philosophie se réduit à cette unique proposition, qu'il a délayée en deux cents pages : La philosophie n'est pas encore définie, ni dans son but, ni dans son objet, ni dans sa méthode. Or, voici comment j'entends faire à mon tour une philoso- phie : appliquer le raisonnement et la méthode sur toutes les parties de la religion et de la morale, comme je le fais en ce moment pour la politique, comme les savants spéciaux l'ont fait pour l'histoire naturelle, la physique et les mathématiques, comme depuis quelques années les linguistes le font pour les langues; puis généraliser, par la comparaison et l'induction, les méthodes et les lois de toutes ces sciences, et de toutes ces espèces former un GENRE, qui sera, *in abstracto superiori*, la philosophie.

Tu vois donc que mes études économiques et législa- tives sont, à proprement parler, une série d'expériences logiques qui me mèneront je ne sais où, mais bien sûre- ment quelque part. Il y a plaisir à s'entretenir avec toi de ces choses, parce que tu les entends très-bien, tan- dis que le monde n'est pour les philosophes de l'école qu'un pêle-mêle indéchiffrable.

J'écrivais aujourd'hui même au professeur Blanqui,

dans le billet d'envoi que j'ai joint à son exemplaire·

« Pour que la jurisprudence et la politique deviennent une science, il leur faut leur *matière d'expérience* et
un *champ d'observation*. Or, la matière d'expérience est
l'homme et la société ; le champ d'observation est
l'histoire, les religions, les lois, les coutumes, les
croyances, l'économie politique, etc.

« Qu'ont fait jusqu'à ce jour les légistes ? Ils n'ont
jamais su que partir de ce qu'ils appellent une *loi*,
c'est-à-dire d'une *tradition*, et l'appliquer, par voie de
déduction syllogistique, jusque dans les derniers détails.
Mais il arrive souvent qu'une *loi*, poussée dans ses
conséquences, est contredite par une autre ou démentie
par le sens commun et par la nature même : que font
alors nos jurisconsultes ? — Ils critiquent l'une et
l'autre loi ? — Point du tout ; ils cherchent dans leur
sac à traditions quelque vieille solution de commentateur, et se tirent de ce mauvais pas en suivant chacun
l'opinion qui est le plus de son goût, etc. »

Dans le premier Mémoire que j'écrirai, je commencerai à faire usage des principes que j'ai établis, et je
ferai la critique de la *Charte* et du *Code* par voie d'expérience, d'observation, de comparaison, de généralisation et de synthèse. En repassant dans ton esprit ce
que j'ai fait jusqu'à présent, tu comprendras parfaitement ce qui me reste à faire, le degré de certitude
auquel je puis arriver, etc. Cela doit te paraître aussi
simple qu'infaillible ; eh bien ! je puis t'affirmer que
pas un juge, pas un avocat, pas un légiste ne comprend
ces choses-là. Il est prodigieux combien leur ignorance
et leur fatuité sont grandes.

Je travaille ferme à mon ouvrage de jurisprudence
criminelle ; dans un mois d'ici, j'aurai préparé la

matière d'un volume in-8°; il en faut deux. Cette
étude m'a fait voir bien des choses curieuses, dont
je garde jusqu'à nouvel ordre une partie, et dont
l'autre ne doit d'abord me rapporter aucune gloire.
Mais le diable est fin, et ne perd jamais tout. Ecoute
ma confession.

J'ai affaire à un assez brave homme, totalement
dépourvu de génie, mais qui se pique d'esprit, et qui
n'est qu'un véritable *loustic*, sans dignité comme sans
intelligence. Il s'est mis en tête de devenir auteur, afin
de parvenir, soit à la présidence dans un tribunal, soit
à la députation. Mais il est incapable de quoi que ce
soit ; il lui fallait un aide qui prêtât la science et les
idées, tandis que lui fournirait son nom. Tu te rap-
pelles en quelle circonstance j'ai accepté cette singulière corvée. Mon particulier veut faire le libéral ;
l'homme a des idées *larges* et *généreuses*, mais il ne
comprend ni l'égalité, ni la souveraineté du peuple ; il
se déclare aristocrate et traite volontiers les radicaux
de charlatans et d'escrocs. Le malheureux !...

Voici comment nous travaillons : je fournis sur
chaque chapitre *ma philosophie, mes idées*, etc., etc., et
lui brode quelques fadeurs de pratique ou quelques
billevesées qui lui passent par le cerveau, et qu'il croit
des choses nouvelles et descendues du ciel. Il n'a rien
lu, et, avec une heureuse mémoire, ne sait que du droit
romain ou gallican et des vers.

Généralement, *ma philosophie* et *mes idées* lui paraissent fort ingénieuses, belles, intéressantes, neuves ; ce
ne sont pourtant que des transformations des diverses
propositions de mon livre sur la Propriété. Pour faire
accepter à cet homme les doctrines les plus opposées à
ses instincts, il suffit de lui présenter sous un aspect

particulier ce que l'année prochaine tu me verras généraliser avec une effroyable rigueur.

Je suis donc ici comme Satan auprès de notre première mère : je fais aller ce pantin comme je veux, et quand l'ouvrage aura paru, quand vingt plumes d'amis ou de gens de lettres parasites auront bien prôné l'ouvage, quand il aura obtenu un succès quelconque, et j'espère que comme innovation dans le domaine de la jurisprudence il en obtiendra ; quand enfin le public et l'auteur auront bien mordu à l'hameçon, alors, tout en me gardant de dévoiler le mystère, je viendrai sommer l'un de poursuivre sa tâche, et l'autre d'accepter les conséquences que je lui démontrerai. En un mot, ce que je fais maintenant est un véritable *sic vos non vobis*, qui fera mourir de peur mon patron et surprendra le public. Le but immédiat de ce petit complot sera de faire d'un magistrat de la capitale de France un antipropriétaire et un égalitaire renforcé, ou de le faire passer pour un sot ; puis d'accoutumer la presse aux doctrines d'égalité et aux innovations politiques ; enfin, le but ultérieur sera de préparer les esprits à concevoir l'ensemble des réformes philosophiques que l'état de la société appelle.

C'est, comme tu vois, prendre mes mesures de loin. Ce que je t'annonce, je le poursuis et l'exécuterai en toute sécurité de conscience ; mon *bourgeois* n'est pas de ces hommes avec qui je doive garder des ménagements; d'ailleurs, je prétends bien le traiter avec honneur et convenance ; mais quant à le pousser au dernier terme de ses idées, je le ferai sans pitié. Il est sûr d'être réduit ou à désavouer son propre livre, ou à se laisser passer pour dupe, ou bien enfin à crier *égalité* plus haut que moi.

Mes observations de chaque jour sont loin de me

réconcilier avec la Propriété. Je vois, je touche à chaque instant la crapule et l'égoïsme propriétaire. Sur ce sujet, j'en aurais trop à dire, et ma lettre est trop avancée. Crois bien, mon cher Bergmann, que, si ma vertu peut faiblir et ma volonté fléchir, ma haine de la Propriété est irréconciliable.

J'ai reçu, par un jeune homme venu de Berlin, une lettre d'Ackermann ; il vient d'être nommé pour travailler à une édition des œuvres du grand Frédéric, entreprise qui pourra durer sept ans. — Il aimait aussi une jeune personne que l'inégalité des fortunes lui ôtait l'espoir d'épouser, ce dont il enrageait beaucoup. J'ignore si ses fonctions de correcteur royal raccommoderont ses affaires.

Maguet vient de partir pour son pays, où il passera six semaines. Il a perdu sa mère, et il consolera son vieux père, avant de passer son dernier examen.

J'irai à Besançon au 1er août ; je compte t'écrire encore une fois avant cette époque et te parler de l'état de mes affaires. Je suis encore énormément endetté ; j'étais perdu, si mon dernier terme m'eût été retiré et que je n'eusse pas trouvé une vache à lait.

Notre préfet du Doubs est en ce moment à Paris, occupé à faire la cuisine pour les futures élections. Je vais lui envoyer un exemplaire de mon Mémoire, avec une belle lettre de protestation de mon amour pour l'ordre, etc.

La politique, à Paris, n'est plus qu'un mot. L'esprit public est tué ; les radicaux sont démoralisés et annihilés par leur ineptie et leur incapacité ; le gouvernement est fort ; Louis-Philippe triomphe sur tous les points. Nous sommes renvoyés à quatre ou cinq ans pour les réformes. Tout le monde se demande qui doit être dupe dans l'affaire des fortifications ; je ne doute pas que tous les partis ne songent de leur côté, aussi bien que Louis-Philippe, à s'en servir un jour ; mais je crois que celui qui tient tiendra longtemps. Les procès de presse vont leur train ; le *National* est menacé dans son existence, ce qui, du reste, est peu regrettable. Le peuple est apathique ; la jeunesse, épicurienne et immorale ; toute la nation, insouciante et lâche ; j'ignore vraiment ce qu'il en arrivera. Un ouragan passera-t-il encore sur la France ?... Je ne sais, mais je ne le souhaite pas.

Adieu, porte-toi bien, et fais-moi part de tes observations, quand tu m'auras lu. En France, le mauvais goût, les vices de forme sont encore plus à craindre que le défaut du raisonnement, que peu de gens sont à même de suivre.

Je t'embrasse.

P.-J. PROUDHON.

Paris, 25 avril 1841.

A M. TISSOT

Monsieur Tissot, je suis bien en retard avec vous :
c'est ma faute, et ma très-grande faute; c'est aussi la
faute des affaires, des hommes et du temps. Enfin j'espère que vous me pardonnerez pour cette fois, en acqué-
rant la preuve que, si je parais oublier mes amis, du
moins je sais occuper mes loisirs.

La poste, si son service est fidèle, vous remettra avec
la présente un exemplaire de mon nouveau Mémoire
sur la *Propriété;* vous y verrez que, sauf le ton général
que la circonstance m'obligeait de modifier, je persiste
dans toutes mes propositions; vous y remarquerez, de
plus, que je commence déjà à avoir prodigieusement de
complices, qui ne s'en doutaient peut-être pas. L'un
de ceux dont je puis attester la pleine et parfaite adhésion à mes doctrines, doctrines que j'ai honte d'appeler
miennes, puisqu'elles ne sont que l'expression des *faits*
économiques, est M. Pierre Leroux, que j'ai eu le plaisir
de rencontrer une fois, et avec qui j'ai causé de vous.
Non-seulement je prouve par son livre qu'il est *antipropriétaire non-communiste*, ce qui est justement la
théorie développée dans le cinquième chapitre de mon

premier Mémoire, mais j'ai l'aveu formel et raisonné de l'homme même.

Vous m'avez dit dans le temps que vous rejetiez *tout* ou *partie* de mes assertions ; je ne puis répondre à de pareilles critiques. Est-ce la partie économique, ou la psychologie, ou la critique législative que vous rejetez ? Pouvez-vous ne pas admettre la distinction de *propriété* et *possession ;* de droit d'*usufruit* et de droit d'*usure*, etc. Voilà ce qui me paraît difficile à croire, et ce sur quoi vous ne me refuserez pas éternellement quelques mots d'explication.

Vous remarquerez encore, non sans surprise peut-être, que mes prétentions à la philosophie, bien que déguisées, se sont accrues ; cela fera rire un savant, un érudit (car je distingue ces deux qualités), un praticien aussi consommé que vous. Soit ; je me borne à vous dire que je suis apprenti pour le moment, et *tuus tiro ;* j'étudie la philosophie ; je serai philosophe quand il plaira à Dieu, probablement jamais. Quand je serai mort, je prie mes amis de faire mettre sur ma tombe *Studebat philosophiæ*.

J'écrivais hier à M. Blanqui, dans le billet d'envoi que j'ai joint à son exemplaire :

« Pourquoi la législation et la politique ne sont-elles pas encore constituées comme *science ?* C'est que chaque science a besoin d'une matière d'expérience, d'un champ d'observation, et d'une méthode, et que jusqu'à ce jour la politique en a manqué, ou que du moins elle n'a pas su les reconnaître. Or, la matière d'expérience de la science politique est l'homme et la société ; le champ d'observation est l'histoire, les religions, les lois, les coutumes, les croyances, l'économie politique, etc. ; la méthode est la comparaison, l'induction et l'élimination, la généralisation et la synthèse. — Que font encore aujourd'hui nos jurisconsultes? Ils prennent ce qu'ils nomment une *loi*, c'est-à-dire une *tradition*, et en suivent l'application, par déduction syllogistique, aussi loin qu'elle peut aller. C'est précisément comme cela qu'on enseignait autrefois la physique et la médecine. Souvent il arrive que cette *loi*, poussée dans ses conséquences, en rencontre une autre qui lui barre le chemin, ou qu'elle se trouve démentie par le sens commun ou quelque impossibilité naturelle. Vous croyez qu'alors nos jurisconsultes reviendront sur leurs pas et se mettront à faire la critique des deux lois! Point du tout; ils cherchent dans leur sac à *traditions* quelque subtile solution de commentateur pour sortir de ce mauvais pas, et se jettent dans le champ des conjectures. C'est alors qu'ils disent qu'il *n'y a rien d'absolu.*

Vous avez fait votre droit, Monsieur, vous pouvez dire si ce tableau est fidèle. Quoi qu'il en soit au reste des jurisconsultes, vous ne contesterez pas, je pense, la nécessité de revenir à la méthode baconienne. Les idées que je viens d'exprimer sont banales pour vous; mais aujourd'hui on ne peut les faire entrer dans la tête d'un juge ou d'un avocat. Or, c'est en suivant le plan d'études dont je viens de vous donner l'aperçu que je crois vraiment *philosopher*. Je puis me tromper maintenant sur quelques points de détail, comme un mathématicien peut commettre une erreur dans un calcul spécial; qu'importe? La méthode, le système, l'ensemble des vérités n'en subsistent pas moins. C'est avec mes propres principes que l'on me redressera; or, c'est là tout ce que je veux.

J'ai eu bien de la peine à rentrer en grâce avec mon Académie, qui en août, septembre, novembre et janvier

dernier, voulait à toute force m'ôter ma pension. A la
fin, las de donner des explications qui n'étaient point
admises, je me suis avisé de montrer les dents; j'ai
attaqué nominalement une partie des membres; je me
suis moqué de l'Académie; je lui ai laissé entrevoir
que, si elle cherchait le scandale, j'étais homme à l'augmenter encore en la traînant devant le public; et la
tempête s'est apaisée devant le *quos ego*... On dit depuis ce temps-là que je suis un garçon qui promet...
O bipèdes !

Actuellement je suis au service d'un magistrat de
Paris, pour la construction d'un ouvrage de jurisprudence criminelle. Mon *bourgeois*, ou mon *propriétaire*,
ou mon *exploiteur*, comme il vous plaira de l'appeler,
est un assez brave homme qui se pique d'esprit, mais
qui n'est qu'un pauvre *loustic* dépourvu d'idées et même
d'intelligence. Depuis que je le connais et que j'ai lu
quelques écrits de Dupin, j'ai pu me convaincre qu'*esprit* et *intelligence* sont choses qui peuvent très-bien ne
se pas rencontrer dans une même cervelle. Or, mon
juge voudrait être président, voire député; pour cela il
s'est mis en tête de faire un livre. Et c'est moi qui en
suis chargé. Le titre en sera, je crois : *Philosophie de
l'instruction criminelle ;* mon maître veut quelque chose
de ronflant. Les lectures et les études qu'il m'a fallu
faire depuis trois mois m'ont appris une foule de choses
fort curieuses, dont je réserve une partie, et dont je
fais cadeau de l'autre à mon maître. Et nous marchons;
j'écris le plan, la substance, la trame et la meilleure
part du style d'un chapitre; puis il brode là-dessus
quelques idées pratiques, ou une billevesée qui lui
passe par l'esprit et qu'il ne manque pas de trouver
neuve, car il ne l'a vue nulle part... il n'a rien lu. Pour

la philosophie, le système, la partie progressive, psychologique, historique, socialiste, etc., il s'en rapporte
à mes lumières, sauf sa révision et son acceptation,
qu'il ne refuse jamais. Or, notez ceci : mon maître veut
qu'on dise de lui qu'il est *libéral*, homme à idées larges
et généreuses, plein d'amour pour le peuple et de zèle
pour les réformes; mais en même temps il est propriétaire comme un diable, égoïste, se pique d'aristocratie,
et ne voudrait rien dire qui pût compromettre sa toge
et contrarier ses opinions. Moi, au contraire, je prétends
faire de lui un égalitaire renforcé, et le faire malgré
lui hurler avec les loups. Il méprise souverainement
les philosophes, les humanitaires, les radicaux, toutes
gens qu'il traite de charlatans et d'escrocs; le malheureux! Voici donc comment je vais opérer : avec un
esprit de cette trempe on n'a pas à redouter le génie
qui court au-devant des conséquences et des identités
métaphysiques, la puissance de généralisation et de
synthèse. Il me suffit, pour l'accrocher, de ne lui présenter les choses que sous un aspect particulier, que je
me réserve d'étendre et de généraliser dès que je serai
débarrassé de lui. Alors, quand son livre aura été bien
prôné par vingt plumes amies et parasites, quand
alors son succès aura été constaté aux yeux du public
(et j'espère qu'un assez grand nombre de nouveautés,
une méthode inconnue en législation, etc., vaudront à
mon maître une petite ovation), quand, dis-je, auteur,
critique et public auront bien mordu à l'hameçon, je
viendrai à mon tour sommer les uns et les autres d'accepter certaines conséquences qu'à coup sûr ils n'auront pas aperçues, tant les hommes sont bêtes.

Bref, je fais en ce moment un *sic vos non vobis*, que
j'obligerai mon maître à finir comme je l'entendrai,

sous peine de passer pour ignorant ou pour mystifié.
Du reste, je me garderai bien de découvrir le mystère; je compte au contraire traiter notre futur auteur
avec égards et convenance; mais ou il criera : *Vive l'égalité! A bas la propriété!* ou je le change en bourrique.

Comment trouvez-vous le guet-apens? — J'espère
que votre gravité philosophique ne s'en formalisera
pas; il faut aujourd'hui traiter les hommes comme des
enfants, leur emmieller le vase pour les faire boire, les
piper dans leur intérêt. Ma petite supercherie est légitime, car elle ne renferme ni mensonge ni trahison;
elle consiste uniquement dans une dispensation gra-
duée de la vérité. Je ne songe pas à revendiquer d'ailleurs la paternité d'un livre que j'ai vendu d'avance, ce
qui serait indigne; que sont quelques aperçus plus ou
moins heureux, pour que deux hommes s'en disputent
la propriété? Aussi n'est-ce point là que je porte
mes regards : c'est le triomphe ultérieur de la vérité
que je m'efforce d'amener par tous les moyens. J'ai vu
à l'Institut, il y a deux ans, deux naturalistes se battre
pour une priorité de découverte que chacun revendi-
quait; il s'agissait d'un *muscle* qui se trouve dans les
ouïes du *merlan*. Quelle misère! Combien celui-là est
pauvre qui se croit anéanti pour la perte d'une découverte ! Le monde est infini dans tous les sens; dites ce
que vous voudrez, découvrez tout ce qu'il vous plaira,
il me restera toujours plus de gloire à acquérir que
vous n'en aurez obtenu. Je ne crains pas vos succès·
je ne demande que du temps.

Je n'ai pu résister au plaisir de vous faire part de
ma position présente et de mes projets; mais je souhaite que vous n'en fassiez pas de confidences. Mon
maître se contente de si peu de chose, qu'il y aurait

cruauté et bassesse à lui ôter son bonheur. Je veux
bien rire avec vous, mais je ne voudrais pas faire une
mauvaise action.

En me répondant, si vous pouvez me répondre, daignez je vous prie, Monsieur, m'exprimer en deux mots
votre jugement sur l'ouvrage de Lamennais et sur celui
de Pierre Leroux; j'ai trouvé occasion de parler de l'un
et de l'autre dans le Mémoire que je vous envoie; je ne
serais pas fâché de connaître ce que vous pensez de nos
philosophes, et de la critique que je me suis permis
d'en faire.

Il y a bien longtemps que je n'ai vu Pauthier. —
Mme Droz est morte; je ne vais plus dans cette maison,
non plus que chez M. Jouffroy. Après l'espèce de scandale que j'ai donné, je ne me soucie pas de me rencontrer
avec des hommes avec qui il faudrait avoir des explications, qui me traitent en écolier, et que je regarde
comme des pédants.

Je suis, Monsieur, avec toute l'affection d'un compatriote, et l'estime que je dois à votre talent et à votre
science.

Votre tout dévoué,

P.-J. PROUDHON.

Paris, 2 mai 1811.

A. M. ANTOINE GAUTHIER (1)

Mon vieil ami, je mérite bien tes reproches, car je devrais savoir ce que c'est que d'imprimer un livre ; mais un auteur s'imagine toujours qu'il a tout fait quand il a écrit, et que la presse doit aller aussi vite que sa pensée. L'art de Gutenberg n'en est pas encore là. L'impression de mon petit Mémoire a duré cinq semaines et plus : il y avait de quoi enrager. A présent, c'est une affaire finie, et me voilà sous la griffe des critiques. De tous côtés on m'annonce que je ne serai pas ménagé : le vent souffle et le ciel se fait noir ; il y aura du gros temps. Quoi qu'il arrive, au surplus, je n'ai rien à craindre du côté du pouvoir, ce qui est déjà l'essentiel ; quant aux chiens de cour et autres, il y a longtemps que je les connais, et je les attends. Je suis étourdi et téméraire autant qu'homme du monde ; mais, quand il s'agit d'imprimer, tu me supposes assez de bon sens pour n'avancer rien qu'à coup sûr, même dans mes plus grands paradoxes. Les radicaux réfor-

(1) MM. Gauthier frères, chez qui Proudhon a été employé.

mistes fulminent contre moi pour quelques mauvaises
plaisanteries que je leur adresse; que diront-ils, bon
Dieu ! l'année prochaine, quand j'aurai tué leur dada !
Mais laissons approcher la nuée et considérons, observateur tranquille, la marche de l'ouragan. J'ai toujours
idée que tout cela se dissipera; on y regarde à deux
fois avant d'attaquer un homme qui a bec et ongles,
qui frappe fort et qui frappe juste. C'est ce dont tu
pourras juger.

Mais, mon cher, mon plus ancien camarade, si des
clameurs de coteries, si une conjuration de journalistes
écrivassiers parvenaient à me démonétiser aux yeux de
cette grosse bête qu'on appelle le public, n'ai-je pas
d'avance mon dédommagement dans l'estime des
hommes honnêtes, indépendants, qui ne cèdent pas à
l'opinion, et dans l'affection de mes amis? C'est une
chose dans laquelle je me complais le plus; aucun
homme n'a peut-être autant de vrais amis que moi, et,
dans le nombre, d'aussi essentiellement probes, d'aussi
pleins de moralité, d'aussi remarquables, même par le
talent et la capacité. Avec les habitudes que je me suis
faites et mes goûts un peu campagnards, tu sais s'il
m'est facile de me consoler des tribulations de la littérature et du métier d'auteur. Quand je quitte ma plume,
c'est comme si je changeais de figure : me voilà rede-
venu compagnon, flâneur, paresseux, aimant à courir
et à *gouillander*, amoureux du café, du cabaret et de la
grosse gaieté. Ne suis-je pas fait tout exprès pour
donner des coups de fouet à ce troupeau de mâtins qui
ne savent happer que les moutons et que hurler contre
les loups? Invulnérable du côté de l'amour-propre,
puisque je méprise leurs louanges, inattaquable dans
ma vie privée, que veux-tu que je craigne? Je ne suis

encore qu'à mon second acte, et je n'ai pas commencé pour reculer. La comédie sera longue, et tel dont je n'ai pas encore parlé recevra tôt ou tard le coup d'aiguillon.

Ce m'est un grand plaisir de causer avec toi, car je ne reçois guère de lettres aussi franches, aussi vives, aussi assaisonnées, que la tienne. En te lisant, je reconnais cette bonne nature franc-comtoise que nos académiciens travaillent à corrompre tous les jours par leur ignorance et leur sottise. Tel que tu te montres toi-même, tel je suis. Comme toi, j'ai d'abord senti mon indignation se soulever, en voyant l'hypocrisie, la bassesse, les mensonges, l'ignorance et le charlatanisme de tout ce monde, et j'ai voulu que toute cette verte colère passât dans mon style. J'ai voulu être surtout de mon pays : franc et loyal, mais raisonneur, mordant, caustique, rieur et moqueur, impitoyable pour tous les *minus habentes* qui s'en veulent faire accroire. Je sais qu'on me reproche de faire trop le *bourreau des crânes* dans ma polémique; mais, avec un peu de réflexion, on verrait que ce n'est là qu'une tactique, une manière comme une autre de faire valoir mes raisons. Et puis, il y a tant de mollesse, de lâcheté, de papillottage dans les critiques d'à-présent, qu'il est nécessaire d'avoir un cuisinier qui mette un peu de vinaigre et de citron dans ses sauces. Au reste, qu'on me fasse comme je fais aux autres, je ne demande pas mieux; pour tous mes coups de lance je n'ai pas encore reçu une égratignure. Cela m'ennuie.

Tu me demandes des explications sur le mode de reconstituer la société. Je veux te répondre en peu de mots et tâcher de te donner, à ce sujet, des idées justes.

Puisque tu as lu mon livre, tu dois comprendre qu'il

ne s'agit pas maintenant d'*imaginer*, de combiner dans notre cerveau un système que nous présenterons ensuite ; ce n'est pas ainsi qu'on réforme le monde. La société ne se peut corriger que par elle-même, c'est-à-dire qu'il faut étudier la nature humaine dans toutes ses manifestations, dans les lois, les religions, les coutumes, l'économie politique ; extraire de cette masse énorme, *par des opérations de métaphysique*, ce qui est vrai ; éliminer ce qui est vicieux, faux ou incomplet, et de tous les éléments conservés ; former des principes généraux qui servent de *règles*. Ce travail prendra des siècles pour être mené à son complément.

Cela te paraît désespérant ; mais rassure-toi. En toute réforme, il y a deux choses distinctes, et que l'on confond trop souvent : la *transition* et la *perfection* ou l'*achèvement*.

La première est la seule que la société *actuelle* soit appelée à opérer ; eh bien ! cette transition, par quels principes allons-nous la réaliser ? — Tu trouveras la réponse à cette question en combinant ensemble quelques passages de mon second Mémoire ; p. 10-11, convertir toutes les rentes, et, en généralisant, abaisser le taux de tous les revenus ; p. 16, réforme de la banque ; p. 28-29, émission de capitaux à petit intérêt, réforme dans les banquiers ; p. 33-37, abolition progressive des douanes ; p. 179, attaquer la Propriété par l'intérêt ; p. 184, id., etc.

Tu conçois qu'un système d'abolition progressive de ce que j'appelle *aubaine*, c'est-à-dire rentes, fermages, loyers, gros traitements, concurrence, etc., rendrait déjà presque nul l'effet de la Propriété, puisque, si elle est nuisible, c'est surtout par l'intérêt.

Toutefois, cette abolition progressive ne serait qu'une

négation du mal, mais point encore une *organisation positive*. Or, pour ceci, mon cher ami, j'en puis bien donner les principes et les lois générales, mais, seul, je ne puis suffire à tous les détails. C'est un travail qui absorberait cinquante Montesquieu. Pour ma part, je donnerai les axiomes, je fournirai des exemples et une méthode, je mettrai la chose *en train;* c'est à tout le monde de faire le reste.

Ainsi, crois bien que personne sur terre n'est capable, comme on l'a voulu dire de Saint-Simon et de Fourier, de donner un système composé de toutes pièces et complet, qu'on n'ait plus qu'à faire jouer. C'est le plus damné mensonge qu'on puisse présenter aux hommes, et c'est pour cela que je suis si fort opposé au fouriérisme. La science sociale est infinie : aucun homme ne la possède, pas plus qu'aucun homme ne sait la médecine, la physique ou les mathématiques. Mais nous pouvons en découvrir les *principes*, puis les *éléments*, puis une *partie*, qui ira toujours en grandissant. Or ce que je fais maintenant, c'est de déterminer les *éléments* de la science politique et législative.

Par exemple, je maintiens le droit de succession, et je veux l'égalité ; comment accorder cela ? C'est ici qu'il faut entrer dans l'organisation. Ce problème sera résolu dans le troisième Mémoire, avec beaucoup d'autres. Je ne puis en ce moment te dire tout : il me faudrait vingt pages.

Enfin, si la politique et la législation sont une *science*, tu comprends que les principes puissent être fort simples, saisissables aux moindres intelligences, mais que, pour arriver à la solution de certaines questions de détail ou d'un ordre élevé, il faut une série de raisonnements et d'inductions tout à fait analogues aux calculs par lesquels on détermine le mouvement des astres. Cela même que je te dis des difficultés de la science sociale sera une des choses les plus curieuses de mon troisième Mémoire, et qui prouvera le mieux ma bonne foi et la nullité des *inventions* politiques.

En deux mots : *abolir progressivement et jusqu'à extinction l'aubaine*, voilà la TRANSITION. — L'ORGANISATION résultera du principe de la *division du travail* et de la *force collective*, combiné avec le maintien de la *personnalité* dans l'homme et le citoyen.

Ce que je te dis là te paraîtra peut-être un hiéroglyphe ; c'est pourtant l'explication de l'énigme ; c'est là que gît tout le mystère ; tu me verras commencer cette application, et tu pourras te dire alors : Pour achever l'œuvre, il ne faut plus que des hommes et des études.

Tu m'as forcé de me faire pédant dans une lettre familière par une sotte question ; quand je cause avec toi, est-ce donc pour faire la classe ? On ne s'explique jamais entièrement en une page sur des choses difficiles, parce qu'il reste toujours plus de doutes à éclaircir qu'on n'a résolu de questions. L'essentiel aujourd'hui est de fixer tes regards sur la Propriété et de résumer tout, la politique intérieure dans la question d'*abolition*, et la politique extérieure dans celle des *douanes*. Tout est là ; le reste se corrigera de lui-même...

· J'ai reçu hier, de M. Blanqui, une lettre charmante, flatteuse, et bien faite pour me donner de l'orgueil. Tu conçois que ce professeur ne peut accepter ma doctrine dans les termes où je la pose ; mais, à part les mots et la timidité qui lui paraît naturelle, c'est un homme acquis. — Au demeurant, homme de grand savoir, aimé de tout le monde, et le plus capable organisateur que nous ayons. — Je reçois de temps en temps des témoignages d'estime de la part de personnages éminents qui, sans dire *oui*, disent : *Courage !* Tu comprends !

J'avais envie, en commençant, de causer et goguenarder avec toi ; mais la nature d'auteur revient toujours. C'est ta faute aussi. Pourquoi m'interroges-tu ?

Adieu, mon plus ancien condisciple, mon camarade de *Rosa*. Il ne m'en reste point de ton temps ; et je sens bien à ta lettre que *les plus vieux sont encore les meilleurs.* »

Tout à toi,

P.-J. PROUDHON.

Paris, 16 mai 1841.

A M. ACKERMANN

Mon cher Ackermann, j'essaie de vous répondre par
la plus belle matinée de mai qui se puisse voir. J'ai
vis-à-vis de ma fenêtre un magnifique soleil; il ne me
manque que des rossignols et des roses. J'entends à
défaut les *roquets* et les *pierrots*, ce qui est peu fait
pour rafraîchir l'esprit et récréer l'imagination. Pour
répondre à toutes vos questions, il faut commencer par
mon histoire.

L'Académie de Besançon, de plus en plus animée
contre moi par une coterie de cafards et de plats courtisans du pouvoir, m'avait ajourné à comparoir devant
elle au 15 janvier 1841, terme de rigueur et définitif,
ou à faire valoir mes défenses; il s'agissait de me voir
supprimer ma pension, Déshonoré publiquement si
ce malheur me fût arrivé, j'étais ruiné de fond en
comble et perdu sans ressources. Je n'avais plus qu'à
partir pour la Russie ou pour l'Amérique. La détresse
me donna des forces. J'avais épuisé toutes les explications; j'eus recours à la menace. J'écrivis un factum
de manière à ce qu'il pût être imprimé. Je me proposais

de porter le débat devant le public bisontin, et de le rendre juge de la conduite des académiciens et de la mienne. Dans cet écrit, j'insistais plus fort que jamais sur ma doctrine; je la montrais existante et professée partout, de sorte que je ne m'en trouvais plus que l'expositeur et pour ainsi dire le chef. Plusieurs membres de l'Académie étaient nominalement désignés comme mes ennemis et fort maltraités ; en un mot, je montrai les dents et je fis entendre à l'Académie que, si elle cherchait du scandale, il y en aurait. Il paraît que cela fut compris : une moitié de l'Académie se mit à rire de l'autre ; le préfet vint à mon aide ; on commença à dire que j'étais un garçon de talent et qui pouvait aller loin ; bref je fus *acquitté*, je crois, à l'unanimité. A présent, on dit du bien de moi partout, bien qu'on me blâme en beaucoup de choses.

Pendant que tout cela s'agitait à l'Académie, la perspective d'une déchéance prochaine me fit chercher à m'employer utilement, je veux dire lucrativement, à Paris. Je déterrai un magistrat de la Seine, gendre de M. S***, pair de France, ami de Louis-Philippe, qui accompagna Charles X à Cherbourg avec Odilon Barrot ; lequel magistrat voulait faire un livre de législation criminelle, et cherchait un aide pour cela. Je lui fus présenté, et je travaille avec lui depuis le 1er février, à 150 francs par mois et le logement.

Le travail dont je m'occupe aura pour titre : *Philosophie de l'instruction criminelle*. A dire vrai, je fais presque tout, et si l'ouvrage devait paraître sous mon nom, j'en tirerais de bons écus, tant j'ai trouvé de choses neuves et intéressantes qui seront publiées dans ce livre. Mais voici le meilleur de l'affaire.

Mon patron est, de sa nature, assez aristocrate ; mais

il voudrait être député, et pour cela il veut se montrer
libéral, progressif, ami de la liberté et de la justice,
surtout neuf en quelque chose. D'un autre côté, ce
n'est pas un de ces esprits généralisateurs qui, sur une
face qui leur est présentée, découvrent tout de suite un
système. Comme la plupart des hommes, même des
savants, mon patron ne va jamais, par induction, du
particulier au général. C'est sur cela que je bâtis mon
petit projet. Je lui façonne le mieux du monde un système complet de réforme judiciaire et d'organisation
pour la magistrature, système qu'il ne comprend qu'en
partie, mais qu'il trouve parfois si juste, qu'il s'imagine l'avoir découvert, et me dit à moi-même : *N'est-ce
pas que je vous ai donné là une bonne idée?* Or, il faut
vous dire que ce système n'est qu'une application particulière d'une critique générale de la Charte et de nos
institutions politiques, que je publierai l'année prochaine.
Je fais un véritable *sic vos non vobis* que moi seul je puis
achever; et il sera curieux, quand vingt journalistes
auront vanté le livre de mon *bourgeois*, quand on en
aura admiré la méthode, l'économie, la philosophie, de
me voir sommer l'auteur d'aller jusqu'au bout de ses
principes, et de réaliser les promesses que je lui fais
faire de temps en temps. Mon plan, j'espère que vous
le comprenez, n'est pas de mystifier un homme qui, au
fond, est honnête, qui a beaucoup d'esprit mais point
d'intelligence (chose que je n'aurais pas cru possible
auparavant), mon but est d'accrocher un magistrat, de
m'en faire une autorité, puis, par le *succès d'estime*
qu'obtiendra son ouvrage, grâce aux amis, d'exploiter
le sujet pour la réforme sociale et l'égalité. Bref, je
ferai un scandale de cet écrit, après qu'il aura été loué
et peut-être récompensé.

Et cela arrivera comme je vous le dis.

Je viens de publier un second Mémoire sur la Propriété, sous forme de *Lettre adressée à M. Blanqui.* C'est une espèce d'apologie du premier Mémoire et de l'auteur. J'y ai développé de nouveaux points de vue; par exemple, que l'humanité, depuis quatre mille ans, est en travail de nivellement; que la société française, à son insu et par la fatalité des lois providentielles, démolit chaque jour la Propriété; que toutes les écoles la condamnent, etc. Cette exposition historique et critique des tendances et des doctrines se termine tout naturellement par cette conclusion : il faut marcher du côté où nous allons, puisque c'est la nécessité qui nous pousse.

Ce Mémoire a paru à tout le monde mieux écrit, plus intéressant et plus mesuré que le premier. M. Blanqui m'a dit à ce sujet les choses les plus flatteuses, m'engageant à me modifier encore, et me promettant à ce prix qu'un troisième Mémoire me ferait prendre place dans la science.

Je puis dire en toute vérité que je n'ai pas un partisan, au moins déclaré; le peuple ne peut suivre de si longues et si abstraites inductions ; les hommes compétents sont empêchés, par la prudence, de se prononcer; enfin il paraît aussi difficile d'admettre mes idées que de les réfuter. En attendant, je reçois directement ou indirectement des encouragements honorables; ceux même qui ne sont pas encore pour moi m'engagent à poursuivre; M. Blanqui, entre autres, m'a dit que je ferais un très-grand bien dès que l'on n'aurait plus rien à craindre de mes intentions et de l'abus qu'on pourrait faire de mon livre. C'est à quoi j'ai répondu que j'y saurai mettre ordre.

J'ai attaqué vivement le *National*, qui en a pleuré et grincé des dents ; j'ai fait une critique très-vive de la philosophie de Lamennais, critique qu'on trouve juste, mais qu'on voudrait plus bienveillante pour l'auteur. J'avoue que je ne puis encore me rendre à cette observation. Lamennais vient de publier un nouveau volume, que j'ai lu, et dans lequel il semble avoir pris à tâche de justifier ce que j'ai dit de lui : qu'il était *désormais impuissant*. Il reprend en sous-œuvre la célèbre profession de foi du *Vicaire savoyard*, et se met à amplifier les arguments de Jean-Jacques contre les miracles, les prophéties, la révélation, le péché originel, l'enfer, etc. Diatribes contre le clergé et le catholicisme. Quoi qu'on dise de cet homme, je répondrai toujours que je ne n'aime pas les apostats. Il pouvait changer d'opinion, mais il ne devait jamais faire la guerre à ses confrères dans le sacerdoce, ni au christianisme, qu'il ne s'agit plus d'attaquer, mais d'approfondir. Je me réserve de le ressaisir quelque jour.

J'ai fait connaissance de Pierre Leroux, que je trouve aimable et spirituel.

Vous voyez donc quelle est ma position : auteur de deux Mémoires contre la Propriété restés tous deux sans réponse, bien qu'ils aient été curieusement et minutieusement lus ; engagé dans une carrière encore inexplorée (il s'agit de refaire toute la législation, en substituant de nouveaux principes aux anciens) ; annonçant de nouveaux écrits plus explicites et, cette fois, plus positifs, — je ne puis reculer. Je regarde ma tâche comme très-grande et très-glorieuse. Il ne me reste qu'à m'en rendre digne. Le genre *Mémoire* paraît être celui qui me convient : moitié science, moitié pamphlet, noble, gai, triste ou sublime, parlant à la raison, à l'imagina-

tion et au sentiment : je crois que je ferai mieux de
me tenir à cette forme. La science pure est trop sèche ;
les journaux trop par fragments ; les longs traités trop
pédants : c'est Beaumarchais, c'est Pascal qui sont
mes maîtres. Mais quel avantage j'ai sur eux ! Je fais
intervenir le monde entier dans mes écrits : il n'est
pas une question de philosophie, de morale, de politique, que je ne puisse faire entrer dans ces Mémoires.

Je regrette beaucoup maintenant mon esclavage ; je
vais me hâter de mettre aux mains de mon *maître* les
matériaux de son livre, et je m'enfuis, au 1er août,
en Franche-Comté. J'oubliais de vous dire que j'ai
couru un immense danger à l'occasion de mon premier
Mémoire, qui a été cité dans tous les procès politiques,
de compagnie avec ce que le radicalisme produit de
plus abominable. C'est à Blanqui que je dois d'avoir
été ménagé. Le ministère, le conseil d'État, l'Académie,
le parquet, tout poussait des cris de rage. Enfin me
voilà rassuré ; je passerai à force de science et de
métaphysique, de précautions et de bon sens.

Les lettres attribuées à Louis-Philippe lui ont fait un
tort immense. Il y a encore là-dessous quelque chose
que je ne comprends pas. Je crois qu'il les a écrites ;
mais je ne crois pas qu'il ait pensé ni voulu tout ce
qu'il a écrit ; cette solution me paraît la seule plau-
sible ; elle va très-bien à la diplomatie actuelle.

Le pouvoir est très-fort ; l'armée magnifique ; pas de
révolution possible pour cette année. Les ouvriers
commencent à comprendre qu'il ne faut tenter rien
avant de savoir parfaitement ce que l'on fera.

Mme Droz est morte ; M. Droz s'en va ; Mme Michelot
jeune a fait un petit enfant le our de l'enterrement de
sa grand'mère.

Maguet a perdu sa mère; il est en ce moment à Dampierre pour quelques semaines. Tourneux compte être employé dans le Berry, à des usines. Elmerick devient raisonnable. Dessirier m'inquiète par ses changements de projets. — On m'a dit que Bergmann était fiancé avec une demoiselle riche et jolie. *Amen*. Reclam se fait magnétiser. Je n'ai pas encore vu M. Grimm.

J'aurai pour successeur un étudiant en Droit dont tout le monde dit du mal, et beaucoup de mal. Il convient à l'Académie précisément à cause de cela.

Pauthier vient d'éprouver un nouvel échec de la part de l'Institut, qui n'a pas plus de pudeur que nos ministres. Des prix Montyon sont réservés, tous les ans, pour les meilleures traductions d'ouvrages de morale : on a couronné et récompensé, cette année, une traduction de la *Métaphysique* d'Aristote, une traduction de la *Messiade* de Klopstock, et une des *Confessions* de saint Augustin. — Pauthier avait traduit Confucius et Lao-Tseu : on n'a pas seulement parlé de lui. Les prix académiques, on a pu le voir cette année, ne sont plus qu'un moyen de corruption de plus dans les mains du pouvoir.

La littérature ne produit plus rien; la France dégringole à tire d'aile; elle est comme l'animal qu'on vient de faire saillir; l'affaire faite, il se couche et s'endort. Tous les jours, j'entends dire des choses effroyables; l'audace des exploiteurs ne connaît plus de bornes; le pouvoir rit de la rage impuissante des radicaux; en effet, il n'a rien à craindre. La nation est démoralisée ; plus de vertus, plus d'esprit public. Il y en a peut-être encore pour bien des années. J'en souffre et j'en pleure.

Je n'ai reçu aucun volume de poésies venant de Berlin, et je n'ai vu personne qui ait pu m'en parler

Je ne puis donc vous rien dire à ce sujet. Mais à défaut de critiques spéciales, je vous dirai tout franc et tout net que je suis fâché de vous voir plongé dans des travaux qui rapetissent l'esprit à force de subtilité. Vous voulez refaire la poétique de la langue! Comment ne voyez-vous pas que les lois de la métrique et du rhythme n'ont absolument rien d'arbitraire, qu'elles sont données par la nature même des idiomes et *reconnues* par les orateurs doués de goût et d'oreille ?

Quiconque s'est mêlé d'écrire en une langue a dû remarquer que, toutes les fois que le style s'élève, s'épure ou s'harmonise, il tourne tout naturellement au vers. C'est ainsi que j'ai fait déjà plus de cinquante vers au travers de ma vile prose. La langue française, pour nous en tenir à celle-là, aime les coupes de six, de sept, huit, dix et douze syllabes, ainsi que le retour des consonnances. La poésie est l'idéal du langage. Or, cet idéal ne se trouve que dans l'étude approfondie des propriétés et des tendances secrètes d'un idiome. Je ne doute pas qu'à ce sujet il n'y ait encore beaucoup d'excellentes choses à dire; mais je voudrais qu'au lieu de démolir, comme fait M. Lamennais en religion, vous vous contentiez de philosopher. Rendez nous raison des beautés de la langue, du pourquoi les vers de Racine nous semblent si beaux; expliquez comment un certain nombre de formes métriques sont belles et seules praticables, pourquoi au delà il n'y a plus que dissonnance et confusion, et vous aurez fait la philosophie de la poétique et du style. Ce sera profond, savant, ingénieux et amusant. Vous ferez des comparaisons allemandes, latines, grecques, etc. Un tel travail n'existe pas.

Je voudrais bien vous voir une belle et bonne Prussienne qui vous ramenât un peu aux choses de la terre. Si vos fonctions d'éditeur durent sept ans, il est probable qu'après cela elles vous vaudront un autre emploi; ne pourriez-vous donc songer à arranger votre vie pour travailler dans une modeste aisance ?

Ce que vous me dites de M. Dubois ne me surprend pas; Paris pullule d'hommes comme lui. On convient de tous les abus que je signale; mais, quand je veux généraliser l'idée et arriver à une conclusion, alors on ne me suit plus. Mes critiques et moi, nous sommes comme des gens qui veulent tous rabattre les angles à un polygone; seulement, quand l'opération sera faite, les premiers soutiendront que ce qui restera sera toujours un polygone, tandis que je dirai que ce sera un cercle. Voilà en réalité en quoi je diffère de M. Blanqui et d'une foule d'autres.

Terzuolo est de plus en plus mal : c'est un homme estimable, mais qui désespère. Je l'ai vu une fois; il n'a presque point d'ouvrage et son atelier languit. Cinq numéros de mon *Mémoire grammatical* ont déjà paru. Il en reste encore autant. Je ne crois pas que cela finisse.

Je n'ai reçu aucune lettre de M. Cuvier, de Metz.

Je vous envoie un catalogue abrégé de vos livres, en vous prévenant que la plus grande partie est à Besançon, et qu'il ne me sera guère possible de vous rien expédier qu'après le 1er août, après mon retour. Vous m'écrirez d'ici là.

M. Weiss est venu à Paris ce printemps. — Il commence à radoter et beaucoup de gens s'en aperçoivent. L'esprit des vieilles académies est abrutissant.

M. X*** est bibliothécaire de l'instruction publique et professeur des filles du roi. Dans le haut monde, il se donne les airs de *chef de l'école germanique*. Je ne connais pas un honnête homme qui ne crache en le voyant ou en entendant seulement prononcer son nom. — Francis Wey est toujours le même : il a payé le déjeuner à M. Weiss; grand homme, par conséquent. M. Weiss s'est vanté, à cette occasion, de m'avoir dit mon fait. On lui a répondu qu'on n'en croyait rien.

Les journaux ne parleront pas de mes écrits et publications : cela paraît convenu. Je vais mon chemin sans leur secours, ce qui prouve quelque chose. J'ai commencé la guerre contre les coteries et les exploiteurs d'opinions; ce n'est pas pour finir si tôt.

J'ai appris hier qu'un professeur de philosophie, ayant entendu parler de mon Mémoire, était entré dans une telle indignation qu'il avait juré de réfuter publiquement l'ouvrage ou d'en devenir l'*apôtre*. Après ce beau serment, il s'est mis à lire et les bras lui sont tombés. — J'en ai déjà vu deux ou trois de cette force. Cependant il faut ajouter que, s'ils ne savent que répondre, ils ne croient pas encore : leur esprit est bouleversé, voilà tout.

Un professeur de l'École de Droit m'a fait parvenir des encouragements secrets, offrant même de me diriger dans les choses que je puis ignorer en matière de jurisprudence.

Une princesse de Caraman m'a lu deux fois, la plume à la main, et a fini par conclure : C'est dommage qu'il soit si brutal !

Lerminier, l'apostat, devait aussi *m'éreinter* dans une Revue : on attend son article depuis un an.

Considerant et les fouriéristes ont reçu dans mon second Mémoire un nouveau coup de fourche qui les assomme. — Blanqui les a fort maltraités dans une Notice sur Say.

Si l'état de choses actuel se prolonge encore deux ans, les vérités pleuvront sur le public ; il se commence une levée de boucliers contre toutes les espèces d'intrigants.

Je voudrais que vous fussiez ici pour vous montrer comment il faut traiter les hommes de lettres pourris. L'indignation d'un honnête homme produit de très-heureux effets; je l'éprouve tous les jours. On dit bien que je frappe trop fort; mais, en secret, on n'est pas fâché de me voir démolir les gens. On m'a même reproché d'abuser de ma position, qui n'offre aucune prise contre moi, même à la calomnie.

Encore une fois, je vous regrette non-seulement pour que vous soyez mon second et mon témoin dans mes luttes, mais parce que vous y prendriez part, tandis que je n'ai encore personne. *Personne!* Je suis délaissé. J'espère que dans un an le public se décidera; mais combien les écrivains sont lâches et égoïstes ! Vous qui avez du cœur et de l'intelligence, dont je disais hier encore à Pauthier : « Il est trop honnête pour réussir; » pourquoi vous êtes-vous fait Allemand ? C'est ici qu'il fera beau un de ces jours. Ah ! pardieu, je ne vous laisserai pas chercher des poux dans la paille, tandis que nous avons à faire la chasse aux loups !...

17 mai. J'ai lu aujourd'hui le rapport de M. Girod, de l'Ain, sur l'assassin du roi et ses complices. Ce rapport se termine par une allusion à mon ouvrage qui a frappé tout le monde : « Comment s'étonner qu'il y ait des régicides, quand il se trouve des écrivains qui prennent pour thèse : *La Propriété, c'est le vol!* » — Vous voyez que je suis toujours menacé.

Adieu, faites votre chemin mieux que moi; mariez-vous, ménagez-vous; pour moi, si je passe cette année sans encombre, je réponds de ma carrière.

Je vous embrasse et vous aime toujours!.

P.-J. PROUDHON.

Paris, 18 juillet 1841.

A M. BERGMANN

Mon cher Bergmann, j'ai appris avec un vif plaisir
la nouvelle de ton mariage, et comme cette fois tu ne
m'as pas recommandé le secret, j'en ai fait part à nos
amis, qui sont enchantés. Une femme *jeune, jolie, intelligente et point coquette !* Où as-tu découvert cet heureux
phénix ? Tu as parlé comme un homme amoureux, mon
cher ami; il y en a d'aussi malins que toi qui ne se
flatteraient pas de trouver rien de pareil dans tout
Paris. Tu te tais sur la fortune; je soupçonne que tu
n'as rien voulu dire, de peur de faire crier *à la perfection !* Répétons un peu cette belle énumération sans y
rien sousentendre : « Jeune, belle, intelligente, riche
et point coquette ! » N'en dis rien à ta prétendue, de
peur de me brouiller avec elle; mais, avec ta permission,
je ne puis croire tout cela. D'abord, parce qu'avec tout
ton mérite, ta philosophie et ta polyglottie, et tes mœurs
d'archange, et ton amour de Séraphin, tu ne vaux pas
encore, à mon avis, les regards d'une divinité. Puis, et
ceci est une grande raison, c'est qu'il y a incompatibilité
radicale dans les qualités dont tu te plais à enrichir
ta belle.

Je conçois une beauté sans coquetterie, mais sous la condition qu'elle aura peu d'intelligence; hors de là, *nego*, comme disait Thomas Diafoirus. Si ta femme est intelligente, elle sait qu'elle est jolie, elle sait qu'elle est riche, elle sait même qu'elle est intelligente; car le propre de la pensée est de se connaître; sachant tout cela, elle doit s'estimer, s'admirer, s'aimer; s'aimant et s'admirant, elle veut être aimée et admirée des autres; voulant être, etc. Je raisonne à la manière de Confucius ou Khoungh-Fou-Tseu, comme dit notre ami Pauthier. Mais tu vois où mène ce sorite... A la coquetterie, mon cher ami. Donc ta femme est coquette ou le sera, ou bien il n'est pas vrai qu'elle soit jolie et intelligente.

Je sais que je prêche un sourd; je t'avouerai même que, si j'étais à ta place, j'enverrais promener le raisonneur, et le laisserais croire ce qu'il voudrait. Cependant je te prierai encore une fois de ne point te flatter de réunir ainsi les contraires dans une femme, l'être le moins synthétique de la création.

Ackermann m'a écrit et se plaint qu'on cherche à lui enlever sa place. M. de Humboldt étant en ce moment à Paris, il n'a personne pour l'appuyer auprès du roi. Quant aux observations que je me suis permis de faire sur ses études et ses publications, il m'a fermé la bouche par cette phrase : « Je fais ce que vous souhaitez, et ce que vous craignez, je ne le fais pas. » Au demeurant, toujours entêté de son orthographe et de sa métrique.

Maguet est de retour depuis hier; il vient prendre son diplôme et soutenir sa thèse. C'est un garçon d'infiniment de bon sens et qui sera mon médecin, tant que je vivrai. Il t'aime beaucoup, mais moins cependant depuis que tu te maries.

Haag férie depuis quelque temps ; je le soupçonne de
rêver mariage aussi ; je ne répondrai pas pourtant que
ce soit la philogéniture qui le travaille, plutôt que la
philogynie. Dieu vous pardonne à tous, mes enfants !

Dessirier couche en joue une princesse de comptoir...
(Tiens ta langue, médisant !)

Elmerick, oh ! pour celui-là, je crois bien qu'il ne
s'occupe que de madones sur toile et de têtes de bri-
gands.

J'avais eu d'abord le projet de partir le 1er juillet ;
puis, Lamennais ayant publié une brochure dans
laquelle je suis assez clairement attaqué, j'ai résolu de
répondre sur-le-champ. Mais je suis si fatigué, et mon
sujet s'est trouvé être tel, quand j'ai mis la main à
l'œuvre, que j'ai résolu de la laisser là, et d'aller me
reposer. Au lieu d'un pamphlet personnel, je publierai
un troisième Mémoire dans lequel Lamennais ne com-
paraîtra que comme accident.

Cette fois je vais exposer les lois économiques et
universelles de toute organisation sociale. Je viens
d'écrire à M. Blanqui pour lui demander audience et
le consulter ; j'ai tant de choses neuves à dire, que je
puis me flatter que ceux qui m'ont le mieux lu ne
savent encore rien. Véritablement la science sociale est
infinie, car c'est la révélation des secrets de la Providence dans les affaires de ce monde. Depuis quinze
jours j'ai appris tant de choses, j'ai soulevé un si large
pan du voile, que j'en ai la vue troublée. Il me faut du
repos, il faut mûrir mon germe avant d'accoucher. Tu
as éprouvé plusieurs fois dans ta vie la même chose ;
nous étions quelquefois longtemps sans que le progrès
soit sensible ; puis, tout à coup, les voiles tombent ;
après un long travail de réflexion, l'intuition arrive.

Ce moment est divin. C'est ainsi, je ne crois pas me tromper, qu'ayant été forcé d'apprendre la prosodie tu as découvert en quelques jours une foule de choses nouvelles, curieuses, plus étonnantes que tout ce que tu avais déjà publié. Quand un homme a beaucoup appris, que son érudition est suffisante, il ne faut plus que lui poser des problèmes et soulever devant lui des difficultés. Pour peu qu'il ait du génie, il s'élancera comme le soleil et répandra des flots de lumière. Mon ouvrage aura pour titre : *De la création de l'ordre dans l'humanité.* Ce sera de l'économie humaine transcendante.

Il y a quelques semaines, j'étais à mon insu sous le coup d'un mandat d'arrêt, pour crime d'*attentat.* C'était mon deuxième Mémoire qui soulevait cet orage. M. Blanqui, qui me fit prévenir, et qui avait été dénoncé lui-même comme mon *coconspirateur*, me dit que ce Mémoire, malgré l'amélioration de la forme, avait mis le feu aux poudres, parce que j'y avais fait entrer tant de monde que les monopoleurs du pouvoir y avaient vu la manifestation d'un complot. Il me rassura pourtant en me disant qu'il avait tous les ministres pour amis, et qu'il ne souffrirait point qu'on sévît contre moi. Il écrivit en même temps au préfet de police pour se plaindre de sa conduite envers lui. Bref, cette affaire ridicule est apaisée. Elle prouve, selon moi, que le pouvoir est encore plus bête et plus mal renseigné que méchant, et j'ai résolu d'avoir désormais quelque homme puissant parmi mes défenseurs.

Je vais adresser un exemplaire de mes deux Mémoires à M. Duchâtel, en même temps qu'une lettre ferme et convenante; j'espère qu'il sera satisfait. En même temps, je consulte M. Blanqui, en lui faisant entrevoir

que je vais faire marcher la science économique et lui
en donner le sceptre.

Je partirai dans huit ou dix jours, et ne pourrai te
voir encore cette année, à moins que je n'aille tourner
par Strasbourg, en novembre prochain. Je ferai un
assez long séjour à Besançon pour régler mes affaires.
Le terme de mes échéances approche; il faut, ou que
je vende pour payer, ou que je trouve de l'argent. Bien
des gens me disent qu'*une femme* peut seule me sauver.
Mais voilà le diable! Je suis assez médiocrement amoureux, ne connais personne, et, malgré la petite réputation que je me suis déjà acquise, je suis, sans exa-
gérer rien, un mauvais parti pour une demoiselle. Je
ne suis point *épousable par amour;* ce serait donc par
convenance; or, à qui puis-je convenir? Pauvre, une
fille ne me va pas, et me perdrait sans profit pour elle;
riche, elle descend en s'alliant à moi; d'une médiocre
fortune, elle sacrifie tout pour payer mes dettes, après
quoi elle se trouve avec rien et un mari de peu de ressources. Plus j'y réfléchis, plus je trouve que ce parti
mitoyen est le moins praticable; car, en vérité, je ne
puis, en connaissance, appliquer la dot d'une jeune
fille à couvrir mes obligations personnelles; je me le
reprocherais. Il faut que mes créanciers attendent :
voilà ce qu'il y a de plus clair.

Il est question de fonder sous quelques mois une
Revue nouvelle à laquelle j'aurai une grande part. D'un
autre côté, une compagnie de banquiers milanais me
propose de diriger une série de publications ayant pour
objet un système financier. Tout cela n'est pas encore
en voie de pleine réalisation. Je verrai venir. Je commencerai d'abord par mon troisième Mémoire, qui me
posera, je le crois, ou bien qui me tuera.

J'ai appris que Clairvaux, un de nos anciens, que je ne connais pas encore, était à Besançon; je ferai sa connaissance.

Je t'embrasse, te souhaite bonne santé, et me recommande à ta nouvelle Providence.

Tout à toi.

P.-J. PROUDHON.

Paris, 19 juillet 1841.

A M. LE SECRÉTAIRE PERPÉTUEL
DE L'ACADÉMIE DE BESANÇON

Monsieur le Secrétaire perpétuel, je n'écris point à l'Académie, pour les raisons que vous allez apprécier.

L'Académie, par sa déclaration du 24 août 1840, déclaration consignée dans ses recueils imprimés, et, ce me semble, fort significative, m'a fait tout le mal qui était en son pouvoir, et a rompu volontairement le lien qui m'attachait à elle. Qu'aurais-je à dire aujourd'hui à votre compagnie, qui ME DÉSAVOUE ET ME CONDAMNE DE LA MANIÈRE LA PLUS FORMELLE, pendant que de mon côté je persiste dans toutes mes opinions? Remercier l'Académie du bien qu'elle m'a fait paraîtrait ironique; rendre compte de mes études passées et futures serait l'insulter; revenir sur ce que j'ai fait, cela ne se peut. Il faut que je me taise, et que j'attende le retour spontané de l'Académie.

D'autre part, l'Académie m'a trompé en janvier 1841, lorsqu'elle m'a demandé des *explications* sur mon ouvrage et mes intentions. Que pouvait-elle me faire de pis que le blâme public du 24 août 1840? C'était pour prévenir cet acte de justice domestique que je me défendais; c'était le coup que je voulais parer. J'étais loin d'imaginer qu'il ne s'agissait alors pour les académiciens que de compléter leur jugement en joignant l'amende à leur condamnation. Quoi ! ils n'en voulaient donc plus qu'à mon dernier semestre, les auteurs de la pièce fulminante du mois d'août ! 750 francs étaient devenus l'objet de ma défense et de leur convoitise ! Relisez ma lettre du 10 janvier, Monsieur le Secrétaire perpétuel, et vous reconnaîtrez la sincérité de mes paroles, quand je vous dirai que je n'eusse pas daigné répondre si j'avais connu l'arrêt académique imprimé à la page 104 de votre dernier rapport; arrêt d'autant plus affligeant qu'il fait suite à une longue série d'auteurs franc-comtois, tous cités avec éloge. On sait votre complaisance pour les moindres essais tombés des plumes séquanaises; et vous, Monsieur, notre compatriote d'adoption, vous avez dû rire quelquefois de notre excessive vanité.

Enfin, l'Académie, par les craintes qu'elle m'a inspirées et la nécessité où elle m'a mis de travailler pour vivre, est causé du retard qu'éprouveront mes publications. Mon troisième Mémoire devrait paraître cette année, et j'ai quelque lieu de croire que, selon la parole de M. Blanqui, il m'eût fait prendre rang dans la science et aurait prouvé que, en me lançant brusquement dans une carrière si périlleuse, j'avais bien mesuré mes forces et connu la portée de mon action. Je serais aujourd'hui maître du terrain où je lutte avec le préjugé universel, s'il m'avait été permis de travailler à ma guise. Mon succès, j'ose le croire du moins, est ajourné. En attendant, je parais victime de mon imprudence; c'est la seule raison que mes amis eux-mêmes m'op-

posent encore, et qui parait inexpugnable. *L'avenir en
décidera*. Permettez-moi maintenant, Monsieur le Secrétaire perpétuel, de vous donner quelques détails sur
ma condition actuelle. Votre bonté pour moi, vos inquiétudes vraiment paternelles, me donnent droit de penser
que vous vous intéressez toujours à ce qui me regarde.
Après avoir couru le plus grand danger du côté du
pouvoir, par suite de mes deux Mémoires, l'orage s'est
calmé un peu, et je me trouve aujourd'hui dans une
pleine sécurité. Il n'y a pas plus de trois semaines que
j'étais encore sous le coup d'un mandat d'arrêt, et cela
non plus pour délit de presse, mais pour *crime d'attentat*.
M. Blanqui fut deux fois mon ange de salut : la première près de M. Vivien, ministre de la justice, la
seconde près de M. Cunin-Gridaine, ministre du commerce. M. Blanqui lui-même avait été dénoncé par le
préfet de police comme conspirateur. Il me dit qu'en
englobant tout le monde dans ma doctrine j'avais fait
croire aux monopoleurs qui assiégent le pouvoir, qu'il
existait un vaste complot, et que cette ridicule terreur
avait mis le feu aux poudres. Je répondis que je ne
regrettais qu'une chose, c'était de n'y avoir point fait
entrer les ministres et le Code civil. Enfin, tout s'est
apaisé. M. Blanqui a déclaré que je n'étais justiciable
que de l'Académie des sciences morales et politiques,
et que, bien qu'il ne partageât pas ma manière de voir,
bien qu'il m'eût réfuté le premier, avant que le ministre
connût l'existence de mon ouvrage, il prendrait lui-
même ma défense devant la cour d'assises, si l'on me
faisait un procès. Ensuite il a expliqué que je n'étais
point du tout ce que l'on pouvait croire, etc.

Je vous adresse un exemplaire de mes deux Mémoires
à M. Duchâtel, ministre de l'intérieur, avec une lettre

dont j'espère qu'il sera satisfait ; je suis moins disposé que jamais à taire ce qui me semblera la vérité ; mais je veux que le pouvoir me connaisse et me laisse en repos. Il faut que j'aie des protecteurs dans les hautes régions du gouvernement.

J'achèverai cette année l'ouvrage de jurisprudence criminelle que j'ai commencé pour un magistrat de la Seine ; puis je continuerai mes Mémoires. Le succès de mes publications, sans être brillant, est tel que je pouvais l'espérer ; inconnu à la presse et aux confréries littéraires et politiques, sans partisans, sans prôneurs, sans amis, sans publicité, je perce peu à peu ; mes brochures se vendent, et mon libraire ne paraît point mécontent. Enfin le pouvoir me fait l'honneur de me regarder comme l'un de ses plus dangereux ennemis ; en quoi, assurément, il se trompe. — Du côté du peuple, je suis vu avec plus de défiance que de sympathie ; les petits journaux d'ateliers me montrent assez de mauvais vouloir ; les communistes me jugent déjà trop savant pour eux, et me regardent comme une espèce particulière d'*aristocrate ;* tous profitent de mes idées sans me témoigner de reconnaissance. Comme je n'ai jamais souhaité la *popularité*, je ris de ces petites jalousies de meneurs politiques, et m'en trouve plus à l'aise.

Des propositions de coopérer à certaines *revues* m'ont été faites. Je les accepterai le plus tard possible. Enfin, Monsieur le Secrétaire perpétuel, les preuves que j'ai faites suffisent déjà pour me faire rechercher, et les ouvrages que j'ai sur le chantier me permettent de vivre encore longtemps de mon travail littéraire, en attendant que je m'arrange autrement.

Je vous prie de présenter mes respects et ma recon-

naissance à MM. Weiss, Viancin, Perron, Trémo-
lières, etc., en général à toutes les personnes que vous
savez m'avoir été favorables. Il est triste pour moi
d'avoir à séparer les académiciens de l'Académie, mais
la position qu'on m'a faite m'y oblige. Je ne puis ni
être ingrat envers les hommes, ni me montrer satisfait
de la conduite officielle de votre société; je ferai ma
paix avec l'Académie quand je serai de l'Académie.

Je suis, Monsieur le Secrétaire perpétuel, toujours
avec les mêmes sentiments d'amour et de reconnaissance,

Votre dévoué et fidèle disciple,

P.-J. PROUDHON.

Besançon, 9 août 1841.

A M. TISSOT

Monsieur Tissot, je vous envoie, par l'occasion d'un jeune Dijonais qui quitte Besançon, deux exemplaires de mon premier Mémoire sur la *Propriété* (2e édition), l'une pour vous, l'autre pour M. Parigot, à qui je vous prie de présenter mes vives sympathies et mon amitié la plus sincère. Je lui trouve toute la bonhomie franc-comtoise, avec l'élégance et la finesse bourguignonne. Je regrette seulement que, dans les courts instants où je me suis trouvé avec lui, il se soit montré trop peu expansif. Peut-être mon excessif penchant au bavardage en est-il la cause unique; toutefois il me semble que j'aurais droit de me plaindre de cette réserve de la part d'un jeune homme qui sait beaucoup et qui sait bien. Apprenez, philosophe, à rendre vos disciples plus communicatifs, car la curiosité seule finit par engendrer la froideur et la défiance.

Je trouve cette fois un accueil généralement plus cordial à Besançon qu'à mon dernier voyage; il n'y a plus que les cafards et les chefs de la boutique académique qui me gardent un peu rancune. Encore un an

et un Mémoire, et j'aurais pris pied dans le pays. La
génération nouvelle marche, marche, que c'est merveille! Vous en seriez content. Je parle de vous partout, de votre gracieuse réception; cela me donne de la
considération, et je ne suis pas fâché de rappeler que
vous êtes Franc-Comtois et philosophe. Mais déjà l'on
se préoccupe de vos travaux et de tout ce qui vous
appartient; jugez à cette preuve. On sait et l'on dit à
Besançon que votre fils Charles est un jeune homme de
grande espérance, et il n'a pas seize ans! Ma foi, je
l'avoue à ma honte, je regrette que la société du père
et la présence de la mère m'aient empêché de causer
avec cet aimable enfant; c'est une connaissance qui
me reste à faire. J'espère qu'une autre fois vous et
Mme Tissot voudrez bien me faciliter ces nouvelles
relations; il est temps de traiter en homme un adoles-
cent dont la réputation devient déjà provinciale. Je me
défierai à l'avenir des familles où une seule personne
parle tandis que toutes les autres écoutent. M. Charles
et Mlle Tissot, quand j'y songe, doivent me trouver bien
bête, moi qui n'ai pas su trouver une parole d'encouragement et d'amitié pour l'un ni pour l'autre. O vanité
littéraire! ô égoïsme philosophique! J'ai honte de moi,
et je vous demande pardon, mes aimables hôtes.

Je trouve mon atelier dans une fériation complète.
C'est la saison morte pour les imprimeries. Après deux
ou trois semaines de repos absolu et de vie animale,
pendant lesquelles je ferai un petit inventaire, je reprendrai ma besogne; il faut avancer, et mon troisième
Mémoire, et mon *Institution criminelle*. Je compte imprimer le tout à Besançon. Depuis quinze jours que je ne
lis rien et que je ne fais que parler, j'ai déjà eu le loisir
de les mettre en ordre. Dans un mois je pourrai écrire.

Il me tarde de faire de la métaphysique, et alors!...
à toi, à moi !

Je vous supplie, mon illustre et vénérable compatriote,
de me mettre aux pieds de la toute bonne et toute excel-
lente M^mo Tissot, et de me croire sans réserve votre
dévoué et affectionné

P.-J. PROUDHON.

APPENDICE

———··⊃⊂··———

Paris, ce jeudi-saint 1832.

A M. ET Mme PROUDHON

Mes chers parents, l'eau de Paris ne m'incommode
pas; elle est plus agréable que celle de Besançon,
parce qu'elle est toute filtrée et saturée d'oxygène,
ce qui en fait encore un préservatif contre le choléra.
Au surplus, que celui-ci ne vous épouvante pas;
dans le cas le plus malheureux, à Paris, il ne tuera
pas un homme sur trois cents : on peut encore tirer
à cette loterie. Paris est infecté de chlore et de cam-
phre. Pour le moment, je ne fais autre chose que
lire et écrire dans notre chambre, lire et écrire dans
les bibliothèques. C'est un peu fâcheux pour vous,

j'en conviens ; ce n'était pas là tout ce que je vous
avais fait espérer ; mais il faut bien commencer en
toute chose par le commencement. Ceci, d'ailleurs,
ne saurait durer six mois. Au bout de ce temps, si nous
nous apercevons que je ne puis être bon à rien, eh
bien ! je redeviendrai compositeur et correcteur, ce que
je serai toujours quand je le voudrai. J'en serai quitte
pour la petite humiliation de m'entendre appeler *auteur
manqué*, car je suis actuellement placé dans ces alter-
natives, de travailler à devenir auteur, ou de mourir de
faim, ou de redevenir imprimeur. La dernière ne me
tente guère, la deuxième encore moins ; faute de mieux,
il me reste le premier choix ; que ne ferait-on pas
pour écarter la mort ou le choléra ? Je ne me plais que
médiocrement à Paris, et l'intention de Fallot, aussi
bien que la mienne, est d'en sortir le plus tôt que nous
le pourrons, Besançon nous réclame autant l'un que
l'autre.

Je vous embrasse, mes chers parents.

Votre fils,

P.-J. PROUDHON.

Draguignan, 22 juillet 1832.

A M. ET M^mc PROUDHON

Mes chers parents, ma chère mère, — car vous avez en
particulier plus besoin de consolations dans ces tristes
circonstances, — Micaud m'a instruit du sort de mon
frère, et il est résolu qu'avant six semaines je serai de
retour à Besançon. Comme le sort me poursuit avec
acharnement! Il me semble que la fatalité que je traîne
s'attache à tous ceux que j'approche : que Micaud et
Fallot sont plus malheureux depuis qu'il me connaissent! J'entre parfois dans des trances de rage effrayantes et risibles en même temps; je ne sais à qui
m'en prendre. J'appelle, je défie mon ange noir; je
voudrais le terrasser ou qu'il m'anéantît.

Votre fils,

P.-J. Proudhon.

Note fournie par M. le docteur Pellarin, auquel nous
devons communication de six lettres ou notes manus-
crites de P.-J. Proudhon, adressées à M. Just Muiron.

Les quatre premières pièces de cette correspondance
ont trait à des ouvertures qui furent faites à Proudhon,
en 1832, pour l'engager à prendre la rédaction du journal
L'Impartial, de Besançon, dont M. J. Muiron était le
propriétaire. Le précédent rédacteur, M. Xavier Mur-
mier, venait de quitter Besançon pour voyager en Allemagne.

Ces lettres ne portent point de dates, mais la seconde
fait mention d'une circonstance qui prouve qu'elle fut
écrite en juin 1832. Proudhon y parle « de la lecture qu'il
a faite du prospectus du journal *Le Phalanstère.* » Or, ce
prospectus avait paru le 1er juin 1832.

C'étaient, d'ailleurs, moins des lettres proprement dites
que des réponses *par écrit*, remises de la main à la main
au destinataire, lequel, étant atteint de surdité, ne pouvait avoir connaissance autrement des objections moti-
vées de Proudhon contre la proposition qui lui était faite.

Ces notes témoignent de l'inflexibilité de conviction
républicaine à laquelle était arrivé dès lors le futur grand
publiciste et grand écrivain.

Les pièces ont été classées dans l'ordre que leur con
tenu semble indiquer. Les deux dernières, où il ne s'agit
plus de la rédaction du journal, sont évidemment d'une
époque postérieure à celle des quatre précédentes.

TABLE DES MATIÈRES

1830

1840

1841

Appendice.

Paris. — Imp. Moderne (Barthier, d^r), rue J.-J. Rousseau, 61.

Librairie Internationale

A. LACROIX ET CIE

COLLECTION

DE

CHEFS-D'ŒUVRE HISTORIQUES

CONSTITUANT

L'HISTOIRE UNIVERSELLE

La *Collection*, si célèbre déjà et si importante, des *Grands Historiens contemporains étrangers*, constitue, par l'ensemble des œuvres qu'elle comporte, une véritable *Histoire universelle*, presque sans lacune, et cela, au moyen de l'œuvre dominante, choisie dans les diverses littératures modernes, sur chaque période historique.

Pour suivre l'ordre chronologique, il y a d'abord l'Histoire de l'antiquité, par *Max Duncker*, qui embrasse tous les peuples de l'Orient. L'Histoire de la Grèce, de *Grote*, y fait suite immédiate. Le monde romain y est traité par deux historiens illustres : *Mommsen* et *Merivale*. L'Histoire romaine de *Mommsen* retrace toute la République jusqu'à César ; *Merivale* raconte l'Histoire des Romains sous les Empereurs.

L'ancien monde est clos ainsi et complet.

Avec *Hallam*, c'est l'Histoire du moyen age, que complètent *Irving*, par sa Vie de Mahomet et son Histoire de Grenade ; *Prescott*, avec son Histoire de Ferdinand et d'Isabelle ; *Lamartine*, avec une série de Biographies historiques.

Prescott et *Motley* font surgir le XVIᵉ siècle, l'un avec l'HISTOIRE DU RÈGNE DE PHILIPPE II, l'autre avec l'HISTOIRE DE LA RÉVOLUTION DES PAYS-BAS.

Washington Irving nous fait assister à la découverte du Nouveau-Monde, par son HISTOIRE DE CHRISTOPHE COLOMB, et *Bancroft* nous retrace l'HISTOIRE DES ÉTATS-UNIS, comme *Prescott* donne l'HISTOIRE DE LA CONQUÊTE DU PÉROU et l'HISTOIRE DE LA CONQUÊTE DU MEXIQUE. L'Europe et l'Amérique ont ainsi leurs annales constituées.

Dans cette série de grands historiens, la France est représentée par *Michelet* et son œuvre monumentale : HISTOIRE DE FRANCE. — Trois maîtres, *Louis Blanc*, *Edgar Quinet* et *Michelet*, y figurent avec l'HISTOIRE DE LA RÉVOLUTION FRANÇAISE, tandis que *Gneist* nous initie à l'HISTOIRE CONSTITUTIONNELLE DE L'ANGLETERRE. Notre époque est enfin traitée par *Gervinus*, dans sa grande HISTOIRE DU XIXᵉ SIÈCLE.

Ainsi la chaîne des temps est reliée par de vastes travaux d'ensemble qui forment une collection unique, où tous les matériaux les plus récents de l'histoire universelle sont mis en œuvre et où les temps écoulés ressuscitent et repassent devant nos yeux, évoqués par des maîtres dont le nom est devenu illustre.

Ainsi chaque race, chaque littérature a apporté sa part de collaboration à cette grande *Histoire universelle*, chacun pour la portion qu'il a le plus étudiée et où il fait autorité. Car ces historiens, que nous venons de citer, sont les premiers de la France, de l'Allemagne, de l'Angleterre, de l'Amérique, et la gloire a consacré leurs œuvres.

Mais ces histoires particulières sont rattachées entre elles par de grandes études synthétiques, dues à d'autres sommités qui donnent ainsi le point de vue spécial de chaque nation sur l'évolution du monde. C'est *Herder*, avec sa PHILOSOPHIE DE L'HISTOIRE DE L'HUMANITÉ; c'est *Kolb*, avec son HISTOIRE DE LA CIVILISATION DE L'HUMANITÉ; c'est *Draper*, avec son HISTOIRE DU DÉVELOPPEMENT INTELLECTUEL DE L'EUROPE; c'est *Buckle*, avec cette admirable HISTOIRE DE LA CIVILISATION; c'est *Laurent*, avec sa grande et si savante HISTOIRE DU DROIT DES GENS, ÉTUDES SUR L'HISTOIRE DE L'HUMANITÉ, *depuis les temps les plus reculés jusqu'à nos jours.*

Le résumé de toutes les recherches de la science la plus moderne, de tous les points de vue les plus divers sur les événements ou leurs causes et leurs lois, l'enchaînement des faits historiques en même temps que leur appréciation, tout se trouve réuni à la fois dans cette vaste collection poursuivie depuis douze ans avec une idée d'ensemble, dans le but de constituer une œuvre monumentale aussi utile et indispensable au public en général, qu'elle est précieuse aux savants, et destinée à servir désormais de base à toute bibliothèque, si l'on ne veut rester étranger à l'histoire même du monde où nous vivons.

D'autres œuvres capitales viendront encore s'ajouter à ce programme et le développeront dans certaines parties de détail. Mais l'ensemble est formé et déjà complet dans le plan actuel. Seuls, les chefs-d'œuvres historiques reconnus y auront place. Les noms qui composent cette collection en sont un garant. C'est la France qui, la première, aura eu l'honneur de mettre au jour et de grouper cette série d'historiens, en ajoutant à ses auteurs originaux les traductions des premiers historiens des autres pays, ses émules.

Pour servir de guide à travers ce vaste et mouvant panorama, il y a l'HISTOIRE UNIVERSELLE de *Weber*, qui suit pas à pas le monde dans son évolution et embrasse la période des siècles, depuis les temps primitifs jusqu'à notre époque même, par ordre chronologique, dans un plan nouveau, plein de méthode et de clarté, s'adressant à la fois à l'élève, au professeur, à l'homme du monde comme à l'érudit.

Paris. — Imprimerie Moderne (Barthier, D'), 61, rue J.-J.-Rousseau.

COLLECTION DES GRANDS HISTORIENS CONTEMPORAINS ÉTRANGERS

ŒUVRES POSTHUMES & INÉDITES
DE
P.-J. PROUDHON

(Voir page 33 la Collection des ŒEuvres complètes anciennes)

CORRESPONDANCE	LA PORNOCRATIE
DE	OU
P.-J. Proudhon	**Les Femmes**
8 beaux vol. in-8°, à **5** fr. le vol.	1 vol. gr. in-18 Jésus **2** fr. **50** c.

LUTTE
DU
CHRISTIANISME & DU CÉSARISME
2 vol. gr. in-18 jésus : **7** fr.

HISTOIRE	VIE	HISTOIRE
de	de	de
	JÉSUS	**JÉHOVAH**
POLOGNE	*Mélanges divers, fragments d'histoire universelle*	*La Genèse de la Création* (Suite de la *Bible* annotée)
2 vol. gr. in-18 : **7** f.	1 v. gr. in-18 : 3 f. 50	1 v. gr. in-18 : 3 f. 50

CAHIERS ET CARNETS
MÉMOIRES DE P.-J. PROUDHON
Faisant suite à la *Correspondance* et la complétant
4 beaux Volumes in-8° : **20** *fr.*

Le Principe de l'art. 1 vol. gr. in-18 Jésus............	3	50
La Bible annotée. — *Les Evangiles.* 1 fort vol. gr in-18 Jésus..	4	»
— *Les Apôtres.* — *Les Epîtres.* 1 fort vol. gr in-18 Jésus........................	5	50
France et Rhin. 1 vol. gr. in-18 Jésus..............	2	50
La capacité politique des classes ouvrières. 1 vol. gr. in-18 Jésus.............................	3	
Contradictions politiques. Théorie du mouvement constitutionnel. 1 vol. gr. in-18 Jésus............	3	50

Paris. — Imprimerie Moderne (Barthier, d'), rue J.-J.-Rousseau, 61.

www.ingramcontent.com/pod-product-compliance
Lightning Source LLC
Chambersburg PA
CBHW072002270326
41928CB00009B/1521